단단한 진리

Open Windows
Revised and Expanded edition by Philip Yancey
Copyright ⓒ 1985, 2012 by Philip Yancey

의혹에 찬 세상의 물음에 어떻게 답할 것인가?

단단한 진리

필립 얀시

최종훈 옮김

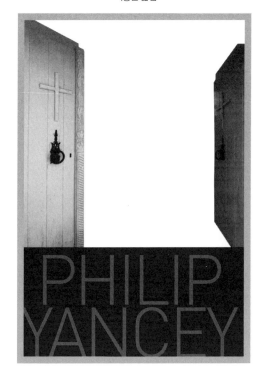

포이에마
POIEMA

단단한 진리

필립 얀시 지음 | 최종훈 옮김

1판1쇄 발행 2012. 11. 22. | **1판2쇄 발행** 2012. 11. 28. | **발행처** 포이에마 | **발행인** 김도완 | **등록번호** 제300-2006-190호 **등록일자** 2006. 10. 16. | 서울특별시 종로구 북촌로 63-3 우편번호 110-260 | 마케팅부 02)3668-3246, 편집부 02)730-8648, 팩시밀리 02)730-8649

값은 뒤표지에 있습니다. | ISBN 978-89-97760-18-3 03230 | 독자의견 전화 02)730-8648
이메일 masterpiece@poiema.co.kr | 좋은 독자가 좋은 책을 만듭니다. 포이에마는 독자 여러분
의 의견에 항상 귀 기울이고 있습니다.

한국의 독자들에게

　몇 년 전, 교회가 비약적으로 성장하고 있는 브라질과 필리핀에 갔다. 불러준 이들은 그곳의 크리스천을 격려하고 세워달라고 했지만, 정작 위로를 받은 건 내 쪽이었다. 전도지를 나눠주면 현지인들은 다들 받아서 읽어보는 분위기였다. 두 나라 모두 마찬가지였다. 교회에 한번 나와보라고 초대하면 정말 찾아왔다. 미디어에서도 비판적이지 않았다. 팝스타도 회심하고 공개적으로 신앙을 고백했다. 전도자들은 일간지에 신앙성장과 관련된 칼럼을 게재했다. 마닐라의 한 교회는 주일마다 5부 예배를 드리는데 새벽 다섯 시에 시작되는 1부 예배만 하더라도 2천 명이 넘는 크리스천들이 참석하곤 했다.

　교회와 '허니문'을 즐기고 있다 해도 지나치지 않은 상황이다. 복음은 문자 그대로 '기쁜 소식'이다. 언젠가 만난 브라질 친구는 거리를 떠도는 아이들을 서슴없이 집에 맞아들여 식구처럼 지내는가 하면,

교도소에 갇힌 이들에게 따뜻한 음식을 넣어주고 있었다. 무슨 조직이나 프로그램에 들어가서가 아니라 아무도 시키지 않는데 스스로 우러나서 하는 일이었다. '사회정의'니 '해방신학'이니 하는 소리가 닿지 않는 가난한 시골마을에서도 가장이 회심하고 술을 끊으면서 제시간에 꼬박꼬박 일터에 나가고 책임감 있는 시민답게 행동하기 시작하더니 차츰 살림살이가 나아지더라는 소문이 끊이질 않는다.

반면에, 신앙적으로 '이혼' 국면에 머무는 나라들도 적지 않다. 체코 공화국과 더불어 국민들의 교회 출석률이 바닥권을 맴도는 덴마크에 가본 적이 있다. 예배당의 첨탑들이 잿빛 하늘을 배경으로 우뚝우뚝 서 있었지만, 안팎을 서성이는 건 관광객들뿐이었다. 쇠렌 키르케고르라는 걸출한 크리스천을 낳은 나라이지만 아무도 그이의 흔적이 남아 있는 곳을 알려주지 못했다. 국립박물관에서 본 안내문은 "한때 덴마크의 신앙적 상징이었지만 지금은 문화적 유물로 간주되고 있다"는 말로 십자가를 설명하고 있었다.

'원숙한 결혼' 수준에 이른 나라들도 있다. 미국에서는 국민의 절반 정도가 적어도 가끔은 주일예배에 참석한다. 캠퍼스에서도 크리스천을 어렵잖게 볼 수 있고 어떤 직장에 가든 예수 믿는 이들이 한둘쯤은 있다. 공직선거에 나선 정치인들은 유세기간 내내 신앙인들을 찾아다니며 지지를 호소한다. 하지만 교회든 선교단체든, 살아 숨쉬는 생명체라기보다 사업체처럼 움직이는 경우도 드물지 않다. 누군가를 고용해서 고아들을 돌보고, 재소자들을 보살피며, 전문가에게 급여를 지불하고 예배 인도를 맡긴다. 브라질 교회가 누구나 소를 기르고 돼지를 치는 전형적인 시골마을이라면 미국 교회는 입장료를 내고 들어가서 울타리 너머로 야생동물(일부는 그나마 생물이 아니고 기계다)을 구경하는 디즈니 테마파크 정도일 것이다.

그렇다면 한국은 이런 스펙트럼 가운데 어느 지점쯤 와 있을까? 한국 사회에서 크리스천은 일본처럼 소수집단이 아니다. 도리어 규모가 크고 사역이 활발하기로 세계적으로 손꼽히는 교회들이 즐비하다. 진지하고 사려 깊게 신학을 연구하는 세미나들이 줄을 잇는다. 예배음악은 아낌없이 갈채를 보낼 수 있을 만큼 전문적이며 기독교 서적들도 꾸준히 팔려나간다(나로서는 가장 고마운 대목이다). 하지만 이처럼 대단한 나라를 몇 차례 드나들면서 의구심이 들었다. 과연 다음 세대에도 똑같은 열도를 유지할 수 있을까? 미국처럼 활기찬 운동이 아니라 기업에 가까워질까? 아니면 더욱 섬뜩한 상상이지만 차츰 스러져서 유럽 교회처럼 변하고 마는 건 아닐까?

한국 교회는 갈림길에 서 있다. 그런 점을 감안해서 크리스천 저널리스트 노릇을 하면서 써두었던 글 몇 편을 찾아보았다. 제1부에서는 크리스천이라면 언젠가는 반드시 부닥치게 마련인 인류가 겪는 고통, 자유의 한계, 옳고 그름을 판단하는 방식 따위의 문제들을 다루었다. 제2부에서는 언론인의 눈으로 교회의 활동을 지켜보았던 경험을 토대로 정리한 글들을 모았다. 세계의 온갖 긴급한 문제들에 교회는 어떻게 대처하고 있으며 또 어떻게 반응해야 하는가?

세상은 크리스천의 말이 아니라 행동을 지켜보고 그걸 근거로 교회를 판단한다는 확신이 나날이 깊어진다. 신앙의 선구자 역할을 했던 예술가와 활동가들을 살피는 까닭이 거기에 있다. 제3부에서는 한국의 작가와 예술가들이 믿음을 표현하는 가이드라인을 찾아내는 데 도움이 될 만한 몇몇 인물들을 짚어보았다.

개인적으로는 미국이 세상에 끼친 영향 가운데 상당 부분을 부끄럽게 생각한다. 우리가 만든 텔레비전 프로그램과 영화는 폭력과 성적인 난잡함을 비롯한 이기적인 욕구들을 여과 없이 드러낸다. 하지만 미국을 직접 여행해보면 이런 표면적인 현상의 이면에는 예수님의 가르침을 따르려 신실하게 노력하는 반문화적인 크리스천들이 있다는 사실을 알게 되리라고 믿는다. 한 시대가 채 가기도 전에 영적, 경제적 기적을 체험하는 축복을 누린 한국의 크리스천들이 더 나은 길을 보여주길 기도한다. 반면교사로 삼아주기를 간절히 바라는 심정으로 서구 크리스천들의 성공과 실패를 가감 없이 기록했다. 베푸신 은총에(아울러 그분이 맡기신 책임에) 성실하게 반응할 때 주님은 한없는 은혜로 한국 교회와 함께하실 것이다.

필립 얀시

Philip Yancey

물론 인간은 부패했다.
하지만 사람의 내면에 존재하는 하나님의
형상을 우리는 결코 무시할 수 없다.

1
부
—

도전

1

고통,
그리고 의심

언젠가 할리우드 스타가 로스앤젤레스 항만에서 익사한 애인과 관련해 텔레비전 기자와 인터뷰하는 걸 본 적이 있다. 경찰 수사 결과에 따르면 만취된 채 요트 갑판에 나갔다가 실족한 게 사인이었다. 경위야 어찌 됐든 여배우는 슬픔을 가누지 못하는 얼굴로 카메라를 바라보며 물었다. "하나님은 사랑이 많다면서요? 그런데 어떻게 이런 일이 벌어지게 내버려두실 수가 있죠?"

하나님을 생각해본 지 족히 몇 달, 아니 몇 년은 됐을 법한데도, 여인은 고통스러운 표정을 지으며 난데없이 하나님을 향해 맹렬한 분노를 쏟아내고 있었다. 비슷한 처지가 된 이들이 대개 그렇듯, 마치 반사작용처럼 회의가 그 뒤를 따랐다. 이처럼 인간은 상처를 입으면 상황을 따져보지도 않고 본능적으로 하나님에게 화살을 돌린다. 서슴없이 의심하고 원망한다.

20년 넘게 글 쓰는 일을 하면서 아픔을 겪는 이들을 수없이 인터뷰했다. 비행 도중에 연료가 떨어지는 바람에 옥수수 밭에 추락한 10대 파일럿처럼 순전히 자기 실수로 고통을 겪는 경우도 있었다. 결혼식을 올린 지 딱 여섯 달 만에 백혈병으로 죽음을 맞게 된 새댁처럼, '어쩌다가 재수가 없어서' 불행의 덫에 걸려든 듯 보이는 경우도 있었다. 하지만 끌어안고 씨름하는 아픔 때문에 지겹도록 끈질긴 회의를 경험한다는 점만큼은 한결같았다.

고통은 하나님을 향한 기본적인 믿음까지 뒤흔든다. 어려움을 겪는 이들의 얘기를 가만히 들어보면, 다음 네 가지 기본적인 의문을 다양한 형태로 표현하고 있다는 걸 알 수 있다. '하나님은 능력 있는 분이신가? 하나님은 정말 막강한 힘을 가지셨는가? 하나님은 공평하신가? 하나님은 과연 고통을 돌아보시는가?' 속내를 짐작하기는 어렵지 않다. 고통을 겪던 시절, 나 역시 똑같은 물음을 품었기 때문이다. 아직 이런 물음을 던져본 적이 없다면, 머지않아 쓰릴 듯한 고통이 다가올 때 당신도 같은 질문을 던지게 될 것이다.

하나님은 능력 있는 분이신가?

단도직입적으로 말해서, 이상하다 못해 이단적으로까지 보이는 질문이다. 하지만 고통의 문제를 파고들다 보면 결국 하나님이 능력이 있는 분이신가 하는 주제에 연결되기 십상이다. 우주만물을 지으셨다는 분이 이렇게밖에 세상을 경영하실 수 없는 걸까?

천지에 멋진 것들이 가득하다는 사실은 누구도 부인할 수 없다. 봄날의 들판을 거닐거나 함박눈이 쏟아지는 산골의 경치를 굽어보고 있노라면, 잠시나마 온 땅이 정상적으로 돌아가는 것처럼 보인다. 회의는 눈 녹듯 사라진다. 잘 그린 그림 한 점이 작가의 천재성을 드러내듯, 근사한 풍경은 하나님의 위대하심을 여실히 드러낸다.

하지만 그처럼 사랑스러운 세계를 더 면밀히 살펴보면 곳곳에 널린 고통과 고난이 눈에 들어오기 시작한다. 짐승들은 가혹한 먹이사슬을 따라 먹고 먹힌다. 테러리스트들은 무고한 목숨들을 단번에 앗아가 버린다. 허리케인, 지진, 해일, 홍수 따위의 자연재해가 지구의 이곳저곳을 마구잡이로 할퀴고 지나간다. 지금 살아 숨 쉬는 것들도 언젠가는 반드시 죽음을 맞게 된다. 그렇게 보면, 하나님의 위대한 작품 또한 폭력혁명가의 군홧발에 짓밟힌 명화처럼 흠집투성이임에 틀림없다.

이제야 하는 얘기지만, 나만 하더라도 한때는 고통을 하나님이 저지른 터무니없는 실수로 보았다. 그렇지 않았더라면 세상은 얼마나 살 만했을까 싶었다. 어쩌자고 아픔을 끼워 넣어서 세상을 이렇게 엉망으로 만드셨단 말인가! 고통과 고난만 없다면 얼마나 기꺼운 마음으로 하나님을 경외하고 신뢰할 수 있었겠는가! 어째서 온갖 아름다운 것들로만 세상을 짓지 않으시고 고통을 남겨두셨을까?

하지만 하나님의 능력에 대해 품고 있던 회의는 꿈에도 생각지 못했던 엉뚱한 곳에서 균열이 가기 시작했다. 놀랍게도 고통이 존재하지 않는 세계가 한센병 전문병원의 높은 담장 안에 존재하고 있었다. 과연 고통에 가치가 있는가 하는 의구심은 루이지애나 한센병 요양원의 긴 복도를 누비며 희생자들과 만나는 사이에 말끔히 사라졌다. 한센병 환자들은 신체적인 고통을 전혀 느끼지 못했다. 그리고 바로 그 점이 이 병의 가장 치명적인 속성이었다. 병이 퍼질수록 아픔을 감지하는 말초신경은 기능을 잃고 침묵에 빠져들었다. 따라서 한센병을 앓는 이들을 보면 고통이 사라진 세상이 어떠할지 또렷이 가늠해볼 수 있다.

누구도 한센병 환자의 삶을 부러워하지 않는다. 일반적으로 한센병이라면 두려움과 극도의 혐오감을 먼저 떠올린다. 왜 그럴까? 우선은 눈에 보이는 이미지(자극적인 소설이나 영화 탓에 왜곡된 선입견을 갖는 경우가 얼마나 많은지 모른다) 때문이다. 한센병은 제대로 치료하지 않으면 손과 발, 얼굴이 심각하게 망가지는 끔찍한 질환이다. 개인적으로는 온 세상을 통틀어 한센병 환자만큼 외로운 이들을 본 적이 없다. 하지만 그보다 더 기막힌 게 있다. 1950년대에 들어서면서, 한센병 환자들은 고통을 전혀 감지하지 못하는 탓에 여기저기 문드러지고 헐기 전까지는 병에 걸렸다는 사실조차 감지하지 못한다는 사실이 드러난 것이다. 나균은 통증을 느끼는 신경세포를 공격해서 파괴한다. 아픔을 느끼지 못하니 신체 조직이 녹아내려도 금방 알아채지 못한다.

요양원에서 만난 어느 환자는 작고 볼이 좁은 신발을 고집하다가 오른발 발가락을 모두 잃어버렸다고 했다. 걸레 자루를 지나치게 단단히 잡다가 생긴 상처가 덧나서 결국 엄지손가락이 떨어져나간 경우도 있었다. 상처가 난 줄 모르고 지나치기 예사였다. 조금만 헌데가 생겨도 경고를 보내도록 설계된 신호체계가 무너진 까닭이다. 나중에는 눈꺼풀을 깜박여 수분을 공급하는 기능마저 망가져 안구가 바싹바싹 말라 들어갔다.

한센병 환자들을 보면서, 날이면 날마다 크고 작은 통증이 수천 가지 방식으로 작용해서 정상적인 생활을 돕는다는 걸 알았다. 건강에 문제가 없는 경우에는 신발을 신고 벗을 때마다, 대걸레나 갈퀴 자루를 움켜쥘 때마다, 눈을 깜박일 때마다 아픔을 느끼게 하는 신경세포가 경보를 내보낸다. 간단히 말해서 통증 덕분에 자유롭고 활동적인 삶을 살 수 있다는 뜻이다. 내 말을 믿지 못하겠다면, 한센병 환자를 수용한 요양원에 들러 고통 없는 세상을 직접 살펴보라.

고통의 속성을 파고들다 보니 자연스럽게 체내에서 고통을 느끼고 전달하는 네트워크의 놀라운 성질을 밝히는 책[1]까지 쓰게 됐다. 여기다가 그 내용을 고스란히 옮겨놓을 수는 없지만 몇 가지 사실은 다시 짚어볼 필요가 있다.

- 고통이 경계신호를 보내지 않으면 스포츠는 훨씬 위험해진다.
- 고통이 없으면 섹스도 없다. 성적 쾌감은 대부분 통각을 통해 전달된다.
- 고통이 없으면 예술과 문화는 상당히 위축될 수밖에 없다. 음악가, 무용가, 화가, 조각가들은 통증과 압박을 감지하는 신체감도에 크게 의존한다. 이를테면 기타리스트는 손가락으로 현의 어느 부분을 얼마나 세게 눌러야 할지 정확하게 알아야 한다.
- 고통이 없으면 지속적으로 치명적인 위험에 몰리게 된다. 통증을 감지하지 못하는 희귀질환에 걸린 이들은 맹장염이나 심장마비, 뇌종양이 찾아와도 사전에 파악할 길이 없다. 아픔을 느끼지 못

하는 탓에 의학적인 문제를 진단해낼 길이 없다. 결국 대부분은 어린 나이에 목숨을 잃고 만다.

알고 보니 통증이야말로 지상에서 일상적인 생활을 영위하는 데 필수적인 요소였다. 고통은 창조를 마무리하기 직전에 인류를 비참한 지경에 몰아넣으려고 창조주가 새로이 만들어낸 발명품이 아니었다. 물론 하나님의 치명적인 실수도 아니었다. 의혹은 사라졌다. 지금은 고통을 생각하면 위험을 정밀하게 측정하고 안전장치를 가동시키는 초정밀 고통감지 센서들의 네트워크부터 떠올린다. 창조주가 무기력한 존재가 아니라 이루 말할 수 없을 만큼 전능하신 분임을 한눈에 알 수 있는 본보기로 인식하게 된 것이다.

하나님은 정말 막강한 힘을 가지셨는가?

신체적인 아픔은 이른바 '고통'이라고 부르는 괴로움의 가장 바깥 껍질에 지나지 않는다. 죽음, 질병, 지진, 태풍과 같은 재난들은 '하나님은 과연 이 세상에 개입하시는가?'라는 좀 더 까다로운 의문을 불러일으킨다. 하나님이 고통을 효과적인 경보체계로 설계하셔서 저마다에게 심어주셨다 치자. 세상은 경우가 다르지 않은가? 사방에 차고 넘치는 범죄와 자연재해, 어린아이들의 목숨을 앗아가는 질병을 보고만 계실 작정인가? 측량할 수 없는 능력을 가지셨다면 당연히 달려들어 극심한 고통은 면하게 해주어야 마땅하지 않을까? 그렇

게 하지 않으신다면 고통을 덜어주는 쪽으로 우주의 판을 다시 짜실
힘이 없다고 봐야 하지 않을까?

여러 해 전에 바로 이 주제를 다룬 서적이 나와서 세간의 관심을
모았던 적이 있었다. 해럴드 쿠시너Harold Kushner라는 유대인 랍비가
쓴 《왜 착한 사람에게 나쁜 일이 일어날까When Bad Things Happen to
Good People》라는 책이었다. 고통의 문제를 다룬 신학서적으로서는 이
례적으로 상당히 오랫동안 베스트셀러 목록에 올랐다.

어린 아들이 조로증 진단을 받으면서 쿠시너의 마음에는 하나님에
대한 회의가 싹트기 시작했다. 원인은 알 수 없지만 급속하게 노화가
진행되는 질병이었다. 이 질환을 가진 아이는 성장하지 못하고 계속
쪼그라들어서 노인네처럼 변하게 된다. 또래들이 유치원에 갈 나이
가 됐을 무렵, 랍비의 아들은 대머리가 됐다. 피부는 탄력을 잃고 주
름이 잡혔다. 돋은 지 얼마 되지도 않은 이빨이 하나둘씩 빠져 나갔
다. 학교에 들어가야 할 시기에 이르렀을 때쯤에는 몸 상태가 할아버
지나 다름없었다. 그리고 여덟 살, 어린 나이에 숨을 거뒀다.

아들의 병이 진행되는 그 참담한 세월 내내 쿠시너는 랍비로 일했
다. 배우자를 잃은 이들을 위로하고, 병원에 입원한 환자들을 돌아보
고, 자식 문제로 고민하는 부모들을 찾아보고, 하나님 말씀을 전했
다. 그런 과정에서 하나님 인식에 커다란 변화가 일어났다. 어느 유
명한 철학자는 고통의 문제를 다음과 같이 설명했다. '하나님은 전능
하시든가 아니면 전적으로 사랑을 베푸시든가 둘 중 어느 한쪽일 뿐
이다. 전능하시고 동시에 사랑을 베푸시면서 인간에게 고통과 고난
을 허락하실 수는 없다.' 결국 쿠시너 또한 하나님이 사랑과 권능을

한꺼번에 드러내신다고 더 이상 믿지 않게 되었다.

랍비는 어떻게 하나님의 능력에 의구심을 품는 상황에서도 그분의 사랑을 받아들일 수 있었는지 설명한다. 하나님은 선하시고 인류를 사랑하시며 인간이 고난당하는 걸 원치 않으신다는 믿음에는 변함이 없다. 그러나 불행하게도 주님의 손은 묶여 있다고 본다. 세상의 부조리(이를테면 어린아이를 덮친 조로증 같은 문제)를 바로잡기에는 힘이 모자란다는 것이다. 쿠시너의 책은 금방 베스트셀러가 됐다. 읽는 이들에게 위안을 주었기 때문이다. 애당초 하나님은 도움을 주고 싶어 하시지만 그럴 능력이 없으며, 문제를 해결해달라고 부르짖는 건 지나친 기대에 지나지 않는다고 믿는 이들에게 랍비의 메시지는 상당한 반향을 일으켰다.

나도 해럴드 쿠시너의 책에서 큰 위안을 얻었다. 그런데 그 위로가 너무 크고 깊어서 도리어 속이 부대끼기 시작했다. 랍비의 사상은 그동안 듣고 싶었던 이야기를 고스란히 담고 있었다. 하지만 그게 진실이 아니라면? 세상의 본질을 들여다볼 수 있도록 하나님이 인류에게 선사하신 성경말씀에 비추어볼수록 의문은 더욱 깊어만 갔다.

어느 대목에선가 랍비는 욥기를 인용했다. 나도 구약성경을 펴고 느닷없이 부당한 고난을 당했던 인물의 기사를 읽어보았다. 욥과 세 친구는 고통의 문제를 두고 며칠에 걸쳐 격론을 벌였고, 그 말미에 마침내 하나님이 입을 열어 말씀하셨다. 사실, 인간이 겪는 고통의 문제에 대한 해답을 내놓을 적임자를 찾는다면 단연 욥을 꼽아야 한다. 세상을 통틀어 가장 의로운 인간으로서 더할 나위 없이 지독한 괴로움을 겪었기 때문이다.

그러나 성경에 기록된 길고 긴 말씀(욥 38-41장)을 살펴보면, 하나님은 욥의 기대와 완전히 동떨어진 반응을 보이셨다. 주님은 사과하지 않으셨다. "아프냐? 나도 아프다"는 식의 연민과 공감도 없다. "얘야, 미안하다. 하지만 내 마음은 그렇지 않았다"는 해명도 보이지 않는다. 고통의 문제를 적절하게 설명하는 대신, 하나님은 욥에게 우주를 움직이는 일과 관련된 한층 더 넓은 가르침을 주셨다.

"이제 허리를 동이고 대장부답게 일어서서, 묻는 말에 대답해보아라!" 이 말씀과 함께 주님은 욥을 데리고 우주여행을 시작하셨다.

> 내가 땅의 기초를 놓을 때에, 네가 거기에 있기라도 하였느냐?
> 네가 그처럼 많이 알면, 내 물음에 대답해보아라.
> 누가 이 땅을 설계하였는지, 너는 아느냐?
> 누가 그 위에 측량줄을 띄웠는지, 너는 아느냐?(욥 38:4-5, 새번역)

하나님은 욥에게 지구를 설계하고, 땅을 깎아내 바다를 만들고, 태양광 시스템을 작동시키고, 수정 같은 눈송이의 구조를 짜는 따위의 창조 과정을 하나씩 하나씩 훑어보게 하셨다. 다음에는 짐승들로 눈을 돌려서 산에 사는 염소, 들소, 타조, 매 따위를 자랑스럽게 보여주셨다. 그러곤 마침내 최종적인 판단을 요구하셨다. "전능한 하나님과 다투는 욥아, 네가 나를 꾸짖을 셈이냐? 네가 나를 비난하니, 어디, 나에게 대답해보아라!"(욥 40:2, 새번역)

소설가 프레드릭 뷰크너Frederick Buechner는 주님의 통렬한 공박을 이렇게 정리했다. "하나님은 설명하지 않으시며 그저 맹렬하게 뿜어내실 뿐이다. '네가 그렇게 대단한 존재인 줄 아느냐?' 하고 물으신다. 욥이 명쾌하게 규명하고 싶어 하는 일들을 설명해주는 건 마치 아인슈타인의 이론을 조개에게 알려주려고 노력하는 일이나 진배없다고 말씀하신다. 하나님은 원대한 구상을 누설하지 않는다. 대신 자신을 드러내 보여주실 따름이다."

정말 하나님의 권능이 수준 미달인 게 문제의 핵심이었다면, 하나님은 욥과 대화하시면서 얼마든지 고백할 수 있었다. "애야, 네게 닥친 일은 정말 안됐구나. 지금 벌어진 사태와 나는 아무 관련이 없으니 부디 오해가 없기를 바란다. 널 도와주고 싶지만 알다시피 내게는 그럴 힘이 없단다." 그랬더라면 욥도 무척 반겼을 것이다. 그러나 하나님은 그렇게 말씀하시지 않았다. 상처투성이가 돼서 사기가 완전히 꺾인 인간을 앞에 두고 하나님은 스스로 가지신 지혜와 권능을 설파하셨다. 적어도 욥기 38-41장에서는 랍비 쿠시너가 말하는 무기력한 하나님의 모습을 찾아볼 수 없다. 그렇다면, 어째서 하나님은 능력에 대한 의구심이 최고조에 이른 시점에 도리어 힘과 능력을 과시하는 최악의 상황을 선택하셨는가?

성경의 다른 본문들을 보면, 고통이라는 이슈는 능력이 아니라 타이밍의 문제가 아닐까 하는 생각이 든다. 인간들과 마찬가지로 하나님 역시 사악한 원수들이 망쳐놓은 이 세상의 상태를 불만스러워하신다는 걸 보여주는 단서는 한두 가지가 아니다. 폭력과 전쟁, 미움과 고통이 그득한 현실을 지켜보시며 주님은 슬퍼하고 분노하실 뿐만 아니라, 조만간 확실한 조처를 취하실 계획을 가지고 계신다.

선지자들의 글과 예수님의 가르침, 그리고 신약성경 전체를 꿰뚫는 일관된 주제는 언젠가 새 하늘과 새 땅이 나타나 옛것들을 대신하는 위대한 날이 올 것이라는 소망이다. 사도 바울은 그 꿈을 이런 식으로 표현했다. "생각하건대 현재의 고난은 장차 우리에게 나타날 영광과 비교할 수 없도다. 피조물이 고대하는 바는 하나님의 아들들이 나타나는 것이니 … 피조물이 다 이제까지 함께 탄식하며 함께 고통을 겪고 있는 것을 우리가 아느니라"(롬 8:18-19, 22).

아파 신음하는 피조세계 가운데 사는 인간은 더러 사기그릇 조각으로 쉴 새 없이 헌데를 긁어대며 어째서 하나님이 고난을 주시는지 회의하고 고민했던 불쌍한 노인, 욥의 정서를 가질 수밖에 없다. 하지만 크리스천이라면 욥처럼 도저히 하나님을 신뢰할 수 없는 상황에서도 그분을 의지해야 할 의무가 있다. 눈앞의 형편이 어떠하든지 하나님이 우주를 주관하시며 한없는 권능을 가지셨음을 믿어야 한다.

간단히 말해서, 당면한 현실에 시선을 빼앗긴 나머지 하나님의 능력과 성품을 함부로 판단하는 실수를 저질러서는 안 된다는 뜻이다. 주님은 고통도, 죄악도, 눈물도, 죽음도 없는 멋진 세상을 설계해두셨으며 새로운 피조물로 거듭나게 하시겠다는 약속을 신뢰하라고 말씀하신다.

하나님은 공평하신가?

"왜 하필 나한테 이런 일이?" 감당하기 어려울 만큼 비극적인 현실 앞에 서는 순간, 본능적으로 이렇게 묻게 된다. 2천 대가 넘는 차량이 빗속을 뚫고 고속도로를 달렸는데, 어째서 내 차만 미끄러져 다리 난간을 들이받은 거지? 종일 줄을 서야 리프트에 올라탈 수 있을 만큼 스키어들이 많았는데, 하필 내가 다리골절로 휴가를 망치는 불행한 사건의 주인공이 되어야 하는 걸까? 암환자 천 명 중 한 명꼴로 걸린다는 희귀한 암이라는데, 왜 내 아버지가 그 암에 걸려야 하는 거지?

이런 질문들을 뜯어보면 공통된 흐름을 찾을 수 있다. 어떤 식으로든 하나님에게 책임이 있다는, 다시 말해서, 하나님이 직접 고통을 주셨다는 전제를 바닥에 깔고 있다는 점이다. 하나님이 전능하시다는 (능력을 가지셨고 또 그 힘을 행사하신다는) 말은 곧 일상생활 구석구석에 관여하신다는 의미인가? 주님은 고속도로를 굽어보시며 뒷바퀴가 미끄러지면서 비틀거릴 자동차를 고르시는가? 허다한 스키어들 가운데 한 명을 지목해서 눈 덮인 나무 등걸을 들이받게 하시는가? 전화번호부를 뒤적이다 무작위로 누군가를 골라서 암에 걸리게 하시는가?

고통스러운 일이 닥치면 너나없이 그런 생각을 하게 마련이다. 서둘러 양심을 살피며 하나님의 징계를 받을 만한 잘못이 없는지 점검한다. 하나님은 무슨 말씀을 하시려고 이토록 뼈아픈 일을 겪게 하시는가? 이거다 싶은 게 없으면 그때부터는 하나님의 공정성을 의심하기 시작한다. 어째서 훨씬 더 엉망으로 사는 이웃들보다 내가 더 어려움을 겪어야 하는가?

고통을 당하고 있는 이들을 만나보면 십중팔구는 그런 질문들을 붙들고 몸부림치고 있었다. 이불을 뒤집어쓰고 이리저리 뒤척이며 하나님의 속내를 몰라 안타까워한다. 이른바 신실하다는 크리스천일

수록 더 괴로워하곤 한다. 심하면 죄책감('무언가 벌 받을 만한 짓을 한 게 있겠지')과 좌절감('기도가 부족했던 게야')의 보따리를 싸들고 병원 진료실 문을 두드리기까지 한다.

이번에도 성경은 하나님을 향한 이런 의혹들을 파헤칠 신뢰할 만한 검증대 구실을 한다. 하나님이 고통을 회초리 삼아 벌을 내리시는 장면을 성경에서 찾아볼 수 있는가? 두말하면 잔소리다. 성경은 수많은 사례, 특히 구약시대 이스라엘 백성을 직접 징벌하신 경우들을 기록하고 있다. 하지만 잊지 말아야 할 게 있다. 백이면 백, 징계를 받아 마땅한 행동을 거듭 지적한 뒤에 매를 드셨다는 점이다. 도합 수백 장에 이르는 선지서들은 이스라엘 백성에게 심판이 임하기 전에 죄에서 돌이키고 돌아오라고 목청껏, 그리고 조리 있게 경고하고 있다.

어린 자녀를 야단치는 부모를 생각해보라. 시도 때도 없이 살금살금 다가가서 한 마디 설명도 없이 아이를 확 낚아챈다면 무슨 유익을 얻을 수 있겠는가? 그런 식으로는 순종하는 자녀가 아니라 노이로제에 걸린 아이를 만들 뿐이다. 효과적인 꾸지람은 잘못된 행동과 명확한 상관관계가 있어야 한다.

이스라엘 백성은 벌을 받는 까닭을 잘 알고 있었다. 선지자들이 조목조목 세세하게 주의를 주었기 때문이다. 바로는 이집트 땅에 열 가지 재앙이 쏟아진 이유를 정확하게 파악하고 있었다. 하나님이 재앙을 예고하시면서 어째서 벌을 내리는지, 어떻게 마음을 고쳐먹어야 비극적인 사태를 막을 수 있는지 가르쳐주셨기 때문이다. 징계로 주시는 고난은 일정한 패턴을 따르는 경향이 있다. 무수한 경고 끝에 닥치게 마련이므로 여럿이 둘러앉아 원인을 두고 난상토론을 벌일 필요가 없다는 뜻이다. 어째서 시련을 겪고 있는지 모르는 이가 없다.

그렇다면 오늘날 벌어지는 사건들도 대부분 그와 비슷한 패턴을 보이는가? 지진과 같은 대재앙을 경고하시는 하나님의 직접계시를 받고 있는가? 개인적인 아픔이 명확한 설명서와 함께 패키지로 오는가? 그게 아니라면, 흔히 생각하는 것처럼 고난이 정말 하나님의 징벌인지 되짚어볼 필요가 있다.

솔직히 말해서, 하나님이 다른 길을 특별히 계시해 보여주시지 않는 한, 일단 하나님의 말씀에서 고난을 당했던 인물들의 사례를 찾아보는 게 상책일 것이다. 성경에는 뚜렷한 잘못을 저지르지 않았는데도 고난을 당했던 몇몇 사람들의 사연이 실려 있다. 다시 한 번, 욥은 더할 나위 없이 맞춤한 본보기를 보여준다. 그 역시 하나님의 공정성에 의문을 품었는데, 거기에는 그만한 이유가 있었다. 다름 아닌 하나님 자신이 욥의 성품을 "온전하고 정직하여 하나님을 경외하며 악에서 떠난 자"(욥 1:8)라고 말씀하셨기 때문이다. 그렇다면 어째서 욥은 그토록 가혹한 시련을 견뎌야 했던 것일까?

친구들은 하나님이 아니라 욥에게 문제가 있다고 주장했다. 하나님은 공평하시고 실수하지 않으신다는 논리를 앞세웠다. 욥이 결백하다고 우기지만 사실은 무언가 고통을 겪어야 할 짓을 했을 거라는 얘기였다. 그로부터 수천 년이 지난 지금까지도, 욥의 친구들과 한결같은 말로 고난을 설명하려드는 경우가 얼마나 많은지 모른다. 욥기 말미에서 하나님이 그런 추론을 매섭게 질책하셨다는 사실을 새카맣게 잊어버리고 기억하지 못한다. 주님은 욥에게는 참혹한 시련에 합당한 허물이 전혀 없었으며 그 고통 역시 잘못에 대한 징계가 아님을 분명히 하셨다.

예수님도 신약성경 두 곳에서 같은 사실을 지적하셨다. 한 번은 제자들이 앞을 보지 못하는 사람을 가리키며 그런 어려움을 당하는 게 누구의 죄 때문인지(자신인지, 아니면 부모인지) 묻는 상황에서였다. 예수님은 누구의 잘못 탓도 아니라고 대답하셨다(요 9:1-5). 나머지 하나는 당시 벌어진 두 가지 사건, 즉 망대가 붕괴되는 사고로 열여덟 명이 목숨을 잃었던 일과 정부당국에서 성전에서 예배 드리던 이들을 학살한 사태를 언급하시는 대목(눅 13:1-5)에서였다. 희생자들 가운데 누구도 그런 아픔을 당해 마땅한 죄를 짓지 않았다.

나로서는 오늘날 어려움을 겪는 대다수 크리스천들은 하나님의 벌을 받는 게 아니라고 결론지을 수밖에 없었다. 도리어 그 고통은 욥, 또는 예수님이 말씀하셨던 사고의 희생자들처럼 예상하지 않았던, 그리고 설명할 수 없는 고난의 유형에 딱 들어맞는다. 물론 예외도 있다. 사실, 스스로 저지른 잘못과 직접 연관된 고통도 적지 않다. 음주운전을 하다 중상을 입었다든지 성병에 걸린 환자는 고난의 원인을 찾아내려고 안간힘을 쓸 필요가 전혀 없다. 하지만 대다수가 경험하고 있는 대부분의 고난은 그 아픔의 이유를 성경적으로 규명하기가 쉽지 않다.

어째서 욥은 뼈아픈 시련을 당해야 했는가? 어째서 그 맹인은 앞을 보지 못하는 괴로움을 감내해야 했는가? 어째서 열여덟 명의 희생자들은 무너지는 망대에 깔려 목숨을 잃어야 했는가? 성경은 이런 질문에 속 시원히 답하지 않는다. 인간은 지금 하나님의 고유한 설계에 대적하는 세력들이 판치는 망가진 세계에 살고 있으며, 만사가 뜻대로 돌아가지도 않는다. 욥기가 암시하는 바에 따르면, 해답은 인간의 이해가 닿지 않는 곳에 자리 잡고 있다. 따라서 세상일이 돌아가는 이치를 낱낱이 파악하려는 자세는 조개한테 아인슈타인의 이론을 설명하려는 마음가짐이나 다름없다.

성경은 시종일관 원인과 결과라는 도식에 매이지 않은 채 고통의 문제를 설명한다. 고통의 심연을 헤매는 인간은 묻는다. "하나님은 공평하신가?" 주님의 대답은 한결같다. "너희들 눈에 어찌 보이든, 내가 만사를 통제하고 다스린다." 그러곤 인간에게 되물으신다. "나를 믿느냐?"

하나님은 과연 고통을 돌아보시는가?

고통이 불러오는 마지막 의심은 앞의 것들과 미묘한 차이가 있다. 다른 질문들은 추상적이고 철학적인 반면, 이번 물음은 개인적이고 현실적이다. 하나님은 어째서 가장 절실한 순간에 좀 더 깊은 관심을 보여주시지 않는가? 고통을 돌아보신다면 왜 알려주시지 않는가?

기독교계에서는 모르는 이가 없을 만큼 널리 알려진 작가 C. S. 루이스는 이 주제와 관련해《고통의 문제*The Problem of Pain*》라는 책을 썼다. 고난을 겪으면서 크리스천들이 품게 되는 여러 가지 질문에 설득력 있는 답변을 제시하는 고전적인 작품으로, 수많은 이들이 이 글에서 위안을 찾았다. 하지만《고통의 문제》가 출간되고 몇 년이 흐른 뒤, 루이스의 아내는 암에 걸려 심신이 쇠약해져갔다. 사랑하는 이가 병상에 누워 시름시름 앓다가 마침내 죽음을 맞는 과정을 고스란히 지켜볼 수밖에 없었다. 아내를 떠나보낸 후에 루이스는 고통에 관한 또 한 권의 책을 썼다. 전작보다 훨씬 개인적이고 정서적인 작품,《헤아려 본 슬픔*A Grief Observed*》에는 이런 구절이 나온다.

> 그때 하나님은 어디에 계시는가? 이건 가장 불안한 징후 가운데 하나다. 행복할 때, 너무 즐거운 나머지 하나님이 필요하다는 생각이 들지 않는 상황에서 주님을 기억하고 찬양한다면, 그분도 두 팔을 벌려 환영해주실 것이다. 하지만 절박하리만치 어려울 때, 그 어디서도 도움을 받을 수 없는 처지가 되면 어떤 상황과 마주치게 될까? 면전에서 문이 쾅 닫히고, 안에서 빗장을 걸고 거푸 지르는 소리를 듣게 될 것이다. 그러곤 침묵이다. 그쯤 되면 차라리 돌아서는 게 낫다.

C. S. 루이스는 하나님의 존재를 의심하지 않았지만, 그분의 사랑에 의문을 제기한다. 주님은 더할 나위 없이 멀고 냉담해 보인다. 참으로 자녀들을 사랑하신다면, 그처럼 곤고한 순간에 하나님은 어디에 계시는가? 루이스처럼 한없이 신실한 크리스천일지라도 하나님의 개인적인 관심과 간섭을 의심할 수 있다. 그런 처지가 되면 기도마저 허공에 대고 덧없이 떠드는 소리처럼 느껴지게 마련이다.

나도 개인적으로는, 고통을 겪는 이들에게 사람마다 경험하는 바가 다르다는 점을 인정해야 한다고 누구이 당부한다. 누구나 C. S. 루이스가 그려내는 감정을 갖는 건 아니다. 고통 가운데서 하나님을 더 생생하게 만난다고 고백하는 크리스천들도 적지 않다. 성령님은 인간의 머리로는 납득할 수 없는 위안을 주셔서 지금 느끼는 고통을 초월하도록 이끄실 수 있는 분이다. 물론, 늘 그런 건 아니다. 때로는 철저하게 무반응으로 일관하시는 경우도 있다. 그렇다면 어떻게 할 것인가?

어떻게 저마다 하나님과 친밀한, 또는 소원한 느낌을 갖게 되는지 일반화해 말할 수는 없다. 다만, 하나님이 한 사람 한 사람을 향해서 언제 어디서나 관심을 가지고 있음을 표현하는 두 가지 방식이 있다는 점만큼은 자신 있게 이야기할 수 있다. 하나는 고통에 대해 예수님이 보이신 반응이다. 그리고 다른 하나는 스스로 크리스천이라고 하는 모든 이들과 관련이 있다.

하나님이 세상의 고통에 어떻게 반응하셨는지는 예수라는 역사적 실체를 통해 알 수 있다. 주님의 사랑을 회의하는 이들은 인간의 고통에 반응하시는 하늘 아버지의 친밀하고 인격적인 반응을 단적으로 드러내는 그리스도를 다시 보아야 한다. 사실, 예수님을 제대로 알기만 하면 하나님과 고통에 대한 회의는 상당 부분 걸러지게 마련이다.

무엇보다 놀라운 건 스스로 고통을 짊어지셨다는 점이다. 욥 앞에 피조세계의 면면을 제시하며 권세를 뽐내셨던 주님이 친히 고통을 포함한 모든 자연법칙에 순종하는 길을 선택하셨다. 크리스천 작가 도로시 세이어즈Dorothy Sayers는 그 이변을 이렇게 표현했다.

이유야 어찌됐든, 하나님은 인간을 현재의 상태(제한적이고, 고통스러워하고, 근심과 두려움을 겪는)로 만드셨으므로, 정직하고 과감하게 손수 처방하신 약을 마시셨다. 피조물들과 어떤 게임을 하시든, 하나님은 직접 세우신 규칙을 지켜가며 공정하게 시합하신다. 인간에게서 그 무엇도 빼앗지 않으셨으며 그분 또한 아무것도 빼앗기지 않으신다. 하나님은 가정생활 중에 만나는 사소한 짜증과 밥벌이의 고단함, 부족한 생활비부터 고통에 대한 극도의 공포감과 모욕, 패배감과 절망, 그리고 죽음에 이르기까지 인간이 겪는 모든 일을 경험하셨다. 인간의 옷을 입고 계시는 동안은 줄곧 인간으로 기도하셨다. 가난한 집에 태어나서 수치스러운 죽음을 맞으셨으나 그만한 가치가 있는 일로 여기셨다.

요한복음 3장 16절은 크리스천들에게 대단히 익숙한 구절이다. "하나님이 세상을 이처럼 사랑하사 독생자를 주셨으니 이는 그를 믿는 자마다 멸망하지 않고 영생을 얻게 하려 하심이라." 예수님이 세상에 오셔서 고난을 받으시고 돌아가셨다는 사실이 인생에서 고통을 없애주지 않는다. 사시장철 편안한 마음을 가지고 살 수 있도록 보장해주지도 않는다. 그러나 하나님이 팔짱을 끼고 서서 인간이 고통당하는 걸 구경만 하고 있는 게 아님을 여실히 보여준다. 하나님은 이 땅에 오셔서 우리와 하나가 되셨다. 지상에서 사시는 동안 그 누구 못지않은 아픔을 겪으셨다. 그렇게 하심으로써 훗날 바울이 묘사한 것처럼, 장차 고통이 없는 세상을 여는 승리를 거두셨다.

'긍휼'을 의미하는 영어 단어 'compassion'은 '함께 고통받는다'는 뜻을 가진 라틴어 단어에서 왔다. 예수님은 자원해서 세상에 오셔서 고난을 받으심으로써 한없이 깊고 깊은 긍휼을 보여주셨다. 우리를 위해, 우리와 함께 고난을 받으셨다. 주님은 삶의 대부분을 하루하루 고통 속에 사는 이들 틈에서 보내셨다. 그리스도가 그들을 대하시는 모습을 보면 하나님이 인류의 아픔을 어떻게 받아들이시는지 또렷이 알 수 있다.

하나님은 인간의 고통을 어떻게 느끼시는가? 예수님을 보라. 상한 심령을 대할 때마다 주님은 깊은 슬픔과 근심을 품으셨다. 친구가 세상을 떠나자 눈물을 흘리며 우셨다. 그러곤 초자연적인 능력으로 그 아픔을 치료하셨다. 제자들은 "하나님은 고통을 돌아보시는가?" 따위의 질문을 붙들고 고민하고 괴로워하지 않았을 성싶다. 하늘 아버지께서 인생을 보살피신다는 증거를 날마다 생생하게 목격하며 살았으니 그럴 이유가 없었을 것이다. 그저 예수님의 얼굴을 바라보며 세상에 오실 때 하나님께 받은 사명을 다하시는 모습을 지켜보았을 게 틀림없다.

그렇지만 주님은 세상에 오래 머물지 않으셨다. 이제는 예루살렘행 비행기 표를 끊고, 차를 빌리고, 시간을 비워두어도 그분을 만날 길이 없다. 그럼 이제는 어찌되는가? 어떻게 그분의 사랑을 느낄 수 있는가? 물론, 하나님은 자녀들과 함께 계신다는 생생한 증표로 성령님을 보내주셨다. 뿐만 아니라 언젠가는 세상을 바로 세우며, 얼굴과 얼굴을 마주하고 거룩한 백성들을 만나시겠다고 약속하셨다. 하지만 당장은 어떡하란 말인가? 지상에 살아 숨 쉬는 동안 하나님의 사랑을 물리적으로, 그리고 가시적으로 재확인할 길은 없는가?

교회, 곧 이 땅에서 하나님을 진심으로 따르는 이들을 모두 아우르는 공동체가 등장하는 대목이 바로 이 지점이다. 성경은 '그리스도의 몸'이란 용어를 사용한다. 이는 세상에서 새로이 갖게 된 우리의 정체성을 드러내는 표현이기도 하다. 크리스천은 그리스도가 어떤 분이신지 인류 앞에, 특히 고통을 당하는 이들에게 보여주도록 부름받은 사람들이다.

사도 바울은 그런 과정을 염두에 두고 이런 글을 썼을 가능성이 높다.

> 그는 자비로우신 아버지시요, 온갖 위로를 주시는 하나님이시요, 온갖 환난 가운데서 우리를 위로하여 주시는 분이십니다. 따라서 우리가 하나님께 받는 그 위로로, 우리도 온갖 환난을 당하는 사람들을 위로할 수 있습니다. 그리스도의 고난이 우리에게 넘치는 것과 같이, 그리스도로 말미암아 우리의 위로도 또한 넘칩니다(고후 1:3-5, 새번역).

그리스도의 몸이 어떻게 고난받는 이들을 보살핀다는 것인지 정확하게 파악하려면 직접 몸으로 부딪치면서 경위를 살피는 것만 한 방법이 없다. 내게도 그런 경험이 있지만, 여기서는 엄청난 아픔을 끌어안고 수없이 회의했던 마사의 예를 들어보려고 한다.

크리스천, 하나님의 사랑을 드러내는 그리스도의 몸

시카고에서 처음 만났을 당시, 마사는 눈부시게 아름다운 스물여섯 살의 젊디젊은 여성이었다. 하지만 흔히 루게릭병이라고 부르는 근위축성측색경화증ALS에 걸렸음을 통보받은 날, 이 아가씨의 삶은 완전히, 그리고 영원히 달라졌다. ALS는 신경망을 공격해서 통제 불능 상태로 만든다. 처음에는 팔다리를 마음대로 움직이게 돕는 신경을 공략하고 이어서 손발에 영향을 미친다. 나중에는 의지와 상관없이 자율적으로 움직이는 신경에까지 침투해서 호흡 기능마저 망가뜨려 결국 죽음에 이르게 만든다. 급속히 신체를 좀먹을 수도 있고, 그렇지 않은 경우도 있다. 처음 만나서 어떤 병을 앓고 있는지 설명할 때만 해도 마사는 아주 정상처럼 보였다. 하지만 한 달 만에 휠체어에 타지 않고는 움직일 수 없게 됐다. 대학도서관에서 하던 일도 그만두었다. 다시 한 달이 가기도 전에 오른팔의 기능을 잃었다. 곧이어 두 팔을 모두 쓰지 못하기에 이르렀다. 손을 움직여 전동휠체어를 운전하는 것조차 힘들어 보였다.

요양병원으로 마사를 만나러 다니기 시작했다. 휠체어로 또는 내 차에 태워 멀지 않은 곳으로 짧은 나들이를 나갔다. 고난의 뒤편에 수치스러운 구석들이 도사리고 있음을 깨달았다. 옷을 입고, 베개를 고쳐 베고, 환자용 이동식 변기를 치우는 따위의 사소한 일도 남의 손을 빌릴 수밖에 없었다. 울음을 터트리면 누군가 눈물을 닦고 티슈로 콧물을 훔쳐내 주어야 했다. 몸은 의지와 따로 놀았다. 주인의 명령에 따를 마음이 조금도 없어 보였다.

우리는 죽음에 대해 이야기했다. 간략하게나마 기독교 신앙을 소개했다. 마사 같은 이들에게 영원한 생명과 완전한 치유, 부활을 바라보는 커다란 소망 따위의 설명은 얼마나 공허하게 들릴 것인가? 솔직히 고백하건대, 마치 허공에 흩어지는 연기처럼 허약하고 빈약한 느낌이었다. 가련한 아가씨가 원하는 건 천사의 날개가 아니라, 힘없이 털썩 떨어지지 않는 두 팔이었다. 침이 새어 나오지 않는 입이고 숨통이 끊어지지 않도록 버텨줄 허파였다. 영원한 삶, 설령 고통이 없는 영원한 생명이라 할지라도, 고통으로 허덕이는 이 여인의 귀에는 아무짝에도 쓸모없는 헛소리쯤으로 들릴 것 같았다.

물론 마사는 하나님을 생각했다. 하지만 사랑이 많으신 주님으로 인식하긴 어려웠다. 마사는 임종을 앞두고 나누어야 할 대화를 한사코 거부했다. 두려움에 사로잡혀서가 아니라 정말 사랑해서 주님을 찾고 싶다고 했다. 하지만 그처럼 극심한 고통 속에 내버려두시는 분을 어떻게 사랑할 수 있겠는가?

10월에 들어서면서, 머지않아 끔찍한 ALS의 순환고리가 완전히 마무리될 징후가 뚜렷해졌다. 숨을 들이마시고 내쉬는 것마저 무척 힘들어했다. 두뇌에 공급되는 산소의 양이 줄어들면서 대화를 나누다가도 깊은 잠에 빠져들곤 했다. 더러는 숨이 막혀 죽을 것 같은 공포에 사로잡힌 채 오밤중에 깨어나기도 했다. 질리도록 무섭지만 도움을 청할 힘도 없었다.

마사는 최소한 두 주 정도 병원을 벗어나 시카고에 있는 자기 아파트에 머물게 해달라고 간청했다. 친구를 하나씩 하나씩 불러서 작별인사를 나누면서 죽음과 화해할 여유를 갖고 싶다는 뜻이었다. 하지만 두 주간의 외출은 말처럼 쉬운 일이 아니었다. 누가 스물네 시간 달라붙어 수발을 들 것인가? 정부가 파견하는 도우미는 집이 아니라 병원에서 일하게 되어 있었다. 게다가 마사처럼 집중치료가 필요한 이들은 지원대상이 아니었다. 시카고 지역에 있는 여러 단체들 가운데 마사를 사랑으로 돌봐주겠다고 나선 곳은 에반스톤에 있는 레바 플레이스 펠로우십 하나뿐이었다. 이 기독교 공동체는 마사를 보살피고 마지막 소망을 이룰 수 있도록 최대한 돕는 작업을 프로젝트 가운데 하나로 선정했다. 열여섯 명의 여성들이 생활스케줄을 조정해서 환자에게 달라붙었다. 몇 개 팀으로 나누어 한 조가 마사네 집에 들어가 일하는 동안 나머지 그룹이 활동 중인 식구의 자녀들을 보살폈다. 환자와 함께 머물면서 악쓰고 불평하는 소리를 귀 기울여 들어주고, 몸을 씻겨주고, 자리에 앉혀주고, 사지를 움직여주고, 밤새도록 곁을 지켜주고, 기도해주고, 사랑해주었다. 마사에게 이들은 '그리스도의 몸'이었다.

레바 플레이스의 여성들은 ALS를 앓는 이 아가씨에게 크리스천이 품고 사는 소망에 관해서도 설명해주었다. 마침내 마사는 그리스도의 몸, 곧 주위에서 분주하게 움직이는 여러 크리스천들의 모습에서 하나님의 사랑을 보았으며(비록 냉혹하고 심지어 잔인하기까지 한 분으로 보일지라도) 주님 앞에 나가서 자신을 위해 목숨을 버리신 분께 삶을 의탁하기로 작정했다. 평소에 하던 말처럼 두려움에 사로잡혀서가 아니라, 레바 플레이스 펠로우십 식구들의 보살핌 속에서 마침내 하나님의 사랑과 맞닥뜨렸던 것이다. 공동체 식구들과 함께 감동적인 예배를 드리는 가운데, 마사는 끊어질 듯, 끊어질 듯 힘겨운 목소리로 신앙을 고백하고 세례를 받았다.

추수감사절 휴가를 코앞에 둔 어느 날, 마사는 눈을 감았다. 보기 흉하게 일그러지고 오그라든 육신은 아름답던 생전의 모습을 흉내 내다 만 모조품처럼 보였다. 마사는 기능을 다한 몸을 남겨두고 떠났다. 우리는 이 여인이 이제 죽음을 이기고 온전해진 생기발랄한 몸으로 살아 숨 쉬고 있음을 믿는다. 그게 크리스천의 신앙이다. 그리스도가 일궈낸 승리 덕분에, 그리고 그 승리를 알려준 주님의 몸 된 교회 덕택에 살게 된 것이다. 마사는 고난을 겪으며 하나님을 만났다. 고통스러운 시간을 보내기는 했지만, 다른 한편으로는 크리스천들이 베푸는 사랑과 긍휼에 빠져 지내는 사이에 하나님이 진정 어떤 분이신지 깨달았던 것이다. 하나님에 대한 의심은 그 사랑의 도가니 속에서 차츰 녹아 사라져갔다.

2
고통을 위한
변명

　대학생들을 붙들고 왜 기독교를 믿지 않는지 물으면, 십중팔구는 고통의 문제를 걸고넘어지는 다채로운 답변을 꺼내들 것이다.

　"아우슈비츠를 방관한 하나님을 어떻게 믿겠어요?" "주변의 많은 크리스천들이 기도해주었지만, 어린 여동생이 백혈병으로 세상을 떠났습니다." "지난밤에도 세계 인구의 3분의 1은 주린 배를 움켜쥐고 잠자리에 들어야 했어요. 기독교의 가르침과 모순되는 거 아닌가요?" 크리스천들의 답변은 죄다 변명처럼 들린다. 합리적이고 치밀한 논리로 무장한 최고 수준의 신학적 변증이라기보다 얼굴이 벌게져서 고개를 푹 숙이고 발을 떠는 느낌이다.

　나는 이제껏 고통의 미덕을 찬양하는 시를 읽어본 적이 없다. 고통을 기념하는 조각상도 보지 못했다. 고통에 바치는 찬가도 들어본 기억이 없다. 고통은 늘 '불쾌한' 무엇일 따름이었다. '고통'이라는 두

글자를 벽에 붙여놓고 곰곰이 생각해보라. 설령 크리스천이라 할지라도 하나님의 실수라는 결론을 내릴 수밖에 없을 것이다. 창조주는 더 열심히 노력해서 인간에게 세상의 온갖 위험을 미리 감지할 수 있는 시스템을 장착시켜주셨어야 했다. 한때는 나도 그렇게 여겼다. 하지만 지금은 다르다. 고통이 부당한 평가를 받고 있다고 믿는다. 어쩌면 고통을 기리는 기념물을 세우고, 찬가를 부르며, 시를 지어 바치는 게 당연할지도 모른다.

고통의 문제를 부여잡고 골치를 썩느라고 정작 중요한 사실을 놓치고 있는 게 아닌가 싶다. 2003년에 작고하기 전까지 줄곧 미국 유일의 한센병 환자 요양소를 이끌었던 외과의사이자 의료선교사인 폴 브랜드Paul Brand 박사는 만날 때마다 거푸 그 핵심을 일깨워주었다. 그는 입버릇처럼 말했다. "한센병 환자들에게 꼭 선물하고 싶은 게 있다면, 아마 고통일 거예요." 고통을 선사하다니, 꿈도 꿔보지 못한 낯설고 역설적인 개념이지만, 그건 한센병 환자들을 치료해온 외과의사의 경험에서 우러난 자연스러운 결론이었다.

폴 브랜드 박사의 관점으로 보자면, 고통은 자연계의 구성요소들이 다 그러하듯, 본질적으로는 선한 피조물이다. 다만 인류가 죄를 짓는 바람에 하나님의 본래 의도와 달리 왜곡되었을 뿐이다. 그런 사고방식은 창조와 타락, 그리고 영원한 회복으로 이어지는 기독교의 세계관과도 맞아떨어진다.

하나님의 멋진 솜씨를 고스란히 드러내는 지구를 되짚어보자. 저녁노을이나 무지개는 찬란한 색조와 절묘한 빛 그림자를 자랑한다. 바다의 묵직한 물결은 보기만 해도 마음이 푸근해진다. 나비 날개에 찍힌 추상적인 문양은 무려 2만 종이 넘는다. 이국적인 무늬가 찍힌 조그만 옷감 샘플이 이리저리 날아다니는 것만 같다. 그러나 하늘을 색색으로 물들이던 햇살도 지나치게 쏟아지면, 아프리카의 토양을 바짝 말려서 헤아릴 수 없이 많은 이들을 굶주림으로 몰아넣을 수 있다. 리듬에 맞춰 일렁이던 파도도 해저지진의 파장에 휩쓸리면 거대한 죽음의 벽이 되어 마을과 동네를 쓸어버린다. 평생 날개를 펄럭이며 이 꽃 저 꽃 옮겨 다닐 뿐, 누구에게도 해를 끼치지 않는 가지각색의 나비들 또한 날이면 날마다 자연계의 사나운 먹이사슬에 걸려 덧없이 사라진다. 세상은 창조주의 손길을 보여주는 전시장인 동시에 죽음과 파괴의 전초기지이기도 하다.

인간을 곰곰이 생각해보라. 바흐와 루터, 괴테와 베토벤을 배출한 나라가 또한 히틀러와 아이히만, 괴링을 낳았다. 권리장전을 고안한 국가가 워터게이트와 아부 그레이브를 만들어냈다. 너 나 할 것 없이 인간의 내면에는 이처럼 창의적이고 선하고 따뜻한 속성이 기만적이고 이기적이며 잔인한 구석과 치열한 다툼을 벌인다.

고통도 마찬가지다. 감각을 전달하는 신경조직은 더할 나위 없이 고상한 일들을 할 수 있게 해준다. 바이올리니스트를 관찰한 적이 있는가? 손가락으로 현을 누를 때마다 수십 가닥의 근육이 동시에 통합적으로 움직인다. 열두 개의 포지션을 두루 오가다가 한 점을 힘주어 자신 있게 누르기도 하고, 화음을 넣기 위해 E현을 더듬어 찾기도 하고, 피치카토로 퉁퉁 튕기기도 한다. 신경시스템은 뇌에서 내려오는 동작명령과 압박감을 뇌로 되돌려 보내는 복잡한 피드백 회로를 조합해서 연주가 가능하게 한다.

물론, 신경체계는 처음부터 선한 것이라고 말할지 모르겠다. 하지만 한 줄기 강렬한 고통이 상대적으로 약한 감각들의 소리를 묵살하고 곧장 뇌로 달려가는 경우는 어떨 것 같은가? 그때도 선물이 될 수 있을까? 그렇다. 다치는 즉시 고통을 느끼는 건 축복이다. 오랫동안 한센병 환자들과 어울려 지낸 뒤에야 폴 브랜드 박사는 손가락이 잘리고, 발목이 뒤틀리고, 뜨거운 물에 들어서는 순간을 감지하는 감각에 감사할 줄 알게 되었다. 그는 말한다. "고통을 주신 하나님, 감사합니다!"

한때 의사들은 손발과 얼굴에 생기는 궤양이 한센병의 원인이라고 믿었다. 거기서부터 살이 썩어 들어가 마침내 사지를 잃기에 이른다고 생각했다. 하지만 브랜드 박사는 오랜 연구 끝에, 99퍼센트의 환자의 경우 한센병은 신체 말단부위를 마비시킬 뿐임을 밝혀냈다. 고통을 느끼게 해서 위험을 알리는 경보시스템이 침묵했던 것이다.

아프리카와 아시아 국가의 시골을 여행하는 이들은 더러 지역의 한센병 환자들이 무거운 무쇠솥 옆에 서서 감자 삶는 걸 지켜보는 끔찍한 장면과 마주친다. 다 익었다 싶으면 펄펄 끓는 물속에 손을 넣어 감자를 꺼낸다. 브랜드 박사는 이처럼 몸을 막 굴리는 행동이 한센병을 가진 이들의 몸을 망치는 주요 원인임을 밝혀냈다. 솥을 지키던 나환자는 고통을 느끼지 못했다. 하지만 피부에는 물집이 잡히고 세포는 파괴됐으며 감염에 무방비 상태가 됐다. 한센병이 조직을 상하게 하는 게 아니다. 그저 위험을 알려주는 경보장치를 떼어갈 따름이다.

날마다 마주하는 일상생활 자체가 이런 환자들의 손발을 위험에 빠트리지만, 미리 알려주는 경보체계가 망가진 탓에 꼼짝없이 당하기 일쑤다. 발목이 돌아가고 힘줄과 근육이 찢어져도 거기에 적응해서 뒤틀린 자세로 계속 걸어 다닌다. 한밤중에 쥐가 손가락을 뜯어먹어도 다음 날 아침이 되도록 전혀 알아차리지 못한다(사실, 이런 사태가 하도 빈번하게 일어나는 까닭에, 인도에서 활동하던 시절 브랜드 박사는 환자들에게 고양이를 가까이 두고 키우라고 권하곤 했다).

이러한 발견은 한센병뿐만 아니라 당뇨병처럼 마비를 일으키는 질병들을 치료하는 방식에 일대 혁명을 불러왔다. 아울러, 폴 브랜드 박사가 웃음기 한 점 없는 진지한 자세로 "고통을 주신 하나님, 감사합니다!"라고 말했던 까닭을 여실히 보여준다. 고통은 당연히 달갑지 않다. 몹시 불쾌한 나머지 끓는 물에 닿기가 무섭게 손가락을 움츠리게 만든다. 하지만 바로 그런 성질이 인간을 파멸에서 지켜준다. 반사적인 반응을 유도하는 경보체계가 살아 있는 한, 주의를 기울일 수밖에 없기 때문이다.

폴 브랜드 박사가 의료 분야에서 발견한 진리는 C. S. 루이스가 《고통의 문제》에서 제기한 윤리적인 주장과 근사하게 맞아떨어진다. 신체적 고통은 두뇌에 위험을 알리는 초기 경보장치 구실을 할 뿐만 아니라 영혼에 경계신호를 보내는 역할도 한다. 고통은 하나님의 메가폰이다. 때로는 속삭이고 때로는 고함치며 무언가 잘못됐음을 일깨워준다.

인생의 목적이 쾌락을 추구하는 데 있다고 생각하는 이들이 있다. 마음껏 즐기고, 근사한 집을 짓고, 산해진미를 먹고, 섹스에 탐닉하고, 신 나는 삶을 사는 걸 으뜸으로 친다. 그러나 고통이 엄존한다는 사실은 그런 사고에 혼선을 가져온다. 세계 인구의 3분의 1이 밤마다 주린 배를 움켜쥐고 잠자리에 드는 터에, 말초적인 쾌락을 만족시키기 위해 세상이 존재한다고 믿기는 어려운 노릇이다. 암 병동을 들락거릴 일이 수시로 벌어지는 상황에서 인생의 목적이 안락한 생활을 누리는 데 있다고 보기는 힘든 일이다. 여태 보고 들은 게 전부라면 삶은 얼마나 공허하냐고, 고통은 목소리 높여 부르짖는다.

고통이 메가폰 구실을 한다는 걸 받아들이기 어려우면, 병원의 중환자실을 찾아가보라. 온갖 부류의 사람들이 문 앞을 서성이고 있다. 부자도 있고 가난뱅이도 있다. 똑똑한 이들이 있는가 하면 아둔한 이도 있다. 신앙이 돈독한 이들도 있고 무신론자도 있다. 화이트칼라도 있고 일용직 노동자도 있다. 하지만 중환자실 로비에선 그 같은 구분이 소용없다. 숨져가는 친지나 친구를 사랑하는 마음만이 한 가닥 실이 되어 모두를 하나로 단단히 붙들어 매고 있을 따름이다. 세상을 통틀어 그런 장소가 또 있을까 싶다. 경제적 차이나 인종적 구별, 심지어 종교적 구분도 사라진다. 너 나 할 것 없이 삶의 마지막 순간과 직면한다. 난생처음 목사나 신부, 랍비를 찾는 이들도 보인다. 오직 고통의 메가폰만이 인간의 강고한 무릎을 꿇게 만드는 힘을 가졌다.

폭력과 불의가 판치고, 갓난아이가 죽어가는 이 땅은 무언가 잘못됐다. 고통이 마이크에 대고 고래고래 소리를 질러대는 이 세상에서 만족을 누리길 원하는 이, 여기 존재하는 이유가 그저 삶을 즐기는 데 있을 뿐인 이들은 하루 24시간, 1년 365일 귀를 틀어막고 지내는 게 분명하다. 고통이라는 하나님의 메가폰은 주님에게서 멀어지게 만들 수도 있지만, 반대로 그분께 달려가게 이끌기도 한다.

고통이 선물이라는 개념은 어떻게 해서든 아픔을 피해보려 안간힘을 쓰는 크리스천의 마음가짐과 정면으로 충돌한다. 병마를 이겨내지 못하고 스러지는 이들이 절대다수를 차지하는 현실에도 불구하고, 치유된 이들에게 눈부시게 반짝이는 기장을 달아주는 경우가 얼마나 많은가! 훈장을 받지 못한 이들로서는 하나님께 외면당했다는 느낌에 시달릴 수밖에 없다. 성경 어느 대목에서도 크리스천은 더 쉽고, 더 안전하며, 더 완벽하게 멸균 처리된 삶을 살게 된다는 주장을 찾아볼 수 없다. 그러므로 이제 고통의 공로를 의식할 만큼 성숙해져야 한다. 욥이 그랬던 것처럼, 고통이 존재함에도 불구하고, 때로는 고통이 존재하기에 하나님께 매달릴 용기를 가져야 한다. 그리스도의 가르침은 털끝 하나 다치지 않고 세상을 헤쳐나갈 궁리를 할 게 아니라 고통받는 세상과 완전히 하나가 되라고 요구하신다.

개인적으로는 글쓰기를 막 시작할 무렵, 여러 해에 걸쳐 폴 브랜드 박사의 가르침을 받는 일생일대의 특권을 누렸다. 인도의 한센병 환자 전문병원, 런던에 있는 왕립외과대학, 루이지애나 주의 동물실험실, 시애틀의 노인요양원 같은 다채로운 시설과 환경에서 긴 시간 동안 인터뷰를 진행하면서, 고통과 신앙을 비롯해 마음에 떠오르는 갖가지 질문을 던지고 답을 들었다.

브랜드 박사는 두 가지 업적으로 의학계에서 일가를 이루었다. 우선 앞에서 이야기한 것처럼, 한센병 환자들의 신체 조직이 손상되는 건 통각을 잃어버린 데서 오는 이차적인 현상이며 얼마든지 예방할 수 있다는 관념을 선구적으로 개척했다. 이는 인도에서 의료선교사로 일하던 박사가 처음 발표했을 때만 해도 지극히 새로운 이론이었지만, 차츰 세계적으로 인정을 받았다. 고통의 감각을 잃어버리는 게 대단히 위험한 사태라는 인식이 확산되면서 한센병이나 당뇨로 고생하는 수많은 환자들이 절단수술을 피할 수 있게 되었다.

둘째로, 노련하고 독창적인 손 수술의 대가로 평가받았다. 주요 교과서에는 어김없이 그가 집필한 내용이 수록되어 있다. 폴 브랜드 박사는 세계 최초로 근전이술을 한센병 환자에게 적용해서 손가락이 오그라져 단단히 굳어버리는 문제를 해결했다. 이런 성과에 힘입어 그는 미국 공중위생국에서 수여하는 메달과 앨버트 래스커 의학상Albert Lasker Medical Award, 대영제국 훈작사CBE를 받았다.

대속교리, 삼위일체, 진화론, 축자영감설, 사회참여 같은 기독교적 이슈에서부터, 별도로 연구 중인 유전학과 취미 삼아 시작한 목공일, 환경 문제에 이르기까지 대화는 끝없이 이어졌다. 복음주의 세계를 통틀어 몇 안 되는 명석한 인물이었지만, 복음주의 신앙을 가졌다는 이들치고 그 이름을 들어봤다는 이는 거의 없다시피 했다. 개인적으로는 그래서 더 마음에 들었다. 책을 써본 적도, 라디오 프로그램을 진행한 적도, 이름을 내걸고 단체를 조직해본 적도 없었다. 촉망받는 영국의 외과의였지만, 세상에서 가장 천대받는 한센병 환자들을(인도에서는 '불가촉천민'으로 하류인생 취급을 받는다) 겸손하게 치료했다.

브랜드 박사와 교제가 깊어지는 과정에서 얻은 깨달음을 모아 나는 10년에 걸쳐 몇 권의 책을 냈다.《내가 고통당할 때 하나님 어디 계십니까?*Where Is God When It Hurts?*》가 첫 작품이었고, 이어서《육체 속에 감추어진 영성*In His Image*》과《고통이라는 선물*The Gift of Pain*》을 출간했다. 이제 그때의 그 녹취록으로 돌아가서 특별히 고통의 문제에 초점을 맞추어 나누었던 이런저런 이야기 조각들을 짜맞춰보자.

인체 구조에 나타난 창조의 신비

얀 시 | 박사님은 한센병처럼 고통에 신경을 써야 하는 환자들을 위한 대체고통전달시스템을 개발하는 연구 프로젝트를 맡은 적이 있었습니다. 동참한 과학자들과 생명공학자들은 인체에 관한 한, 창조주의 역할을 했다고도 볼 수 있습니다. 거기서 하나님의 창조 과정에 대해 무얼 배우셨습니까?

브랜드 | 엄청난 경외감이 그 어떤 반응보다 압도적이었습니다. 우리 팀은 특별히 손을 중심으로 인간의 고통체계를 연구했습니다. 공학적으로 얼마나 완벽하던지 혀를 내두를 수밖에 없었어요. 제 연구실에는 손상된 손을 고치는 수술법을 설명하는 외과학 교과서들이 빼곡히 들어차 있어요. 힘줄과 근육, 관절을 재배열하는 방법, 뼈의 일부를 들어내고 인공관절을 삽입하는(수없이 손이 가죠) 여러 가지 기법들이 적혀 있습니다. 하지만 정상적인 손의 기능을 훌쩍 끌어올리는 수술을 할 줄 안다는 의사 얘기를 들어본 적이 없습니다. 대단하지 않습니까? 백 개의 손 가운데 하나가 하나님의 설계대로 작동되지 않으면 무수한 기술을 총동원해도 바로잡을까 말까 합니다. 제아

무리 발버둥 쳐봐야 하나님이 주신 손 하나도 더 낫게 만들지 못합니다.

"다른 증거는 다 제쳐두고 엄지손가락 하나만 봐도 하나님의 존재를 확신할 수 있을 것"이라는 아이작 뉴턴의 말에 백 퍼센트 공감합니다. 핵물리실험실에서 방사능물질을 다루는 복잡한 기계손을 생각해보십시오. 회로망을 구축하고 기계공학 기술을 적용하는 데 어마어마한 돈이 들어갑니다. 그렇게 만들어도 몸집이 너무 크고 동작이 굼떠요. 어린아이의 손과 비교해도 기능이 한참 떨어집니다.

얀 시 | 인체 구조가 신기하고 놀랍다는 사실이야 누가 모르겠습니까? 하지만 백에 하나, 비정상적인 손을 가진 이들은 어떻게 해야 합니까? 하나님은 어째서 병원을 가득 채우고 있는 예외적인 사람들이 생길 수 있도록 세상을 지으신 걸까요?

브랜드 | 완전하지는 않지만, 어떤 매체든 물리적인 법칙을 따를 수밖에 없다는 태생적인 한계에서 그 해답을 찾아야 할 것 같습니다. 세상을 창조하시면서 하나님은 소립자를 사용하시고 물리적이고 화학적인 법칙에 따라 움직이게 하셨기에 일정한 제한이 생기는 건 불가피한 일입니다. 그게 바로 창조의 구성요소들입니다. 전 과정이 마무리되는 정점에서, 하나님은 가장 고상한 창조 업적으로 두뇌를 만들어서 독자적인 판단을 내릴 능력과 선택의 자유를 주기로 하셨습니다.

C. S. 루이스가 이야기한 나무의 비유는 법칙에서 벗어날 수 없는

물질세계의 한계를 잘 보여줍니다. 하나님은 잘 휘어지지 않는 성질을 가진 물질을 창조하셔서 잎을 지탱하고 열매를 맺게 하셨습니다. 우리는 나무의 속성을 활용해서 가구를 짜고 집을 짓습니다. 하지만 자유를 허용받은 인간세상에서 그런 성질은 남용으로 이어집니다. 누군가의 머리를 후려칠 몽둥이의 소재가 될 수도 있다는 말입니다. 어떤 물질이든 본질적으로 본래 의도와 달리 사용될 가능성을 내포하고 있습니다.

세상이 일정한 법칙의 지배를 받고 있다는 게 얼마나 기쁜지 모릅니다. 불은 뜨겁고 얼음은 차갑습니다. 나무는 딱딱하고 솜은 부드럽습니다. 의사이자 과학자로서, 환자를 치료하고 수술하는 기술은 죄다 그런 성질에 기대고 있는 까닭입니다. 가령, 딱딱하게 굳는 특성이 없다면 부러진 뼈에 부목을 대는 데 석고를 쓸 수 없을 겁니다.

이런 법칙들 때문에 결국 연구팀은 대체고통전달시스템을 만들어내려는 인위적인 노력을 포기해야 했습니다. 금속이나 전자부품을 포함해서 어떤 물질을 동원하든, 몇백 번만 쓰면 망가져버리곤 했습니다. 통각을 느끼는 세포 하나만 하더라도 체내에서 수백만 번씩 사용돼야 하는데 말입니다. 우리는 간단한 신경세포처럼 정교하고도 유연한 조직을 복제해내기에도 능력이 터무니없이 못 미쳤습니다.

얀 시 | 인체를 연구하면서, 특히 고통에 예민하게 반응하는 특성을 조사하면서, 스스로 창조주였더라면 달리 설계했겠다 싶은 부분이 있었습니까?

브랜드 | 저는 그런 소릴 할 만큼 대담한 성격이 아닙니다. 다만, 하나님이 인간의 몸을 지으시면서 고려했음 직한 사항들을 깊이 생각해본 적은 있습니다. 체내에 장착된 고통전달시스템이 가진 미덕 가운데 하나는 조직에 내장된 통각점(피부 표면에 퍼져 있어 자극을 받으면 아픔을 느끼는 감각점 - 옮긴이) 하나하나가 일정 수준의 스트레스를 받으면 즉시 메시지를 보내서 그 부위를 보존하게 한다는 점입니다. 예를 들어, 발은 고통에 무딘 편인데 웬만큼 쿵쿵거리거나 굴러대도 견뎌낼 만큼 강인하기 때문입니다. 반면에 눈은 대단히 민감합니다. 저는 창조주께서 각막의 반사운동을 면밀히 검토하는 장면을 상상해보곤 합니다. 우선, 고도로 전문화된 투명한 조직을 만들어야 합니다. 혈액이 일정하게 공급되는 걸 막아야 합니다. 그랬다간 금방 탁해지고 말 테니까요. 상처가 나면 큰일입니다. 조그만 흠집에도 시력을 잃어버릴 수 있기 때문입니다. 눈동자의 통각점은 너무도 예민해서 가느다란 속눈썹 한 가닥만 닿아도 반사적으로 깜빡이게 됩니다. 그 어떤 신체기관도 그만한 무게에 반응을 보이지 않습니다.

민감성의 수준을 결정하면서 설계자 하나님은 더 예민하게 하면 먼지나 연기가 조금 날리거나 바람이 불기만 해도 눈을 뜨지 못할 거란 점을 감안하셨을 겁니다. 하지만 주로 질병과 상처에 관심을 두고 사는 의사로서는 조금 더 민감하게 하셨더라면 좋았겠다고 생각할 때가 있습니다.

기관과 후두의 내벽도 마찬가지예요. 감기환자들은 너무 민감하다고 짜증을 내지만, 폐암으로 죽어가는 이들은 창조주가 기도의 점막을 연기에 더 예민하게 하셔서 생리적으로 담배를 피우지 못하게 해놓으셨더라면 병에 걸리지 않았을 거라고 한탄합니다. 하나님처럼 전능하신 분조차도 인간의 욕구를 모두 흡족하게 채워주실 수는 없습니다.

창조주의 심사숙고

얀 시 ㅣ 박사님의 '전능' 개념을 잠시 짚어보려고 합니다. 제가 이해하기론, 힘이 행사되는 과정이 아니라 잠재적 능력이라는 측면에서 '전능'이란 말을 해석하시는 것 같더군요. 예를 들어, 러시아 역도 선수라면 세계 제일의 역사라고 할 수 있습니다. 그렇다고 해서 그 선수가 역기를 들어 올리는 일은 제가 제 수준에서 버거운 무게를 드는 것보다 결코 쉬운 것은 아닙니다. 그는 엄청난 힘을 갖고 있지만 역기를 들어 올릴 때면 끄응 하는 소리를 내고 땀을 흘리고, 용을 쓰면서 버둥댑니다. 박사님이 하나님의 전능성을 해석하는 방식도 이와 흡사하지 않습니까?

브랜드 ㅣ 유사할지도 모르죠. 개인적으로는 전능이란 표현을 좋아하지 않습니다. 단순화된 시각으로, 우주를 지으시고 탈 없이 돌아가도록 유지하시는 분을 바라보고 있기 때문이죠. 하나님이 요술지팡이를 한 번 까딱했더니 온 천지가 나타났다는 식이죠. 시스티나 성당이나 우주선 같은 것을 만들어내려면 방대한 계획을 세우고 무수히 검토하는 과정을 거칩니다. 최초로 세상을 지으실 당시, 하나님도 설계하고 실험하는 절차를 비슷하게 밟지 않으셨을까 생각해봅니다.

원자, 우주, 고형성분, 분자, 태양을 비롯해서 삶을 지탱하는 데 필요한 모든 메커니즘의 상호작용 같은 자연법칙을 파고들수록 놀라고 감탄하게 됩니다. 그 가운데서 어느 한 가지 요소라도 빠지게 되면, 피조물 전체가 마치 카드로 지은 집처럼 무너져 내릴 수밖에 없습니다. 우주와 같은 원대한 구조물을 세우려면 상상을 초월하는 계획과 사고가 필요합니다. 피조물 속에 하나님의 임재가 드러나 있음을 이보다 더 확실하게 보여주는 증거가 있을까요?

우발적으로 충돌하는 분자들을 관찰하다가 문득 흥미진진한 패턴을 유추해낸다 하더라도 그건 금방 사라지고 맙니다. 치밀하게 설계된 자연계 전체가 우연의 산물이라고 말하는 이들이 간혹 있습니다. 어마어마하게 많은 분자들이 오랜 시간 서로 엉키고 부대끼다 정확하게 어느 한 지점에 이르면 신경세포가 되고 감각점이 생긴다는 얘깁니다. 그때마다 말해주죠. 가능성이 얼마나 되는지 볼 수 있게, 딱 하나만 만들어보라고요.

저는 하나님이 주도면밀하고 끈질긴 설계자라고 봅니다. 그분을 하나님이라고 부르지만, 그렇다고 해서 창조 과정이 쉬웠으리라고는 생각하지 않습니다. 원자가 결합하는 방식은 헤아릴 수 없을 만큼 많습니다. 하나님은 적절한 몇 가지만 남기고 나머지는 죄다 버리셔야 했습니다. 따라서 '어렵다'는 표현을 빼놓고는 창조 과정을 설명할 길이 없습니다. 그러지 않고서는 하나님의 진면목을 온전히 평가하지 못하는 까닭입니다.

개인적으로는 하나님이 솜씨를 키워가셨다는 쪽으로 생각하기를 좋아합니다. 이를테면, 아메바를 만드신 다음에 개미와 바퀴벌레를 지으시는 식으로 점점 더 복잡한 영역으로 반경을 넓혀가시다가 마침내 창조 작업의 정점인 인간을 빚어내셨다는 말씀이죠. 다시 말해서, 결정을 내릴 때마다 수많은 선택의 여지와 마주하셨을 겁니다. 스키를 타다가 다리가 부러진 스키어는 더 단단한 뼈를 아쉬워할지 모릅니다. 과학자들은 아직 더 견고하면서도 체내에 이식하기에 적합한 물질을 개발하지 못했지만, 아마 창조주는 얼마든지 그렇게 만드실 수 있었겠지요. 하지만 그러자면 뼈가 더 두껍고 무거워질 수밖에 없습니다. 그렇게 육중해서는 스키를 타지 못합니다. 몸집이 늘어나고 그만큼 굼뜰 테니까요.

인체의 골격 모형을 가져다놓고 손가락뼈와 발가락뼈의 크기를 살펴보세요. 발가락에 있는 그 작은 뼈들이 온몸의 체중을 감당합니다. 좀 더 크고 굵었더라면 수많은 체육행사가 사라졌을 겁니다. 손가락뼈들이 더 굵었다면 키보드를 두드리거나 악기를 연주하는 따위의 인간 활동이 불가능했겠죠. 창조주께서는 그처럼 강도와 기동성, 무게와 부피 사이에서 힘든 선택을 해야 했습니다.

얀 시 ‖ 그리고 동물들은 저마다 필요에 따라 다른 자질들을 부여받은 거군요. 어떤 녀석들은 인간보다 힘이 세고 빨라요. 더 잘 보고 들을 줄도 알고요. 날아다니거나 음파탐지능력을 갖춘 놈들도 있죠.

브랜드 ‖ 그렇습니다. 선택할 수 있는 길이 여러 갈래였다는 점을 염두에 두어야 비로소 창조를 완벽하게 설명할 수 있어요. 미국인이 베트남 사람보다 나은가요? 덩치는 미국인이 더 크겠지만 그만큼 많은 음식을 먹어야 몸을 유지할 수 있어요. 먹을 게 떨어지면 베트남인은 살아남을 수 있어요. 밥 한 사발만으로도 너끈히 버틸 힘이 있으니까요. 하지만 미국인은 머잖아 숨을 거두고 말 겁니다. 그러니 신체 조건에는 좋고 나쁜 게 없습니다. 특정한 환경에 적합한지만 있는 거죠. 세상이 만들어진 방식을 보면 경탄스럽기 그지없습니다. 이면에 깊은 고려와 고민의 흔적이 여실히 묻어 있기 때문입니다. 무생물에서 생물로, 또는 단세포에서 다세포로 신경시스템이 확장되는 발전단계마다, 성찰과 선택이 필요했습니다. 저만의 전능 개념을 갖게 된 데는 그런 이유가 있었습니다.

그래도 고통은 필요하다

얀 시 | 고통은 물론이고 죽음에 대해서도 박사님은 세상을 위한 하나님의 광범위한 설계라는 차원에서 말씀하시는 것 같습니다. 하지만 고통이나 죽음은 뒤틀리고 타락한 세상의 형편을 보여주는 증거로 받아들이는 게 일반적인 추세입니다. 그렇다면 지혜로우시고 사랑이 많으신 창조주를 믿는 신앙과 이러한 요소들을 어떻게 조화시킬 수 있을까요?

브랜드 | 고통과 죽음이 없는 세상은 쉬 상상이 가지 않습니다. 고통은 생존에 도움이 되는, 아니 필수적인 메커니즘입니다. 선생과 함

께 한센병 요양원 복도를 걸으며 고통을 거의 느끼지 못하는 삶이 어떠할지 직접 보여드릴 수도 있습니다. 발가락이 죄다 떨어져나간 환자들도 있습니다. 그저 너무 죄거나 잘 맞지 않는 신발을 신는 바람에 혈액순환이 되지 않아서 벌어진 일입니다. 우리 같으면 신발을 벗어버리거나 걷는 방법을 조절해서 무리가 가지 않게 했을 겁니다. 하지만 이 환자들에게는 육신을 함부로 굴리지 말라고 경고해줄 고통이라는 명품 선물세트가 없었습니다.

할리우드 영화와 책을 보면 한센병 환자들은 전형적으로 손가락이 없는 조막손을 하고 있습니다. 나균이 고통을 느끼게 하는 신경세포를 파괴해버린 탓에, 통상적인 활동을 하다가 신체에 해를 입을 만한 상황과 마주쳐도 주의하라는 신호를 받지 못하기 때문에 그토록 처참한 몰골을 하게 된 겁니다. 저로서는 물질문명이 극도로 발달한다 하더라도 잠시나마 고통 없는 삶을 살고 싶지 않습니다. 결국 비참한 삶으로 내몰리게 될 테니까요. 앞서 말씀드린 대로 99퍼센트에 이르는 이들은 지극히 정상적인 손을 가지고 있습니다. 하지만 고통을 감지하지 못하는 이들에게는 통계수치가 완전히 역전됩니다. 모양이 기형적이거나 기능을 잃어버린 경우가 절대다수입니다. 모두가 통증을 전달하는 시스템이 제대로 작동하지 않는다는 단순한 이유에서 비롯된 일입니다.

죽음에 관해서 말씀드리자면, 폐쇄계로서 자연계를 들여다볼 때마다 가장 인상적인 대목은 어떤 수준에서든 엄청난 생명의 소비가 일어난다는 점입니다. 고래는 한입 가득 물을 들이마실 때마다 백만 마리가 넘는 플랑크톤을 집어삼킵니다. 집집마다 정원에 파놓은 조그만 연못은 한 생명이 자신을 희생해서 다른 생명을 키워내는 장면이 끊임없이 이어지는 현장입니다. 죽음은 아름다운 피조물을 망가뜨리는 사악한 불청객이 아닙니다. 멋진 창조세계 자체를 세우는 뼈대이자 핵심입니다. 고등동물은 대부분 그보다 하등한 생물의 죽음에 기대어 삶을 이어가도록 설계되어 있습니다. 이런 먹이 피라미드를 만드시고 그 정점에 인간을 앉히시면서 창조주 하나님은 마음껏 누리되 책임감을 가지고 이용하라고 명령하셨습니다. 하지만 오늘날의 문화는 자연을 사랑하기는커녕 무자비하게 대하는 성향이 있습니다. 이런 관점은 주로 집에서 기르는 애완동물이나 의인화된 짐승이 주인공으로 등장하는 동화책을 통해 동물의 삶을 만나는 현대문명의 산물이 아닌가 싶습니다.

얀 시 ｜ 잠깐만요. 고통과 죽음이 지구상에 현존하는 생명체계에 잘 들어맞는 건 사실이지만, 신학자들은 달리 설명합니다. 인간의 반역과 타락의 결과로 생긴 요소라고 주장하는 거죠. 그렇다면 박사님은 에덴동산에도 고통과 죽음이 존재했다고 보시는 겁니까?

브랜드 ｜ 가진 데이터가 많지 않으니, 에덴동산을 두고 이러니저러니 해봐야 다 추측에 지나지 않습니다. 하지만 저와 비슷한 몸을 가졌다면 아담 역시 고통을 느꼈을 거라고 믿습니다. 거기도 날카로운 돌이 있어서 자칫 상처를 입을 수 있었을 테니, 심각한 사태가 생기기 전에 미리 경고를 보내줄 고통전달시스템을 가지고 있는 편이 훨씬 바람직할 겁니다. 통증의 네트워크는 온몸의 기능과 떼려야 뗄 수

없이 연결되어 있어서(언제 자러 가야 하고 불에서 얼마나 멀리 떨어져야 하는지 알려줄 뿐만 아니라, 아픔과 아울러 쾌감도 전달합니다), 그 시스템이 빠진 육체로 세상을 사는 게 과연 가치 있는 일인지 의심스럽습니다. 하나님이 하와에게 저주를 내리시면서 자식을 낳는 고통을 "크게 더하겠다"고 말씀하신 대목에도 주목할 필요가 있습니다.

개인적으로는 타락 이전에도 육체의 죽음이 존재했다고 믿습니다. 인생이란 순환 고리의 특성상 죽음은 필수적입니다. 박테리아가 죽지 않으면 흙이 생기지 않습니다. 벌레가 죽지 않으면 개똥지빠귀는 살 수가 없습니다. 호랑이 이빨은 식물을 먹기에는 몹시 부적합하게 생겼습니다. 채식주의자라 할지라도 창조질서에 따라 식물의 죽음을 발판으로 생명을 이어갑니다. 독수리는 주검이 없으면 살아갈 길이 없습니다. 죽음 그 자체는 나쁜 게 아닙니다.

얀 시 ┃ 그렇지만 하나님은 아담에게 분명히 말씀하셨습니다. "반드시 죽으리라."

브랜드 ┃ 정확하게 옮기는 게 중요할 것 같습니다. "네가 먹는 날에는"이란 말이 앞에 붙어 있습니다. 전후관계를 종합해볼 때, 여기서는 영적인 생명, 즉 오직 인간에게만 허락하신 하나님의 생기와 그분 자신의 거룩한 형상에 관해 말씀하시는 것 같습니다. 저는 창조주께서 생기를 불어넣으시기 전에도 아담이 생물학적으로 살아 있었으리라고 믿습니다. 구약성경은 영적인 생명이란 하나님과 인간 사이에서 이뤄지는 직접적인 의사소통과 교제임을 암시하고 있습니다. 아담이 하나님을 거역하고 배신하던 날, 그 영적인 연결고리는 끊어지고 말았습니다. 하나님은 죄를 지은 아담을 찾아다니셨습니다. 하나님의 저주가 육체적인 죽음을 의미한다고는 생각지 않습니다. 설령 죄를 짓지 않았다 하더라도 아담은 언젠가 생물학적 죽음을 맞았을 거라고 믿습니다.

얀 시 ⏐ 그래도 고통을 열렬히 옹호하시는 게 아직 낯설게만 들리는군요. 박사님은 감각이 마비된 이들로 붐비는 병원에서 일하고 계십니다. 한센병 환자들을 만나는 순간에는, 고통을 감지하지 못하면 인생에 커다란 공백이 생길 수밖에 없다는 말씀에 쉽게 동의할 수 있습니다. 하지만 암병동이라면 어떨까요? 누그러지지 않는 고통에 끊임없이 시달리는 환자들 앞에서도 자신 있게 고통을 예찬할 수 있을까요?

브랜드 ⏐ 끔찍한 고통이 지배하는 곳에서도 일해본 적이 있습니다. 전쟁 기간 중에는 폭격으로 중상을 입은 이들을 치료했고 인도에서는 여러 외과병동에서 환자를 보았습니다. 고통과 관련해서 당당하게 쏟아낼 수 있는 불평이 있다면, 아마 스위치를 끌 수 없다는 점뿐일 겁니다. 말기암 환자처럼 경고가 이미 전달됐음에도 불구하고, 어떤 조처로도 고통의 원인을 처리할 수 없으면, 걷잡을 수 없이 분노가 치밉니다. 하지만 통제 불능의 범주에 넣어 생각할 만한 고통은 백에 하나도 안 됩니다. 인간이 겪는 아픔 가운데 99퍼센트는 약을 먹거나 생활방식을 바꾸면 얼마든지 고칠 수 있는 일시적인 통증입니다.

대체고통전달시스템을 개발하는 실험을 하면서, 고통을 차단하는 스위치를 다는 게 도리어 문제를 키울 수 있음을 알게 됐습니다. 연구팀은 압력이 높아지면 전기쇼크를 일으키는 장갑을 개발했습니다. 스크루드라이버를 돌리다가 한계치 이상으로 힘이 들어가는 순간 전기가 찌릿하고 통하게 되는 장치이지요. 하지만 환자는 경고를 무시하고 스위치를 꺼버리고, 결국 몸을 상하기 일쑤입니다. 쓸모 있는 시스템을 만들려면 스위치를 아예 떼어버리거나, 환자의 손이 닿지 않도록 멀찌감치 떨어뜨려놓아야 합니다. 하나님이 스위치를 허락지 않으신 까닭을 알 수 있었습니다.

수습할 수 없을 만큼 맹렬한 분노를 일으킬 가능성이 있는데도 주님은 고통을 허락하셨습니다. 온 세상을 통틀어 가장 강력한 진통제는 양귀비에서 추출한 아편이라는 사실을 잊지 마십시오. 역사가 기록되기 시작하던 무렵부터 인류는 이 약물을 사용해왔습니다. 말기 암 환자의 고통을 누그러뜨릴 여러 가지 방법이 이미 개발되어 있습니다.

몇 가지 문제에 관하여

얀 시 │ 삶을 마무리한 뒤에 다시 살아나서 만나게 될 세상에 대해 말씀하신 적이 있던가요? 성경에는 이에 대해 언급하는 바가 거의 없고, 박사님께서는 이 땅에 사는 동안 고통이 얼마나 중요한지만 소리 높여 강조하실 따름입니다. 그럼, 이생의 삶 이후에는 어떻게 될까요? 성경은 고통의 문제에 관해서 천국은 전혀 다른 세계가 될 거라는 암시를 주고 있습니다만.

브랜드 | 전 정말 모릅니다. 예수님은 부활하신 몸으로 단단히 닫힌 돌문을 열고 밖으로 나가셨습니다. 그걸 보면 죽은 뒤에는 지금과는 완전히 다른 물리법칙의 지배를 받게 된다는 사실만큼은 분명해 보입니다. 물론, 어떤 연속성 같은 게 존재할 겁니다. 변화산 꼭대기에서 예수님과 다른 이들의 몸은 누구나 알아볼 수 있는 상태였습니다. 부활하신 예수님이 세상에서 받으신 고난의 흔적으로 못 자국, 창 자국을 지니고 계셨다는 건 이미 널리 알려진 사실입니다. 도마는 직접 만져보기까지 했으니까요.

하늘나라는 영적인 세계입니다. 영적인 모습이 완전히 구현되었을 때 어떤 형태를 띠게 될지는 잘 그려지지 않습니다. 어린이는 아이의 몸 그대로 부활하게 될까요? 아흔다섯 살까지 사셨던 제 어머니, 그래니 브랜드를 생각해봅니다. 인도의 여러 가지 악조건을 무릅쓰고 무려 70년 동안 선교사로 섬기느라 갖은 고생을 다 하셨습니다. 위생 상태가 좋지 않은 환경에서 살며 풍토병과 영양 부족에 시달리기를 수십 년씩 계속하다 보니, 온몸이 굽고 뒤틀렸습니다. 스스로 몹시 추하다고 생각해서 집 안에 거울을 두시지 않을 정도였습니다. 하지만 나귀를 타고 시골 마을에 들어서면, 어머니를 아는 이들은 더할 나위 없이 아름다운 사랑의 전달자로 우러러 보았습니다. 아마 이와 아주 흡사한 이유로 하늘나라에서 신체적인 외모는 큰 의미가 없으리라고 말할 수 있을 것 같습니다. 저로서는 고통이 거기에 어떻게 어우러져 들어가게 될지 잘 모르겠습니다. "저 하늘에는 눈물이 없네"라는 찬양 가사를 문자적으로 해석한다면 천국에서는 전혀 다른 눈을 갖게 될 게 틀림없습니다. 세상에서는 눈물이 사라지면 얼마 못가서 실명할 게 분명하기 때문입니다.

얀 시 | 신체적 아픔과 함께 찾아오는 심리적 고통은 어떻게 보십니까? 특히 죄책감이나 두려움처럼 보통 부정적으로 평가하는 감정들을 염두에 두고 드리는 말씀입니다. 박사님은 신체적 고통처럼 정신적 아픔도 건강에 보탬이 된다고 생각하십니까?

브랜드 | 정결해지길 추구한다는 사실을 시사한다는 점에서, 죄책감은 영적으로 소중한 정서입니다. 양심에 통증으로 작용해서 무언가 잘못됐고 바로잡을 필요가 있음을 알려줍니다. 반드시 두 단계를 거쳐야 합니다. 우선, 몸이 아프면 원인이 무엇인지 찾아내야 하는 것처럼, 죄책감이 어디서 비롯되었는지를 밝혀내는 단계를 통과해야 합니다. 요즘에는 상담이라고 하면 대부분 죄책감의 근원을 캐는 과정을 포함하고 있습니다.

다음에 밟아야 할 단계는 죄책감으로부터 벗어나는 길에 들어서는 결단입니다. 정결해지는 게 목표라면 죄책감은 쓸데없는 짐 보따리입니다. 고통이 그렇듯, 죄책감 자체는 가치중립적입니다. 관심을 가져야 할 영역이 있음을 알려주는 지표에 불과하다는 말씀입니다. 바른 방향을 제시하고 그쪽으로 몰아간다는 점에서, 죄책감은 분명 긍정적인 정서입니다. 일차적으로는 불편한 느낌을 떨쳐내게 만드는 게 목표이지만, 한 꺼풀 더 깊이 들어가면 그 뿌리를 캐서 제거하게 만드는 게 더 중요한 목적입니다. 그런 점에서는 신체적인 고통과 비슷하다고 말할 수 있습니다.

현대 사회는 고통을 원수 대하듯 하는 경향이 있습니다. 왜 아픈지 묻지도 않고 없애버리려 합니다. 진통제는 아픔을 잠재울 수 있지만 원인을 제대로 파악하지 못하면 도리어 독이 될 수 있습니다. 오늘날의 심리학도 매한가지라고 믿습니다. 죄책감을 악으로 규정하고 어떻게든 억압하거나 잘라내려 합니다. 무조건 죄책감을 느끼지 말라고들 하죠. 원하는 대로 살라는 겁니다. 하지만 크리스천들에게 죄책감은 무척 소중합니다. 죄책감의 원인이 되는 잘못을 바로잡도록 밀어붙일 뿐만 아니라, 용서라는 통로를 열어서 근원을 완전히 제거하도록 돕습니다.

두려움 역시 인간에게 반드시 필요한 요소입니다. 인류의 생존을 보장하는 일종의 보호본능이라고 할 수 있습니다. 아이가 자라서 불에 데거나 높은 데서 떨어지는 걸 무서워하는 건전한 공포감을 품게 될 때까지, 엄마는 아이를 혼자 내버려두지 않습니다. 또한 두려움은 아드레날린을 분비시키고 심장 박동수를 높이는 따위의 메커니즘을 작동시켜서 힘이 비정상적으로 축적되는 것을 경고합니다. 따라서 적절한 양을 품고 합당하게 통제하는 게 두려움을 대하는 요령입니다.

안 시 | 고통과 갈등이 기질 형성에 영향을 미친다고 알려져 있습

니다. 음악과 미술 분야에서는 유아기에 형성된 성격이 창의적인 천재를 만들어낸다고도 합니다. 박사님은 자기계발서나 상담, 또는 약물로 인성의 균형을 잡으려는 오늘날의 경향을 건전하다고 보시는지요? 요즘 의사들이라면 어떤 점에서는 분명히 정신적인 결함을 가지고 있었던 베토벤을 어떻게 다뤘을까 궁금했던 적이 많았거든요.

브랜드 | 몇 가지 문제가 있습니다. 우선, 다양성을 말살하려는 흐름입니다. 다양성은 흥미진진하고 사랑스러운 특성이지만, 현대 사회는 표준을 설정하고 거기에 맞지 않는 이들을 거부해버립니다. 신장, 체중, 용모, 코의 모양, 겉으로 드러나는 성품, 외향성 따위의 기준에 부합되지 않는 이는 상처를 입고 성취의지를 잃어버리기 십상입니다. 인위적인 목표에 부합하지 않으면 누구든지 불량 취급을 받게 되는 거죠. 어떤 어린이가 책을 좋아하지만 스포츠에 서투르고 대화하는 자리에서 반짝이는 재치를 드러내지 못하면 가차 없이 도태시키려 듭니다. 하지만 그 기준이라는 건 과학자들이 연구해서 만들어낸 자료에 지나지 않습니다. 지나치게 인간을 특정한 틀에 밀어 넣으려는 게 아닌가 싶습니다.

또 다른 위험스러운 문제점은 인생에서 위험부담과 모험의 여지를 완전히 제거하려는 현대 문화의 성향입니다. 신나는 일들은 죄다 텔레비전을 보면서 대리 체험하는 걸로 만족합니다. 위험인자가 내포된 상황은 아예 차단해 자녀를 보호하는 탓에, 성장 속도가 현저하게 떨어집니다. 제가 평소에 자주 하는 얘기가 있습니다. 우리 집 여섯 아이들이 모두 겁 많고 우유부단한 젊은이로 성장하는 걸 지켜보느니, 차라리 네 녀석만 남더라도 모험을 마다하지 않으며 위기에 맞서 독자적인 결정을 내리면서 살게 되기를 바란다는 말입니다. 다행스럽게도 한 놈도 빠짐없이 잘 살고 있는 데다가, 저마다 머리털이 곤두설 만한 일들을 연달아 겪으며 독자적인 길을 헤쳐가고 있습니다.

위험요인을 말끔히 제거하려는 성향은 노년층에서 더 심각합니다. 한번은 아주 조그만 노인전문병원을 방문한 적이 있었는데, 관리책임자는 한 사람 한 사람에게 독실과 깨끗한 침대를 제공하는 걸 무척 자랑스러워했습니다. 노인들은 진종일 거기에 누워 뒹굴며 소일했습니다. 밖에 나가 돌아다니지 못하게 통제하는 까닭을 물어봤더니 이렇게 대꾸하더군요. "혹시라도 넘어져서 엉덩이뼈를 다칠까 걱정스러워서요. 마음대로 아무데나 들락거리다가는 감기가 들 수도 있고, 내남 없이 뒤섞여 지내다 서로 병균을 주고받을지도 모르죠. 하지만 독실을 벗어나지 않는 한, 감염되거나 다리가 부러지거나 독감에 걸릴 염려가 없거든요." 지금도 몸은 살아 있지만 영혼은 새장에 갇힌 신세였던 그 병원의 노인들이 생생하게 기억납니다.

안 시 | 영혼을 회복해야 한다고 강조하는 말씀을 들으니 흥미로운 질문들이 줄줄이 떠오르는군요. 박사님은 재활병원에서 일하면서 몇 안 되는 환자들에게 엄청난 예산과 인력을 아낌없이 쏟아붓고 있습니다. 한 사람 한 사람에게 긴 시간 공을 들입니다. 사실 루이지애나의 한센병원에서는 환자와 직원의 비율이 일대일에 육박할 정도니까요. 그런 사실이 신경 쓰이지는 않습니까? 그렇게 커다란 혜택을 누리는 환자들이 있는가 하면, 인도에서는 가장 기초적인 처치조차 받

지 못하는 병자들이 거의 수백만에 이르는 실정이잖습니까?

브랜드 | 인도와 미국의 환자들을 나란히 놓고 비교하는 게 불편하군요. 그렇습니다. 저는 사지마비를 비롯해서 막대한 비용을 투입해야 하는 장애인들을 돌보고 있습니다. 한 인간을 보살피면서 영혼을 자유롭게 해주는 일은 제가 하는 가장 고무적인 도전 가운데 하나입니다. 그런 환자들의 활동능력을 회복시키거나 그 영혼이 신체적 한계를 딛고 일어서게 도울 수만 있다면, 제아무리 큰 수고와 비용이 들어간다 해도 아깝지 않습니다.

인도에 있을 때조차도 누구에게 우선권을 줄지 선택해야 하는 끔찍한 상황에 직면하곤 했습니다. 손 수술 기법을 새로 개발해서 한센병 환자들에게 임상적용하기 시작하면서 의료진은 손을 되살릴 능력을 갖추게 됐습니다. 딱딱하게 얼어붙은 갈퀴손을 유연하면서도 유용한 손으로 바꾸고, 구걸로 연명하던 이들이 일해서 먹고살 길을 열어줄 수 있게 된 겁니다. 하지만 시간과 자원이 한정되어 있는 탓에 선택이 필요했습니다. 넉넉한 나라의 병원에서 어떤 환자에게 먼저 장기를 이식해주어야 할지 선택해야 하는 것과 마찬가지입니다. 하나뿐인 침상을 치료에 일 년이 걸리는 중증환자 한 명에게 내주어야 할까요? 아니면 한 달이면 너끈한 병자 열두 명에게 주어야 할까요? 매주 한 사람씩 연간 쉰 명을 진료하는 건 어떨까요? 전신이 망가진 나이 많은 환자를 고쳐주어야 할까요, 아니면 앞으로 살 날이 더 많은 젊은 친구들을 먼저 살펴야 할까요? 사지를 다 잃어버리고 뼈가 드러나서 더할 나위 없이 애처로운 환자들은 우선순위에서 밀리기 일쑤였습니다. 질환이 가장 덜 진전된 이들을 골라서 추가 피해를 막는 데 집중했기 때문입니다. 고통스러운 선택이었습니다. 하지만 판단의 기준을 결정하면서 단 한 번도 의료진이 최종적으로 다뤄야 할 인간 영혼의 가치를 낮춰 잡지는 않았습니다.

얀 시 | 어느 인도 사람이 얘기하는 걸 들었습니다. 발전된 서구 의학이 들어오면서 자연의 균형이 무너졌다더군요. 사실, 몇 년 전만 하더라도 출산율은 높았지만 신생아 가운데 3분의 1 정도만 삶을 이어갔습니다. 그런데 지금은 출산율은 그대로이면서 대다수 아기들이 살아남습니다. 그 양반은 서구 세계, 특히 선교사들이 벌인 '자선' 사업이 인구 폭발을 불러왔다고 비난했습니다.

브랜드 | 실제로 그런 면이 있지만, 전반적으로 선교사가 주범은 아니었습니다. 영향력도 미미하고 전국 각지에 흩어져 있으니까요. 오히려 세계보건기구가 천문학적인 자원을 투입해서 치명적인 질병들을 몰아냈습니다. 저로서는 인구 증가를 제한하는 교육을 외면한 채 생명을 살리는 일만 하러 인도에 간 게 아니었다고 말해야 할 것 같습니다. 현지에서 맡았던 구체적인 업무는 심각하게 신체를 손상시키는 질병을 치료하는 일이었습니다. 영혼을 새롭게 만드는 일을 도운 셈인데, 처음부터 끝까지 합법적이고 온당한 작업이었다고 생각합니다. 환자 한 명을 수술하는 데 드는 비용이면 콜레라 환자 백 명을 구할 수 있었습니다만, 그럼에도 불구하고 영혼을 건지는 활동은 그만한 비용을 투자할 가치가 있다고 믿습니다.

사랑은 한 명 한 명을 직접 만날 때 전달된다

얀 시 │ 예수님은 "네 이웃을 네 자신과 같이 사랑하라"고 하셨습니다. 이 시대의 미디어들은 그 명령을 본래보다 훨씬 복잡하고 부담스럽게 만들어버렸습니다. 텔레비전 덕에 이제 전 세계가 이웃이 되었습니다. 저녁마다 뉴스를 틀면 기근과 전쟁, 전염병이 어떻게 시작되고 진행되는지 알 수 있습니다. 어떻게 이런 재난들에 일일이 대응하는 게 가능할 수 있겠습니까?

브랜드 │ 적어도 예수님이 의도하셨던 그대로가 아니라면 불가능할 겁니다. 말씀하실 당시의 맥락을 잊지 말아야 합니다. 예수님은 가족과 인근 마을, 구체적으로는 가버나움을 염두에 두셨습니다. 그리스도는 사람들을 고치셨지만 대단히 제한된 지역에만 머무셨습니다. 평생을 통틀어 켈트 족이나 중국인, 아즈텍 사람들에게 영향을 주신 적이 없습니다. 선생이 말씀하신 부류의 견딜 수 없이 무거운 죄책감의 짐은 크리스천을 무감각하게 만들고 적절한 반응을 보이지 못하게 만든다고 봅니다. 사랑하는 이들부터 어루만지고 보살필 줄 알아야 합니다.

상대적으로 넉넉한 라이프스타일을 가진 서구인들은 이런 점에 민감합니다. 하지만 방글라데시의 가난한 집에 태어난 어린이들이 부유한 국가에서 제멋대로 자라는 아이보다 훨씬 더 큰 고통을 받는다고는 생각지 않습니다. 동굴 비유에서 플라톤은 칠흑 같은 어둠 속에서 태어나서 자란 탓에 아름다움과 빛, 기쁨을 누리는 폭이 바깥세상

사람들과 판이하게 달라진 이들을 그려내고 있습니다. 눈부시게 밝은 빛 속으로 나온 뒤에 이들은 새로운 눈으로 행복을 평가하게 되었습니다. 저는 이 비유에 인간 영혼에 대한 깊은 통찰이 담겨 있다고 봅니다. 어린아이들은 차츰 표준을 갖게 됩니다. 위아래로 행복과 고통을 가르는 기준선을 긋게 된다는 뜻입니다.

얼마 전에 봄베이(지금은 뭄바이라고 부릅니다만) 공항과 시내 사이에 있는 비참한 난민촌을 찾아갔습니다. 작대기 몇 개에 기대어 세운 허술한 오두막에는 벼룩과 이가 들끓고 똥오줌 냄새를 비롯해 온갖 고약한 냄새가 코를 찔렀습니다. 하지만 돼지우리 같은 집에서 나온 아이들은 술래잡기며 사방치기 같은 놀이를 하며 즐겁게 뛰놀았습니다. 기본적인 삶을 누리는 능력은 크리스마스가 지나기 무섭게 따분하다고 징징거리며 새 장난감을 으스러트리는 우리네 응석받이보다 그 친구들이 월등해 보였습니다.

얀 시 | 일을 하면서 크리스천으로서 어떻게 따듯한 마음을 지켜가십니까? 인도에 있을 때는 날이면 날마다 똑같은 아픔을 가진 환자들을 보았습니다. 망가진 손을 3천 번 이상 치료하면서도 긍휼히 여기는 심정을 잃지 않았던 비결은 무엇입니까?

브랜드 | 정말 잘하고 있는지는 모르겠습니다. 환자의 얼굴보다 손을 더 잘 기억합니다. 금방 알아보고 "지난번에 다녀간 뒤로 약지가 떨어져나갔군요"라고 말할 수 있습니다. 인도에서 활동하면서 만지고 접촉하는 감각의 중요성을 배웠습니다. 중증환자를 진료하고 약

을 처방할 때면, 더러 친척들이 대신 가서 약품을 사들고 와서는 "선생님의 약손으로" 환자에게 전해달라고 부탁하는 경우가 있었습니다. 흥미롭지 않습니까? 예수님도 늘 병자를 어루만져주셨잖아요? 크리스천이 늘어나는 양상은 산술적이기보다 생물학적입니다. 한 명은 둘이 되고, 둘은 다시 넷이 되며, 넷은 여덟로 늘어납니다. 인도에서 일하면서 훌륭한 의료선교 사역이 차츰 본래의 소명을 잃어가는 걸 종종 목격합니다. 건물을 짓고 직원을 고용하면서 제도화되고 머지않아 환자들에게 진료비를 받을 수밖에 없는 상황이 됩니다. 자급자족 형태로 사역을 운용하기 위해 전문화된 의료기술을 기반으로 새로운 분야에 진출합니다. 갖가지 정교한 기구들을 동원해서 뇌수술을 시행합니다. 처음 인도 땅을 밟을 때 가졌던, 가난하고 영양부족에 시달리는 현지 사람들을 돕겠다는 의식은 병원에 발붙일 곳이 없어집니다. 기독교의 메시지는 크리스천 하나가 시골 마을의 주민들 사이에 들어가 위생환경을 개선하고, 설사를 일으키는 질환들을 치료하고, 영양실조에 걸리지 않도록 돕고, 임신과 출산 교육을 시킬 때 가장 빛날 수 있다고 봅니다. 결국 이런 부류의 개인적인 사역을 통해 선한 일들을 더 많이 행할 수 있다고 저는 믿습니다.

　예수 그리스도는 병을 고치시면서 굳이 어루만져주실 필요가 없었습니다. 요술지팡이를 한 번 까딱하는 것만으로도 똑같은 권능을 행사하실 수 있으니까요. 사실 마법의 지팡이를 쓰면 손을 대는 것보다 더 많은 이들을 건드릴 수 있었습니다. 무리를 그룹으로 나누실 수 있었습니다. 다리를 저는 병자들은 저쪽으로, 열병에 걸린 이들은 이쪽으로, 나병환자는 뒤로 모이게 한 뒤에, 손을 들고 기도해서 집단적으로 치료해주실 수 있었지만 그러지 않으셨습니다. 그리스도의 사명은 사람들, 병에 걸린 이들 하나하나에게 개인적으로 다가서는 것이었습니다. 사람들은 몸이 아파서 예수님께 나왔지만, 주님은 그 한 사람 한 사람이 인간이며 그들을 깊이 사랑하시기에 친히 어루만져주셨습니다. 하나님의 사랑을 뭇 사람들에게 쉽게 드러낼 수 있는 길은 없습니다. 사랑은 한 명 한 명 직접 만나는 일을 통해 전달됩니다.

3
강제수용소에서
배운다

  뉴욕에 있는 어느 사진가의 집에서 대화를 나누면서 강제수용소의 실체와 처음 맞닥뜨렸다. 친척들 가운데 상당수가 히틀러의 '최종 해결책'에 따라 목숨을 잃었다고 했다. 할아버지의 형제분들에게서 들었다는 이야기를 전해주는데 소름이 끼치도록 겁이 났다. 오늘날 악의 상징이 된 홀로코스트는 인간과 인간이 서로에게 아픔을 주는 또 다른 고통의 유형을 보여준다. 신앙을 뿌리째 뒤흔드는 새로운 차원의 도전이기도 하다.

  이어서 엘리 위젤Elie Wiesel의 간결한 산문과 솔제니친Aleksandr Solzhenitsyn의 통렬한 비판을 접하면서 나치 독일과 스탈린 치하의 러시아 수용소를 중심으로 사납게 소용돌이치며 돌아가는 문학세계의 몸통 속으로 끌려 들어갔다. 작가들의 이야기를 들으며 그야말로 경악할 만한 사실을 깨달았다. 얼굴 없는 희생자들의 공동체가 여전히 존재하는데도, 수백만에 이르는 현대인들이 무언가에 사로잡힌 채 수용소와 비슷한 세계를 형성하고 있다는 사실이다. 인간성을 속속들이 발가벗기는 생체실험실을 짓고 있는 셈이다. 생존자들은 수용소 생활의 껍질뿐만 아니라 속살에 대해서도 많은 가르침을 준다.

강제수용소가 주는 교훈에 무지한 현대인들이 소름끼치도록 허다하며 심지어 그 존재를 부정하는 이들까지 있다. 의도적이든 아니든, 이런 망각증세는 몇 남지 않은 생존자들에게 저지를 수 있는 가장 못된 짓이다. 그들에게 갚아야 할 빚이 아직 많이 남아 있기 때문이다.

빵가루 묵주를 들고 외운 1만 2천 행

뉴스캐스터였던 에드워드 머로우Edward R. Murrow는 연합군이 독일을 나치의 손아귀에서 해방시키는 과정을 취재하면서, 강제수용소를 기습하러 떠나는 특공대와 동행했다. 그때까지는 그 어떤 미국인도 철문 안으로 들어가 앙상하게 마른 시신들이 장작더미처럼 쌓여 있고 생살 타는 역겨운 냄새를 풍기며 연기가 꾸역꾸역 피어오르는 장면을 목격한 적이 없었다. 무엇보다 충격적이었던 건 이른바 '무슬림 Muselmänner'이란 산송장들이었다. 마치 헐렁한 가죽옷을 입은 듯 해골에 살갗을 덧씌운 몰골을 한 이들 가운데 한 남자가 공허한 눈길로 머로우를 좇았다. 마침내 사내가 갈라진 목소리로 속삭이듯 말했다. "머로우 씨… 미스터 머로우… 내가 누군지 모르겠소?"

머로우는 잠시 상대를 바라보다가 고개를 가로저었다. 남자는 물러서지 않았다. 갈고리 같은 손가락으로 기자의 팔을 단단히 붙잡으며 다급하게 덧붙였다. "기억 못하겠소? 프라하에서 날 인터뷰했잖소? 내가 체코슬로바키아 프라하에서 시장으로 일할 때 말이오."

그렇게 나치 수용소의 문이 열린 날로부터 6년 뒤, 수천 킬로미터 떨어진 시베리아의 불모지에서는 스탈린을 모독하는 말을 편지에 썼다는 이유로 징역을 선고받은 알렉산드르 솔제니친이 형기를 채워가고 있었다. 우울하게 여섯 해를 흘려보낸 어느 날, 이 유형수는 문득 글쓰기의 즐거움을 깨달았다. "기관단총으로 무장한 경비병들이 고래고래 고함치는 소릴 들으면서 작업반에 끼어 우울하게 걸어가는 도중에, 불현듯 글과 이미지가 줄지어 떠오를 때가 있었다. 너무나 다급한 나머지 마치 허공을 나는 듯, 서둘러 작업장으로 달려가 글 쓸 구석을 찾곤 했다. 그런 순간이면 한없이 자유롭고 또한 행복했다."

하지만 어떻게 글을 쓸 수 있었던 걸까? 종이란 종이는 다 압수당했을 뿐만 아니라, 한 점 문제될 게 없는 글이라 할지라도 의혹의 대상이 되는 판이었다. 암호로 적혀 있거나 지하조직 단원들의 명단이 적혀 있을지 모른다는 의심을 사기 십상이었다. 솔제니친은 죄수의 머리에서 불필요한 정보들을 지워버리면 기억공간이 훌쩍 넓어진다는 걸 알게 됐다. 머릿속에서 한 번에 열두 줄에서 스물네 줄 정도의 글을 써내려간 다음, 매끄럽게 다듬고, 연구하고, 마음에 새긴다. 그러곤 암기에 들어간다. 일단, 성냥개비를 잘게 쪼개서 열 개씩 두 줄로 늘어놓는다. 혼잣말처럼 웅얼웅얼하면서 한 번 다 외울 때마다 각 줄에서 한 토막씩 치워버린다. 첫 줄은 계수 단위이고, 다음 줄은 성

낭개비 하나에 10행씩을 의미한다. 신중하고 은밀하게 해치워야 했다. 입술을 달싹이며 무언가를 중얼거리면서 성냥 쪼가리를 규칙적으로 움직이는 사소한 행동조차 끄나풀의 의심을 불러일으킬 수 있었기 때문이다. 50번째나 100번째 줄은 잊어버리지 않도록 특별히 신경을 써서 암기했다. 한 달에 한 번씩은 여태 써둔 문장들을 처음부터 끝까지 다 외워보았다. 50번째나 100번째 줄을 암송하는 데 문제가 생기면 바로잡힐 때까지 공들여 암기하고 또 암기했다.

나중에 리투아니아 가톨릭교회 교인들이 묵주를 사용하는 걸 본 뒤부터는 그 방식을 응용하기로 했다. 솔제니친은 빵가루를 단단히 굳혀 색깔구슬 100개를 만들고 열 개마다 하나씩 정육면체를 끼워넣은 묵주를 만들었다. 그러곤 줄을 서고, 작업장으로 행진하고, 이런저런 일로 차례를 기다릴 때마다 넉넉한 벙어리장갑 속에서 부지런히 손을 놀려가며 묵주를 헤아렸다. 리투아니아 신자들조차 혀를 내두를 만한 신앙 열정이었다(신실하다는 이들도 구슬 마흔 개짜리가 고작이었으니 그럴 만도 했다). 교도관들도 묵주를 보았지만 기도를 하나보다 생각하고 목에 걸고 다니도록 허락해주었다. 형기를 마칠 무렵에는 그렇게 차곡차곡 외워놓은 구절이 1만 2천 행에 이르렀다. 석방되자마자 미친 듯이 종이에 옮겨 적었음은 두말할 것도 없다.

절대로 다시는!

과거에도 그랬겠지만, 우리 세대 역시 머뭇거리며 지나간 시대의 불행한 유산들을 어떻게든 소화하고 받아들이려 갖은 노력을 다한다. 주로 히틀러와 스탈린(솔제니친의 표현에 따르자면, '짧은 콧수염'과 '긴 콧수염')이 세운 강제수용소는 인류 역사에 윤리적으로 커다란 함몰을 남겼으며, 세상은 이제 막 그 충격의 파장을 가늠하고 흡수하는 작업을 시작하려는 참이다. 최근 몇 년 동안 일반 대중의 양심을 자극하는 영화와 책들이 봇물 터지듯 쏟아져 나오고 있다.

독일의 강제수용소가 미친 정신적인 영향은 빅토르 프랑클Victor Frankl, 브루노 베텔하임Bruno Bettelheim, 엘리 코엔Elie Cohen과 같은 생존 심리학자들의 손을 거쳐 잘 정리되었으며, 엘리 위젤이나 존 허시John Hersey를 비롯한 여러 소설가들의 입을 통해 수없이 재생되었다. 하지만 소비에트가 만든 수용소 이야기는 엄격한 검열 탓에 상대적으로 허술하게, 그것도 드문드문 새어나왔을 뿐이었다. 솔제니친의 《수용소 군도The Gulag Archipelago》가 출간되기 이전까지는 어떤 형태로든 통사通史를 엮어낼 방도가 없었다. 마오쩌둥 치하에서 벌어진 학살에 관해서는 요즘에야 간신히 이런저런 사연들이 공개되고 있는 실정이다. 나치 독일이 인종 말살을 목적으로 세운 수용소가 인간성의 본질에 깊은 상처를 남겼다면, 스탈린의 수용소 군도는 소련이라는 나라에 숨통을 끊어놓을 만큼 심각한 치명타를 날렸다. 학자들은 스탈린 통치 기간에 처형되거나 투옥된 이들이 어림잡아 6천만 명에 이른다고 추정한다. 소비에트 시민 셋 가운데 하나는 정권의 테러에 사랑하는 가족을 잃었다는 뜻이다.

강제수용소에 관심을 쏟는 까닭은 무엇인가? 거북하고 더 나아가 고통스러울지라도 여러 가지 유용한 작용을 하기 때문이다. 그중에서도 으뜸가는 기능을 꼽으라면, 다하우 수용소 추모비에 새겨진 "과거를 기억할 줄 모르는 이들은 지난날의 잘못을 되풀이할 수밖에 없다"는 미국 철학자 조지 산타야나George Santayana의 말에서 그 실마리를 찾아야 할 것이다. 실존적 절망이나 포스트모던한 모순이 지배하는 분위기에서 성장한 현대인들은 제1차 세계대전을 앞두고 최고조에 이르렀다가 독일과 러시아에서 숨이 끊어진, 인류 발전을 무한정 낙관하는 세계관의 실체를 헤아릴 능력이 없다.

문화와 문명(기독교 문명)이라는 성지에서 사악한 세력이 태어났다. 강제수용소들이 이 시대의 인간관에 짙은 그림자를 드리웠다는 건 절대로 허풍이 아니다. 정부는 잔학행위를 공식적인 정부 정책으로 제도화했다. 세상은 "날마다, 전 방위적으로 좋아지고 또 좋아질 것"이란 예상은 돌연히 종말을 맞았다. 히틀러의 '최종 해결책'이 나오면서 '비인간적'이라든지 '비양심적' 같은 말은 의미를 상실했다. 깨끗한 양심을 부르짖는 인간이 그런 만행을 저질렀기 때문이다. 한 철학자는 "경험적으로 검증된 유일한 신학교리가 있다면, 바로 원죄"라는 음울한 결론을 내렸다.

역사학자들은 제3제국 문서보관실을 샅샅이 뒤져서 1943년, 하인리히 히믈러Heinrich Himmler가 나치 친위대원들에게 연설하면서 말한 기록을 찾아냈다. "본인은 귀관들에게 중차대한 사안을 이야기하고자 합니다. 우리 안에서는 있는 그대로 솔직하게 이야기하되, 대외적으로는 절대 공론화해서는 안 됩니다. … 그러니까 … 유대 민족 말살 작전을 말하는 겁니다. 100구, 500구, 또는 1천 구의 시체가 나란히 누워 있다는 게 무슨 뜻인지 귀관들 대부분은 알고 있으리라 믿습니다. 이 과업을 끝까지 밀고 나가는(인간적인 나약함에 굴복해 예외를 만들지 않고) 동시에 마음에 드는 친구들을 남겨두는 행위, 바로 그런 행태가 우리를 힘들게 만듭니다. 이 일은 역사의 한 페이지를 영광스럽게 장식하게 될 것입니다. 인류사를 통틀어 단 한 번도 기록된 적이 없는 일이며, 앞으로도 없을 일입니다."

평생 그런 공포와 마주해보지 않았다면 아우슈비츠 비르케나우 수용소처럼 역사적 기념물로 보존하고 있는 죽음의 수용소들 가운데 한 곳을 찾아가보면 좋겠다. 탁 트인 벌판에 꽃과 풀이 유난히 무성하게 자라는 게 보일 것이다. 몸을 숙여 자세히 들여다보면 유난히 희고 입자가 고운 흙 덕분에 식물들의 발육상태가 좋다는 걸 금방 알 수 있다. 지표에서 약 3센티미터까지는 죽음의 수용소 화로에서 소각된 96만 명의 인간이 남긴 고운 뼛가루가 섞인 양질의 토양이다.

수용소 시설 보존을 위해 강력한 로비를 펼쳤던 유대인 단체들은 "절대로 다시는Never Again"이란 슬로건을 내걸었다. 이제 깨끗이 정리하고 조경을 잘해서 마치 국립공원 같은 분위기를 풍기고 있지만, 이 수용소들은 인류가 기본적으로 비극적인 흠결을 가지고 있음을 여실히 보여주는 증거품이자 권력의 사악한 성향을 과소평가하는 이들에게 보내는 강력한 경고판 구실을 하고 있다. "절대로 다시는"은 수용소에서 얻을 수 있는 가장 큰 교훈이다. 전체주의의 거짓 약속에 속지 않도록 면역력을 갖춰야 한다는 가르침이다. 하지만 그 뒤로도 사악한 사건들은 꼬리를 물고 벌어져왔다. 세상의 기억력이라는 게 얼마나 한심한지 단적으로 보여주는 대목이다.

생존자는 증언한다

하지만 기억해야 할 게 수용소와 그처럼 악랄한 시설을 고안해낸 인간들만은 아니다. 시베리아의 엄동설한 속에서 벽돌을 쌓으며 머릿속에 난무하는 수많은 문장들을 부여잡고 씨름했던 솔제니친을 비롯해서 전직 프라하 시장, 심리학자 베텔하임과 프랑클, 화학자 프리모 레비Primo Levi, 소설가 저지 코진스키Jerzy Kosinski, 영성 넘치는 일기를 썼던 에티 힐레줌Etty Hillesum과 코리 텐 붐Corrie ten Boom, 러시아 시인 이리나 라투쉰스카야Irina Ratushinskaya 같은 생존자들에게서도 배워야 할 게 얼마나 많은지 모른다. 수백만에 이르는 사람들이 수용소로 끌려들어갔지만 끝까지 살아남아 인간의 본질이 무엇인지 증언해줄 수 있는 증인들은 소수에 불과하다. 플래너리 오코너Flannery O' Connor는 특이하고 비정상적인 인물들을 다루는 까닭이 무어냐는 질문을 받고 이렇게 대답했다. "앞을 거의 보지 못하는 이들에게 크게 써 보여주기 위해서죠. 듣지 못하는 이들에게 크게 소리 지르기 위해서고요." 그와 마찬가지로, 강제수용소의 생존자들 역시 견딜 수 없는 악조건 아래서 살 수밖에 없었지만 그런 환경 가운데서도 다른 인간들에게 큰 깨우침을 준다.

수용소 관리자들은 죄수들의 특색을 완전히 말살해서 누가 누군지 구별하지 못하게 만들려고 안간힘을 썼다. 자유를 억압하는 자들에게 솔제니친은 머리를 박박 깎고 가슴에 번호표를 단 수많은 제크[1] 가운데 하나일 뿐이고, 동료 재소자들에게는 음식과 잠자리를 두고 다투는 경쟁자일 따름이었다. 개개인의 정체성을 박탈당한 채, 획일적인 존재가 된 수형자들은 인간의 근본적인 본질이 무엇인지 알려준다.

언뜻 생각하면 생존자들이 줄 수 있는 교훈이라는 게 아주 빤해 보인다. 울타리를 경계로 한쪽에는 누가 누군지 구별이 가지 않는 죄수들이 우리에 갇힌 짐승처럼 우글거리며 사소한 일 하나까지 사전에 규정된 대로 움직이고 있다. 다른 한편에는 간수, 즉 콘서트에 가든, 취미생활을 즐기든, 운동경기에 참여하든, 책을 읽든, 인성개발에 힘쓰든 내키는 대로 행동할 자유를 가진 개인들이 자리 잡고 있다. 테렌스 데 프레Terrence Des Pres가 지적한 대로, 강제수용소의 목표는 "수감자들을 생각 없는 존재로 전락시켜서 예측 가능하며 철저하게 통제된 행동만 하도록 만드는 데 있었다. 세상을 통틀어 스키너의 상자와 가장 유사한 시설이었던 셈이다. 엄밀한 의미에서 수용소는 폐쇄되고 하나부터 열까지 완벽하게 규제를 받는 '총체적인' 세계였다. 고통과 죽음이 '부정적 강화를 유발하는 도구'라면 음식과 생명은 '긍정적 강화를 유도하는 수단'이었다. 그러한 힘이 인간욕구의 가장 깊은 내면에 하루 스물네 시간, 끝없이 들락거렸다."[2]

실험은 실패로 돌아갔다. 교화된 줄 알았던 솔제니친은 목청껏 소리를 질러댔고 결국 조국에서 추방당하고 말았다. 독일의 강제수용소에서 살아남은 생존자들 가운데 절대다수는 당시의 경험 때문에 다치고 상처를 입었지만, 자유를 박탈했던 자들이 기대했던 대로 영혼이 빠진 로봇으로 추락하기는커녕 다시 기운을 차리고 정상적인 삶을 살기 시작했다. 절대 악에 가까운 정권 아래서 성장한 아이들은 그처럼 불리한 조건에도 불구하고 고도의 윤리의식과 따뜻한 마음을 가진 성인으로 자라났다.

생존자들이 쓴 작품들은 수용소에 있었던 인물들의 성격을 구체적으로 묘사하는 특성을 보인다. 시공간적 배경을 어느 수용소에서 보낸 열여섯 시간으로 한정한 《이반 데니소비치의 하루*One Day in the Life of Ivan Denisovich*》처럼 간략하고 단순한 작품도 동료 수감자들의 초상을 삼차원적으로 풍부하게 그려낸다.

혹시라도 재소자들이 눈에 띄게 개인적이고 탄력적인 면모를 드러내면 수용소 관리자들은 지체 없이 개성을 뭉뚱그려 나머지 구성원들과 한 덩어리로 만들어버리곤 했다. 솔제니친은 몇몇 수형자들의 불만을 조사하는 특별위원회에서 일어나 발언하고 나서 그 사실을 명확히 깨달았다. "여기에 적힌 모든 내용, 겪었던 모든 일들, 거기서 지내온 그 모든 날들, 굶주림에 시달리던 그 세월 내내 수없이 되씹었던 것들… 하지만 차라리 오랑우탄에게 얘기하는 편이 나을 뻔했다. 저들은 격식을 갖춘 러시아인의 느낌이 강했다. '들어가도 될까요?'라든지 '말씀드릴 게 있습니다!' 따위의 말쯤은 알아듣고도 남을 능력이 있었다. 하지만 적어도 반질반질 윤기가 흐르고, 살갗이 희며, 자기만족적이고, 하나같이 무표정한 몰골로 기다란 테이블에 줄지어 앉아 있는 동안만큼은, 진즉부터 퇴화해 생물학적으로 종자가 달라진 탓에 인간과의 의사소통이 끊어져 회복이 불가능한 상태에 이르렀으며, 오직 총알만 주고받을 수 있는 사이가 됐음이 명백해 보였다."[3]

1960년대 말, 그리스 군사정권 아래서 옥살이를 했던 또 다른 증인, 게오르게 만가키스George Mangakis는 고문 기술자야말로 진정한 희생자라고 말한다.

나는 희생자의 운명을 겪어왔습니다. 아주 가까운 거리에서 고문 기술자의 얼굴을 보았죠. 피를 쏟는 것보다 더 끔찍한 상황에서였어요. 고문을 하면서 얼굴이 일그러지더군요. 인간다움이 조금도 깃들지 않은 경련 비슷한 것이었어요. … 그런 상황에서도 제 스스로 행운아란 생각이 들었습니다. 굴욕적인 일을 당했지만 누구에게도 굴욕을 준 적이 없었거든요. 창자는 찢어질 듯 아플지라도 엄청나게 불행하나마 인간다운 면모를 간직하고 있으니까요. 반면에 굴욕을 주는 이는 먼저 그 내면에 자리 잡은 인간의식을 모독할 수밖에 없습니다. 제복을 입고서 주위를 어슬렁거리고, 손에 쥔 권력에 취한 나머지 같은 인간에게 고통을 주고, 재우지 않고, 굶기고, 절망의 구렁텅이에 빠트릴 수 있다는 착각에 빠져 으스댈지라도 신경 쓰지 마십시오. 그런 자아도취는 인간의 됨됨이를 폄하하는 처사에 지나지 않습니다. 인간성을 더할 나위 없이 비하하는 짓입니다. 스스로 값비싼 대가를 치러가며 고문을 하고 있는 겁니다.

나는 가장 나쁜 처지에 몰린 인간이 아니었습니다. 너무 아파 끙끙대는 사람이었을 따름입니다. 저로서는 그편이 훨씬 낫습니다. 당장은 학교에 가거나 공원에서 뛰노는 아이들을 지켜보는 기쁨을 누리지 못합니다. 하지만 고문 기술자들은 날이면 날마다 아이들과 얼굴을 마주해야 합니다.

강제수용소는 인간을 순수하게 물질적인 존재로 전락시켰다고 볼 수 있다. 기름기가 잔뜩 엉긴 생선가시가 둥둥 떠다니는 따뜻한 죽한 사발과 펠트 천으로 만든 장화, 포근한 벙어리장갑 한 벌에 목숨을 건다. 230그램짜리 빵 한 덩어리는 굶어 죽지 않을 양에 지나지 않는다. 죽어라 일한 이들에게는 더 말할 것도 없다. 그러나 생존자들의 이야기를 읽어보면, 그 누구도 스스로 물질적인 존재라고 말하지 않는다는 걸 금방 알 수 있다. 비록 육체를 억류한 자들이 인간의 정신을 살찌우는 자양분을 모조리 차단했을지라도 그 영혼은 도리어 뜨겁게 끓어올랐다. 몸뚱이는 영양실조로 비쩍 말랐을지언정, 도덕성과 예술, 희망을 추구하는 의식만큼은 그 안에서 나날이 고양되었다. 그처럼 열악한 환경에서는 도저히 기대하기 어려운 자질들이었지만, 마치 바위를 뚫고 터져 나온 샘물처럼 용솟음쳤다.[4]

도덕성

절대악이 지배하는 듯 보이는 환경 속에서도 수감자들 사이에는 윤리의식이 존재했다. 생존자들 중에는 더러 하나님을 향한 신앙을 잃어버린 이들이 있는 게 사실이다. 특히 유대인들은 민감하게 반응했다. 스스로 선택받은 민족이라고 굳게 믿어왔는데, 어느 유대인이 통렬하게 꼬집은 것처럼 "유대인에게 했던 약속을 하나도 남김없이 고스란히 지킨 건 히틀러뿐이었다."

엘리 위젤은 열다섯 살, 어린 나이에 부나 수용소에 갇힌 뒤로 경험했던 감동적인 에피소드들을 무수히 글로 남겼다. 그 가운데 한 장면은 수용소를 지배하던 공포의 실체를 그동안 발표된 그 어떤 통계 수치보다 더 절절하게 보여준다.

한 캠프에서 무기 은닉처가 발각됐다. 용의자로 지목된 네덜란드인은 즉

시 아우슈비츠로 이송됐다. 그에겐 잔심부름을 해주는 어린 소년이 있었다. 수감자들은 그런 아이들을 '피펠Pipel'이라고 불렀다. 슬픈 천사의 모습이 그럴까? 꼬마의 얼굴은 수용소 전체를 통틀어 으뜸가리만치 세련되고 우아했다. 아이는 네덜란드인과 함께 끌려가서 잔인한 고문을 받았지만 어떤 정보도 누설하지 않았다. 결국 나치친위대는 무기를 가지고 있던 어른 둘과 함께 처형하라는 판결을 내렸다.

어느 날, 작업장에서 돌아와 보니, 운동장에 교수대 셋이 서 있었다. 까마귀 세 마리가 그 위에 앉아 있었다. 점호를 알리는 사이렌이 울렸다. 전통적인 의식을 치를 때면 늘 그렇듯, 자동소총으로 무장한 친위대원들이 수형자들을 둥그렇게 둘러쌌다. 사슬에 묶인 사형수 셋이 보였다. 슬픈 눈을 한 천사, 그 꼬마도 끼어 있었다.

나치 친위대원들은 평소보다 더 정신사납고 혼란스러워 보였다. 수천 명이 지켜보는 가운데 어린아이를 목매단다는 건 그들에게도 간단한 일이 아니었던 모양이다. 수용소장이 판결문을 읽었다. 시선이 일제히 아이에게 쏠렸다. 창백하다 못해 새파란 낯빛으로 말없이 입술만 씹고 있었다. 소년의 몸 위로 교수대의 그림자가 길게 드리웠다.

이번에는 처형을 담당하는 카포(나치 수용소에서 잡일을 하면서 특별대우를 받았던 죄수 – 옮긴이)들이 집행을 거부했다. 대신 친위대원들이 나섰다.

사형수 셋이 의자 위에 나란히 세워졌다.

올가미가 한꺼번에 내려와 목에 걸렸다. "자유 만세!" 두 남자가 외쳤다. 소년은 잠잠했다.

"하나님은 어디 계신 거야? 도대체 어디 계시냐고?" 뒷줄에서 누군가가 물었다.

소장의 신호와 함께 의자 셋이 나뒹굴었다. 무거운 정적이 수용소에 내려앉았다. 지평선 위로 해가 지고 있었다.

"탈모!" 소장이 소리쳤다. 거칠고 갈라진 목소리였다. 수감자들은 모두 울고 있었다.

"착모!"

분열행진이 시작됐다. 어른 둘은 푸르스름한 혀를 길게 내밀고 숨진 상태였다. 하지만 세 번째 밧줄은 여전히 흔들리고 있었다. 몸이 한없이 가벼웠던 까닭에 아이는 여전히 살아 있었다.

30분 넘게 그렇게 매달린 채, 우리 눈앞에서 삶과 죽음을 넘나들며 고통 속에 서서히 죽어갔다. 소년의 얼굴을 마주볼 수밖에 없었다. 앞을 지나칠 때까지 꼬마는 숨이 붙어 있었다. 혀는 아직 붉었고 눈은 흐려지지 않았다.

뒤편에서 아까 그이가 다시 물었다. "하나님은 지금 어디 계신 거야?" 순간, 내 안의 목소리가 대꾸하는 게 들렸다. "어디 계시냐고? 여기 계시지. 교수대에 달려 계시잖아…"

그날 저녁, 수프에선 주검의 맛이 났다.[5]

위젤은 그 수용소에서 하나님을 의지하는 신앙을 버렸다. 도덕성에 대한 믿음을 잃었기 때문이 아니었다. 오히려 그 반대였다. 도덕성을 너무도 깊이 신뢰한 나머지, 어린아이가 교수대 달려 죽어가고 소각로에 처박히도록 내버려두는 하나님을 더는 예배할 수 없었던 것이다. 부나의 나치 친위대 간수들은 자신들이 내세우는 정의, 곧

협력하면 살고 저항하면 반드시 죽는다는 원칙을 뒷받침하는 실물교육을 할 속셈이었다. 하지만 역효과를 냈을 뿐이었다. 수천 명이 죽어가는 걸 지켜보면서 마음이 돌처럼 굳어진 수형자들이었지만, 한 아이의 처참한 종말 앞에서는 다들 분노로 치를 떨었던 것이다. 실물교육은 저항정신을 깨트리지 못했다. 어떤 식으로든 고통을 주는 상대와 맞서기로 작정한 이들의 의지만 굳혀주었을 따름이다.

그럼 누가 수용소에서 살아남았을까? 동료들을 밀고해가며 간수들에게 협력했던 재소자들인가? 적어도 나치 독일에서는 그렇지 않았다. 브루노 베텔하임에 따르면, "소장을 비롯한 적들과 손을 잡았던 자들, 동료들의 목숨을 팔아 제 앞가림만 하려 했던 이들은 결국 끝까지 버티지 못했다. 목숨을 지키기 위해서는 수감자들끼리 서로 도와야만 했다." 러시아에서도 마찬가지였다. 죄수들은 고유한 도덕체계를 세웠다. 그중에는 잔인할 정도로 엄격한 원칙도 있었다. 이를테면, 간수들의 끄나풀들은 오밤중에 쥐도 새도 모르게 목이 잘리곤 했다. 그렇지만 폭동을 일으켜 6주 동안 켄기르 수용소를 완전히 장악했던 죄수들은 지극히 인간적이고 현실적인 규칙들(간수들이 내세운 규정들보다 훨씬 합리적이었다)을 만들어서 질서를 유지했다. 권력은 물론이고 자유를 누릴 수단까지 수중에 넣은 순간조차도 이리저리 나뉘어 난장판을 벌이거나 탐욕의 노예가 되지 않았다.

강제수용소에서 살아남은 이들을 연구한 심리학자들은 대다수 생존자들이 좀처럼 떨쳐버리지 못하는 과거의 흔적으로 죄책감을 첫손에 꼽았다. 동료들이 아니라 자신이 살아남은 데 대한 죄의식이었다. 충분히 저항하지 못한 데 대한 죄스러움이기도 했다. 베텔하임은 고백한다. "사고할 줄 아는 존재인 생존자는 스스로 죄인이 아니라는 점을 잘 안다. 내가 나를 아는 것과 매한가지다. 하지만 감정을 가진 존재로서, 한 인간의 본성이 죄의식을 느끼길 요구하고, 그래서 어쩔 수 없이 죄책감에 시달리는 현실을 바꿔놓지는 못한다. 이것이 생존의 가장 중요한 일면이다." 엘리 위젤은 이렇게 적었다. "살아 있기에 죄스럽다. 친구와 동료, 또는 낯모를 누군가가 대신 죽어갔기에 지금 나는 여기에 존재한다."

줄지어 뉘른베르크의 심판대에 오른 독일인들이 침착한 목소리로 자신은 유대인들에게 저지른 짓에 대해 일말의 죄책감도 느끼지 못하며 단지 "명령에 따랐을 뿐"이라고 증언했다는 사실은 이만저만한 아이러니가 아니다. 반면에 아무 잘못이 없는 수많은 시민들은 견딜 수 없이 무거운 죄책감의 짐을 인계받았다. 결코 수용소 안으로 사라져버리지 않을 윤리의식을 가진 까닭이다.

강제수용소를 경험한 솔제니친은 동료들이 하나같이 순수하고 정의로웠다고 결론짓지 않으며, 심지어 모든 간수들이 한없이 사악했다고 단정하지도 않는다. 하지만 《수용소 군도》 둘째 권에 적은 것처럼, 인류를 바라보는 시각만큼은 수용소에서 목격한 사실들 때문에 큰 폭으로 변했다. "안에서 선이 꿈틀대는 느낌을 처음 받은 건 감방의 썩어가는 지푸라기 위에 누워서였다. 선과 악을 가르는 선은 나라와 나라, 계급과 계급, 정당과 정당 사이를 지나가지 않으며, 바로 한 사람 한 사람, 그리고 모든 사람들의 마음을 지나간다는 사실이 차츰 또렷하게 드러났다. … 감옥이여, 하나님의 축복이 깃들기를, 내 삶에 네가 있었으므로!"[6]

시편 기자는 부르짖었다. "주님의 얼굴을 피해서 어디로 도망치겠습니까? 내가 하늘로 올라가더라도 주님께서는 거기에 계시고, 스올에다 자리를 펴더라도 주님은 거기에도 계십니다"(시 139:7-8). 어쩌면 인간의 내면에 존재하는 하나님의 형상도 절대로 무시할 수 없다는 말을 덧붙여야 할지도 모르겠다. 심지어 썩어빠진 인간들이 득실거리는 깊고 깊은 지옥이나 절대악이 지배하는 곳에서도 언뜻언뜻 그 형상을 볼 수 있다. 강제수용소는 분명히 인간의 부패한 실체를 가르쳐준다. 그러나 한편으로는 마치 하나님이 없는 것처럼 보이는, 악이 판치는 냉혹하고 무시무시한 공간에서도 결단코 파괴되지 않는 거룩한 형상의 흔적을 보여준다는 점에서 영원성을 암시하기도 한다.

예술

수용소 측에서 흔히 예술 또는 문화라 일컫는 요소들이 발붙일 여지를 좀처럼 허락하려 들지 않았지만, 인간의 자기표현 또한 줄기차게 그 존재를 지켜나갔다. 예술을 떠올릴 만한 게 거의 없다시피 했던 것만큼은 분명하다. 콘서트도 발레도 없었으며 책을 읽는 것도 허용되지 않았다. 하지만 재소자들은 고도로 발달된 미적 감각을 선보였다. 삶이 그야말로 바닥까지 추락한 시기에도, 심지어 아름다움을 추구하다가는 생존에 필수적인 요소들을 빼앗길 소지가 높은 순간에조차도 심미적인 욕구가 고개를 쳐들곤 했다. 구글 사이트에 '홀로코스트 예술'이란 단어를 입력하면, 수용소에서 희생된 어린이들의 그림을 복제한 수많은 작품들을 포함해서 무려 600만 개의 사이트들이 검색된다. 공산당원의 신분이었음에도 불구하고 당권파의 눈 밖에 난 탓에 살벌하기로 소문난 굴락에서 20년을 보냈던 예브게니아 긴즈부르크Yevgenia Ginzburg는 회상한다. "거기서 지내는 동안 뒤엉켜 부대끼는 온갖 느낌들이 마음을 스쳐갔지만, 그 가운데서도 놀라움이 단연 으뜸이었다. … 뽀얗게 피어올랐다가 순식간에 사라지는 아침 안개, 채석장에서 고된 노역을 마치고 돌아올 때 하늘을 불태우던 검붉은 노을, 가까이에 바다가 있다는 감각(배가 오가는 걸 직감적으로 알 수 있었다), 밤마다 돌아가면서 암송하던 시구 따위에서 희열을 맛보았다. … 뜨겁게 달궈진 돌덩이를 지느라 다리가 후들거리고 등이 휠지라도, 가볍게 찰랑이는 바다와 빛나는 별, 아름다운 시구에 마음이 꿈틀대는 한, 반드시 살아남게 되리라는 걸 본능적으로 직감했다."

물론 솔제니친에게는 글쓰기가 수용소의 장벽을 뛰어넘는 원동력이 되었다. 몸은 죄수복을 입고 기상나팔과 중노동, 배식을 기다리는 긴 줄 사이를 오갔지만, 손수레 가득 모르타르를 싣는 틈이라든지 한 겨울 추위를 누그러뜨리기 위해 허름한 수용소 건물에 예열을 하는 사이에, 또는 비계 위에서 작업하면서 남들의 눈을 피해 머릿속을 가득 채운 새로운 문장들을 휘갈겨 써내려갔다.

꿈속에 살았다. 죽을 먹는 일종의 '성스러운 의식'이 끝나고 엉망진창이 된 식당에 가만히 앉아 있곤 했다. 더러는 맛을 느끼지 못했다. 주위에서 사람들이 오가는 기척에도 무감각해지기 일쑤였다. 뇌리에 새겨진 문장들을 하나하나 더듬고 다듬어서 마치 벽돌로 벽을 쌓듯 차곡차곡 쟁여갔다. 몸수색을 당하고, 점호를 받고, 스텝 지대로 이리저리 끌려다니는 동안 줄곧 내 연극이 상연될 무대와 커튼의 색깔, 가구 배치, 스포트라이트, 스테이지를 오가는 배우들의 동작 하나하나를 마음에 그렸다.

젊은 친구들 몇이서 대형트럭을 타고 철조망을 돌파했다. 일부는 그 밑을 기어서 지났고 얼마쯤은 바람에 날려 쌓인 눈 더미를 발판 삼아 타넘기도 했다. 하지만 애당초 내게 철망 따위는 존재하지 않았는지도 모른다. 날이면 날마다 길고도 먼 나만의 탈출 작전을 펼쳤다. 간수들이 아무리 머릿수를 헤아린다 해도 결코 발각되지 않을 여정이었다.[7]

굴락을 통틀어, 그리고 독일의 강제수용소에서 얼마나 많은 이들이 솔제니친과 같은 자극을 받았겠는가? 얼마나 많은 재소자들이 혼자만 아는 은밀한 코드와 간수들의 감시망에서 작품을 지켜내는 정교한 기술을 개발해냈으며, 또한 그 암호를 품은 채 무덤 속으로 사라져갔겠는가? 상상조차 할 수 없으리만치 좁은 공간에 가두고 간신히 숨만 붙어 있을 정도의 음식만 주었지만, 그 참담한 조건 아래서도 수감자들은 에너지를 짜내서 문학과 음악을 비롯한 예술에 쏟아부었다.

어쩌다 책이 흘러들어오기라도 하면 너나없이 마치 값을 가늠할 수 없는 양피지 두루마리를 받은 것처럼 조심스럽게 받쳐 들고는 보배 같은 글을 첫 글자부터 마지막 글자까지 다 읽었다. 작가이자 부헨발트에서 살아남은 생존자 오이겐 코곤Eugen Kogon은 조용히 독서할 수 있는 흔치 않은 기회를 잡았다. 1942년 겨울, 수용소에서 빵을 훔쳐가는 일련의 절도사건이 벌어지자 야간경비가 필요해졌다. 코곤은 추가근무를 자청하고 새벽 3시부터 아침 6시까지 홀로 보초를 섰다. 깊이 곯아떨어진 동료들의 드르렁거리는 소리만 들릴 뿐, 온 세상이 고요했다. 당시를 돌아보며 작가는 말한다. "침침한 등불 아래 홀로 조용히 앉아 플라톤의 대화편이라든지, 골즈워디Galsworthy가 쓴 《백조의 노래Swan Song》, 또는 하이네Heine나 클라분트Klabund, 메링Mehring의 작품에 빠져들다니, 얼마나 놀라운 경험이었는지 모른다."

엘리 위젤은 수백 명에 이르는 다른 유대인들과 더불어 사흘 동안 좁은 방 안에 갇혔을 당시에 벌어진 가슴 아픈 사건을 들려준다. 한정된 공간에 지나치게 많은 이들을 우겨넣다 보니, 공기가 들어오는 통로를 인간의 몸이 막아서는 바람에 질식사하는 일까지 생겼다. 이리저리 뒤틀린 몸뚱이들 사이에 바르샤바에서 온 수척한 소년 율리에크도 끼어 있었다. 놀랍게도 눈보라를 뚫고 글라이비츠 수용소까지 이동하는 죽음의 행진에 내몰리는 내내, 바이올린을 꼭 끌어안고 있었다. 그날 밤, 이미 숨이 끊어졌거나 숨 막혀 죽어가는 이들 수백 명 틈에 끼인 채 생지옥에서 벗어나기 위해 몸부림치던 소년은 베토벤의 콘체르토 가운데 한 대목을 연주하기 시작했다. 어울리지 않는 상황에서 듣는 바이올린 소리는 맑고도 섬뜩했다.

칠흑같이 어두웠다. 바이올린 소리밖에 들리지 않았다. 율리에크의 영혼이 활로 변한 듯했다. 소년은 스스로의 생명을 연주하고 있었다. 잃어버린 꿈과 숯처럼 새카맣게 그을린 지난날에서 소멸된 미래까지 한 인간의 삶 전체가 현 위에서 미끄러지듯 움직였다. 다시는 연주하지 못할 곡을 율리에크는 연주했다. … 지금도 눈을 감고 베토벤의 음악이 연주되는 걸 들을 때면, 어김없이 소중한 바이올린과 서서히 죽어가는 청중들에게 작별을 고하던 폴란드 친구의 서글프고 창백한 얼굴이 어둠 속에 떠오른다.

연주가 얼마나 길었는지 기억나지 않는다. 나도 모르게 잠에 빠져들었다. 눈을 떴을 때는 햇살이 들이비치고 있었다. 맞은편에 고꾸라진 채 숨져 있는 율리에크가 보였다. 한없이 작고 낯선 주검 곁에, 밟혀 뭉개진 바이올린이 뒹굴고 있었다.[8]

수용소에서 예술이 어떤 역할을 했는지 우화적으로 보여주는 장면이다. 수용소는 죽음이 지배하는 세계다. 아름답고, 즐겁고, 가치 있는 성분은 남김없이 제거되었다. 하지만 수용소를 채우고 있는 건 짐승이 아니라 인간이었다. 생존을 위해 서로 밀치고 할퀴는 마당에 초월적인 존재에 관한 소문이 돌았다. 베토벤의 바이올린 콘체르토 같은, 순수한 저 세상의 노랫소리가 들렸다. 인간의 정신은 육신만큼이나 질기게 버티며 죽어간다.

소망

세상에 처음 모습을 드러낸 신화의 여인 판도라는 속을 알 수 없는 단지 하나를 들고 나타났다. 그 안에는 인간에게 괴로움을 끼칠 수 있는 온갖 못된 것들이 들어 있었다. 여인이 단지를 열자 사악한 내용물들이 죄다 풀려나가기 시작했다. 황급히 뚜껑을 닫았을 때는 신이 준 마지막 '선물', 소망만이 남아 있었다.

불운이란 불운을 죄다 끌어안은 듯 보이는 강제수용소 희생자들에게는 소망도 또 다른 형태의 재난일 수 있었다. 어째서 유대인들은 바르샤바 같은 지역에서 봉기를 일으키지 않았던 것일까? 어쩌면 너무 큰 소망을 품었기 때문인지도 모른다. 유대인 거주지마다 가스실에 관한 소문이 파다했지만, 그런 비인도적 만행이 자행된다는 사실을 좀처럼 믿으려 들지 않았다. 《나이트*Night*》에서 엘리 위젤은 폴란드 콜로마예 인근에서 독일군이 유대인을 기관총으로 학살할 때 기적적으로 살아남은 모이셰라는 할아버지의 이야기를 들려준다. 위젤이 살던 헝가리의 조그만 마을로 돌아온 노인은 집집마다 돌아다니며 친구와 이웃들에게 머잖아 끔찍한 사태가 벌어질 거라고 경고한다.

하지만 아무도 모이셰의 말을 믿지 않았다. "노인은 속삭이듯 말했다. '다들 미친놈 취급을 하더군.' 눈에서 흘러내린 눈물이 촛농처럼 뚝뚝 떨어졌다."

그로부터 얼마 뒤, 화물열차에 구겨 넣어진 채 매서운 눈보라를 뚫고 폴란드와 독일로 이송되던 위젤과 주민들 앞에 또 다른 인물이 나타나 경고의 메시지를 던졌다. 정신이 이상해진 마담 셰히터라는 여인은 창가에 바짝 붙어 서서 악을 써댔다. "불이야! 불이야! 유대인 여러분, 내 말 좀 들어보세요. 불이 보여요, 어마어마한 불꽃이 보인다고요! 저기 용광로가 있어요!" 화물칸을 빼곡히 채운 유대인들은 깜짝깜짝 놀라곤 했다.

하지만 아무도 마담 셰히터의 말에 귀를 기울이지 않았다. 여인은 네 번씩이나 벌떡 일어나서 끔찍한 비명을 질러댔다. 결국 발작을 일으킬 때마다 엄습하는 두려움과 긴장을 견디다 못한 다른 유대인들이 여인을 한쪽 구석에 묶어두고 재갈을 물렸다. 아우슈비츠로 끌려가 자신을 기다리는 지옥의 불꽃을 두 눈으로 확인하기 전까지는, 다들 마음에 담아둔 소망이 지나치게 컸던 탓에 정신 나간 여인의 말을 곧이곧대로 받아들이기 어려웠던 것이다.

하지만 독일과 러시아의 강제수용소에 구금된 희생자들에게 소망은 '생존에 필수적인 일용할 양식'이기도 했다. 중형을 선고받고 시베리아에서 25년 동안이나 중노동을 해야 할 처지에 몰린 인간은 어떻게 하루하루를 살아내야 할까? 기대수준을 낮추고, 소소한 목표를 세우고 스스로 성취해가며, 희망을 걸 대상을 부지런히 찾아야 한다. 하지만 크리스천인 알료샤가 이반 데니소비치에게 설명한 것처럼, 고향에서 온 소포나 고깃국, 털장갑 따위를 구해선 안 된다. "세상엔 온갖 것들이 다 있지만, 우리 주님은 그저 '일용할 양식'을 위해서만 기도하라고 하셨어요. 오늘 우리에게 필요한 양식을 내려 주시고…."

어느 죄수의 일생 가운데 하루를 소개하는 솔제니친의 글은 이반이 흡족한 기분으로 깊은 잠에 빠져드는 걸로 마무리된다.

오늘, 그에겐 좋은 일이 많았다. 독방에 처박히는 일도 없었고, 단체로 간척지 개간에 끌려가지도 않았으며, 저녁때는 카샤(메밀가루로 쑨 죽 – 옮긴이) 한 그릇을 슬쩍해서 배불리 먹었고, 작업반장이 점수를 후하게 주었으며, 벽 쌓는 일을 맡아 신나게 해치웠고, 쇠 톱날 하나를 몰래 숨겨 들여오는 데 성공했고, 저녁에는 체자리의 환심을 얻었으며, 담배를 샀다. 뿐만 아니라 병에 걸리지도 않았고 … 먹구름이 끼지 않은 날, 거

의 행복한 날이다.[9]

　자동차에 달린 FM 라디오에서 자꾸 잡음이 들린다든지 거실 카펫이 해어졌다든지 하는 걱정으로 하루해를 보내는 우리들에게는 이런 소망이 지극히 소박해 보인다. 인간의 바탕이 본래 그러하다. 상황에 적응하게 되어 있다. 독일과 러시아의 강제수용소로 끌려간 바이올리니스트나 시장, 여러 예술가들과 마찬가지로 위대한 인간 솔제니친도 밑바닥 생활에 적응했다. 수감자들의 소망은 차츰 본능적이고 원시적인 수준으로 변해갔다.

　생존자들 가운데는 '수수께끼 같은 내면의 힘'을 말하는 이들이 적지 않다. 살을 에는 듯 매서운 북풍한설에 대지가 꽁꽁 얼어붙어도 체온을 유지하는가 하면, 죽음과 몰살의 위험이 상존하는 상황에서도 유쾌하게 지낼 수 있었던 게 모두 그 덕분이라는 것이다. 독일의 강력한 힘에 둘러싸여 지냈음에도 불구하고 생존자들 가운데 십중팔구는 독일이 전쟁에서 지리라는 확신을 품고 살았다.

　하루하루 소망을 품는 자세는 조만간 전세가 역전돼서 만사가 잘 풀릴 것이라는 터무니없는 낙천주의와는 차원이 달랐다. 도리어 삶의 의지를 불태우는 단순한 결단이자 생존공식이었다고 보는 편이 타당하다. 솔제니친은 단언한다. "억눌리고 짓밟힌 이들이 할 수 있는 일이라곤 끊임없이 소망하는 것뿐이다. 마음이 무너질 때마다 소망을 가져야 할 새로운 이유를 찾아야 한다." 생존자들은 그렇게 했다.

　하지만 이렇게 하루하루 꿈을 키워가는 마음가짐과 아울러, 그 희망을 부채질하는 더 깊고 신비로운 소망이 있었다. 바로 자유를 향한 갈망이었다.

강제수용소 재소자들의 버팀목이 되었던 자유를 향한 그 깊은 열망을 오늘날 자유세계에 사는 이들이 어떻게 헤아릴 수 있을까? 회색 장벽 안에서 벌어진 사건들과 거기서 풀려나와 처음 며칠 동안 겪은 일들을 다룬 솔제니친의 두툼한 책을 읽어보면 좋겠다. 자유에 주린 빼빼용이 노구를 이끌고 절뚝절뚝 절벽으로 걸어가 30미터 아래, 너른 바다로 뛰어드는 장면을 연상해도 괜찮겠다. 아니면 영화 〈미드나이트 익스프레스Midnight Express〉의 마지막 장면에서, 간수복을 훔쳐 입고 잔혹한 터키 감옥을 탈출한 주인공 빌리 헤이스가 눈부신 햇살을 받으며 기뻐 날뛰는 정지화면을 지켜보는 것도 좋겠다.

자유. 그걸 송두리째 빼앗겨 되찾기를 고대하는 이들에게, 자유는 오래 참으며 기다려볼 만한 중요한 가치다. 자나 깨나 탈출을 꿈꾸는 이들은 바깥에서 이틀을 지낼 수만 있다면 그 대가로 돌아올 엄청난 고문과 구타를 얼마든지 감수할 수 있다고 믿는다.

서구인들은 혼란스러워한다. 어째서 이 작가는 서구 세계를 향하여 자유를 온 세상에 자랑하는 데 급급할 뿐, 그 소중한 자원을 빼앗긴 이들에게 보물을 되찾아주는 데는 큰 관심을 보이지 않는다고 삿대질을 해대는가? 솔제니친은 자유를 얻기 위해 희한한 방식으로 싸움에 나섰다. 이른바 단식투쟁이다. 자신을 벌하는 형태이지만 아무도 말릴 수 없는 유일한 저항 형식이기도 했다. 누구든 적어도 목숨을 이어나가기 위해 입을 벌릴지 말지 정도는 스스로 결정할 권리가 있는 법이다.

잘 먹어서 피하지방이 두터운 이들이 아니라 허기지고 쇠약한 이들, 오랜 세월에 걸쳐 날이면 날마다 굶주림의 채찍질을 당해온 이들, 어떤 면에서는 신체적인 평형상태에 이르기 어려운 이들, 배식량을 100그램 줄이면 극심한 고통을 겪을 수밖에 없는 이들이 벌이는 단식농성이었다. 사흘만 굶어도 회복이 불가능하리만큼 치명적인 타격을 입을 게 뻔한, 그야말로 생사를 오가는 이들까지도 동료들과 함께 곡기를 끊었다. 배가 고파 죽을 지경이 된 이들의 열에 들뜬 꿈속에서는 자신들이 거부한 밥상, 평소에 터무니없이 부족하다고 생각했던 그 음식조차도 한없이 푸짐해 보였다.

하지만 그 절망감 속에서도 한 줄기 만족이 있었다. 공허하고 절박한 심정으로 일을 벌였고 남은 거라곤 비극적인 결과뿐이었지만 그래도 좋았다. 속은 비고 가슴은 두려움에 떨지라도 더 고상한 욕구를 넉넉히 채울 수 있었기 때문이다.[10]

오랜 세월이 흐르고 난 뒤, 솔제니친은 그와는 전혀 다른 모습의 자유를 누리게 되었다. 형기를 마치고 걸어서 문을 나서게 된 것이다.

내가 걷는다. 세상의 모든 이들이 이 위대한 자유의 표현에 담긴 참뜻을 알고 있는지 궁금하다. 지금 다른 사람 없이 혼자 걷고 있다. 옆에서든 뒤에서든 늘 겁을 주던 자동소총도 사라졌다. 뒤를 돌아본다. 아무도 없다. 마음만 먹으면 오른쪽으로 방향을 꺾어서 돼지들이 진창에 코를 박고 먹이를 찾는 학교 울타리를 지나칠 수도 있다. 내키는 대로 왼편으로 돌아서 지방교육청 바로 앞, 닭들이 활갯짓하며 땅을 헤집는 곳으로도

갈 수 있다.

　잠을 자다니, 그럴 수는 없다. 달빛을 받으며 걷고, 걷고, 또 걷는다. 당나귀들이 제멋대로 노래한다. 낙타들도 노래한다. 내 안에 있는 신경 줄 한 가닥 한 가닥이 모두 노래한다. 자유다! 나는 자유다![11]

이반 데니소비치가 더할 나위 없이 흡족한 기분으로 잠자리에 들 수 있었던 까닭은 무엇인가? 도대체 무엇이 굶주리고 말라비틀어진 300여 재소자들의 단식농성에 불을 붙였는가?

수용소 희생자들이 절망적인 상황을 뛰어넘는 소망을 경험하고 내면에 자유를 향한 갈망을 불태웠다는 사실은 초월적인 세계에 대한 더 광범위한 소문과 하나님의 형상이 인간 영혼에 선명하게 각인되어 있다는 더 풍부한 증거들을 상징적으로 보여준다. 어쩌면 하나님이 인류의 내면에 그처럼 강력한 자유를 심어주신 까닭에 그들이 이를 왜곡해 결국 강제수용소를 만들어 그걸 말살하려 시도하는 게 가능했는지 모른다.

자유를 향한 열정을 드러내는 희망이라 할지라도 그 이면에는 수용소 희생자들이 끈질기게 붙잡고 있던 신앙적인 소망이 깔려 있다. 솔제니친은 말했다. "사정이 나쁠 때는 하나님을 수치스럽게 여기지 않는다. 형편이 좋을 때만 주님을 부끄럽게 생각할 따름이다."

수용소에서 살아남은 심리학자 브루노 베텔하임은 똑 부러지게 말한다. "신앙심이 강하고 윤리적 신념이 뚜렷한 이들일수록 그렇지 않은 경우보다 잘 살아낸다는 건 수용소 안에 널리 알려진 사실이었다. 하늘나라에 대한 확신을 비롯한 굳센 믿음이 남들보다 훨씬 더 오래

견딜 힘을 주었다."

테렌스 데 프레는 《생존자*The Survivor*》에서 이름을 알 수 없는 어느 노인의 이야기를 인용하여 같은 현상을 설명한다.

고통 … 두려움 … 잠을 이룰 수가 없었다. 반짝이는 별들이 촘촘히 박힌, 구름 한 점 없는 하늘이 속속들이 슬픔뿐인 감옥을 내려다보고 있었다. 창문으로 달빛이 새어들었다. 얼마나 눈부시던지 그렇잖아도 창백하고 수척한 수형자들의 얼굴은 그날 밤 한결 더 유령처럼 보였다. 생기가 한 톨도 남김없이 빠져나간 듯했다. 문득, 시신들 틈에 홀로 살아 숨 쉬는 느낌이 엄습하는 바람에 저도 모르게 몸서리를 쳤다.

순간, 한 줄기 구슬픈 가락에 무겁게 내리누르던 침묵이 깨졌다. 애처로운 음색으로 영송하는 옛 기도, 콜 니드라이(유대인들이 속죄일에 부르던 히브리 성가 – 옮긴이)였다. 벌떡 일어나 소리 나는 데를 살폈다. 한 노인이 벽에 붙어 무아지경으로 하나님께 깊이 몰입해서 들릴락 말락 낮은 목소리로 기도문을 음송하고 있었다. 하늘을 우러른 얼굴에 달빛이 가득했다. 기도는 유령처럼 무감각해 보이는 한 무리 인간들에게 활기를 불어넣었다. 하나씩 둘씩, 수형자들이 자리에서 일어났다. 모든 시선이 월광이 흥건한 노인네의 얼굴에 가 꽂혔다.

기도를 방해하지 않도록 다들 조용히 앉아 있었다. 노인은 누군가 기도를 듣고 있다는 사실을 조금도 눈치 채지 못했다. … 마침내 송가가 그치고 침묵이 찾아드는 순간, 수형자들 사이에 환희가 감돌았다. 우리만큼 추락해본, 그리하여 결코 스러지지 않는 오묘한 기도의 능력에 힘입어 다시 한 번 신령한 세계에 눈떠본 이들이나 맛볼 수 있는 기쁨이었다.[12]

누구나 신앙에 기대어 소망을 품었던 건 아니다. 수용소의 참혹한 상황을 하나님이 인간의 곤경을 돌아보시지 않는다는 결정적 증거로 받아들인 이들도 있었다. 그렇지만 스탈린 시대의 러시아와 히틀러 치하의 독일, 마오쩌둥이 통치하는 중국에서 신앙은 결코 꺼지지 않는 소망의 불씨였다. 자유와 사면에 관한 소문은 퍼졌다 금방 사라지곤 했다. 하나님은 누구에게나 희망이 될 수 있었지만, 멀리 계실 뿐 즉시 개입하지 않으시는 것처럼 보였다.

　중국 지하교회의 4대 지도자 가운데 하나로 꼽히는 앨런 위안Allen Yuan을 인터뷰한 적이 있다. 총 22년에 걸쳐 수용소에서 강제노역에 시달렸던 인물이다. 공안은 위안을 체포해서 심하게 고문한 뒤에 한 달 동안이나 창문조차 없는 독방에 구금했다. "담요를 뒤집어쓰고 기도했습니다. 10년 세월이 흐르도록 가족과 편지 한 통 주고받을 수 없었어요. 성경책도 없었지만 시편을 비롯한 몇몇 구절들과 찬송가 한 곡을 외우고 있었죠. 〈갈보리 산 위에〉라는 곡인데, 혹시 아세요?" 위안은 큰 소리로 찬송을 부르기 시작했다.

　　최후 승리를 얻기까지
　　주의 십자가 사랑하리
　　빛난 면류관 받기까지
　　험한 십자가 붙들겠네.

위안은 전체 형기 가운데 13년을 내몽골 북단 지역에서 보냈다. "기적이었어요!" 감격 어린 목소리로 그가 말했다. "얇은 옷 한 벌로

뼛속까지 사무치는 혹독한 겨울날을 보냈는데도 감기나 독감 한번 앓은 적이 없어요. 단 하루도 아파 눕지 않았으니까요. 하나님은 그렇게 기도에 응답해주셨어요."

핍박을 받으면서 어떤 깨달음을 얻었느냐고 묻자 위안 목사가 대답했다. "우리는 사도 시대와 같은 환경에서 살고 있습니다. 그래요, 이 땅에서 크리스천이 박해를 받고 있는 건 사실이죠. 하지만 홍콩과 대만을 보세요. 없는 게 없이 다 가졌지만 하나님을 찾지 않잖아요. 제가 말씀드리고 싶은 건, 감옥에서 풀려날 때는 들어갈 당시보다 더 큰 믿음을 가지고 나왔다는 점입니다. 요셉이 그랬던 것처럼, 그토록 어려운 시기를 보내게 하신 까닭은 훗날 되돌아보기 전까지는 알 수가 없습니다. 생각해보세요. 중국에 있는 우리는 조만간 세계에서 가장 큰 크리스천 공동체를 형성하게 될 테고, 무신론에 토대를 둔 정부는 우리를 철저히 짓밟으려 들 겁니다."

저항

예상과 달리, 강제수용소의 희생자들은 정체성과 개성을 잃어버리고 매사에 고분고분한 로봇으로 전락하지 않았다. 수많은 이들이 저마다 용감하고 희생적인 모습을 보여주었다. 높은 수준의 윤리의식을 포기하지 않고 끈질기게 유지했으므로, 억압하고 압박하는 쪽보다 오히려 더 내면을 파고드는 죄의식과 싸웠다. 아울러 수용소라는 칙칙한 회색 세상에 살면서도 예술과 아름다움을 느끼는 감성을 잃지 않았다. 마지막으로 희생자들은 한결같이 깊은 소망을 표현하고 자유를 갈망했다. 이러한 사실들은 사라지지 않는 인간정신을 보여 준다. 동물원에서 사육되는 짐승과 달리, 인간은 존엄성을 바라보는 시선을 놓치지 않는다. 어떠한 경우에도 수용소의 소유가 되는 길을 밟지 않는다.

하지만 그런 고상한 결론에 만족할 수 있을까? 솔제니친은 더 강인한 인간으로 세상에 복귀했지만, 거기서 숨을 거둔 수많은 동료 제크들은 어떻게 할 것인가? 엘리 위젤은 고통스러웠던 과거의 기억으로 세상의 심금을 울렸지만, 작가의 이야기 속에서 죽어갔던 수많은 주인공들은 어찌할 것인가? 600만에 이르는 유대인들이 살해됐으며 수용소에 갇혔던 이들 가운데 고작 1퍼센트만이 살아서 자유를 되찾았다.

또 죽는 날까지 상처를 간직한 채 살아야 하는 이들은 어떻게 할 것인가? 적지 않은 이들이 두려움에 사로잡힌 눈으로 세상을 바라보며 살아간다. 외부세계에 적절히 대처하지 못하고 아무도 믿지 못한다. 셰퍼드 비슷한 개만 봐도 덜덜 떨며 몸을 움츠린다.

《이반 데니소비치의 하루》는 강철 같은 의지와 얼마간의 행운, 그리고 어쩌면 하나님이 강제수용소의 나날을 견뎌나가게 해주었다는 메시지를 전하고 있다. 하지만 더 무겁고 큰 질문이 꼬리를 문다. 그렇다면 누가 거기서 빼내줄 것인가?

〈홀로코스트The Holocaust〉라는 텔레비전 시리즈가 한창 방영되고 있던 어느 봄날, 내가 출석하던 교회에서는 고난받은 유대인들을 기억하고 하나가 되는 성례전, 말하자면 크리스천을 위한 욤 하쇼아(국제적으로 유대인 학살을 추모하는 날. 홀로코스트 추도일이라고도 한다 – 옮긴이) 예배를 드렸다. 아이들을 포함해서 각계각층의 여러 식구들이 생존자들의 목소리를 대신 전달했다. 바르샤바 게토에 갇혔던 카임 카플란Chaim Kaplan의 일기를 비롯해서 게토에는 나비가 없다고 노래했던 어느 어린아이의 동시, 수용소 출신 의사 빅토르 프랑클의 논평, 엘리 위젤의 가슴 저미는 이야기, 화장터의 굴뚝을 읊은 넬리 작스 Nelly Sachs의 시, 그리고 앙드레 슈바르츠 바르André Schwarz-Bart의 소설 《정의로운 사람들의 최후Le Dernier des Justes》에서 "왜 크리스천들은 우리를 미워하는가?"라는 대목을 골라 읽었다.

순서에 따라 차례차례 낭독이 이어지는 동안 교인들은 조용히 자리를 지켰다. 더러 그림처럼 생생한 묘사를 차마 끝까지 듣지 못하고 자리를 뜨는 이들도 있었다. 처음부터 끝까지 모든 내용을 주의 깊게 들은 친구 하나가 예배를 마친 뒤에 소회를 털어놓았다. "유대인들의 이야기를 들으면서 무언가가 그 어떤 괴로움과 죄책감보다 더 아프게 마음을 뒤흔드는 느낌이 들더군. 하지만 지금으로선 깊이 공감하고 미안해하는 것 말고는 달리 할 일이 없어. 정말 신경 쓰이는 점은 지금도 그와 비슷한 상황들이 수없이 벌어지고 있지만 무시해버리고 있다는 사실이지. 제2차 세계대전 당시의 크리스천들이 보다 신속하고 단호하게 움직였어야 했다고 비판하기는 쉬워. 하지만 최근 캄보디아와 다르푸르, 콩고민주공화국과 르완다에서 벌어지는 일들에 대해서는 어떻게 반응하고 있지? 그런 지역에 서둘러 손을 내밀어야 하는 게 아닐까?"

유대인 강제수용소의 실상은 1939년 〈뉴욕타임스〉 광고에 자세히 소개되었다. 하지만 그 얘기를 믿는 이들은 거의 없었고 아무도 반응을 보이지 않았다. 미국 정부는 그로부터 2년 뒤, 일본의 직접 공격을 받은 뒤에야 참전을 선언했다.

고운 뼛가루가 섞인 모래흙이 3센티미터 두께로 아우슈비츠를 덮고 있는 걸 보았다. 거기서 소각된 유대인들이 남긴 흔적이다. 하지만 내가 살아 숨 쉬는 동안에도 캄보디아에서는 300만 명이 살해당했다. 그때 외부세계는 어떻게 반응했는가?

솔제니친이 쓴 세 권짜리 소설 《수용소 군도》를 읽는 내내, "나는 최선을 다해 끝까지 저항했는가?"라는 뼈아픈 질문이 마음을 울리고 또 울렸다. 수용소의 생존자들은 그 문제로 괴로워했던 것 같다. 하지만 그 울타리 바깥에 살았던 이들, 곧 우리들의 마음가짐이 어떠한지는 솔제니친의 수용소 이야기에 독자들이 차츰 싫증을 느끼고 있으며 제2권의 수익성이 좋지 않았다는 이유로 제3권의 출간을 이태나 지체시켰던 미국의 대형 출판사 하퍼앤로Harper and Row의 행보에서 여실히 볼 수 있다.

르완다와 다르푸르 같은 지역에 직접 개입해야 한다는 호소는 베트남과 이라크의 교훈을 잊지 말아야 한다는 독단적인 고함이나 고질적인 무관심에 묻히기 일쑤다. 나 먹고살기도 바쁜데 남의 일까지 어떻게 신경을 쓰겠냐는 투다.

하지만 수용소를 바라볼 때마다 정의는 외부에서 와야 한다는 생각이 드는 건 어쩔 수가 없다. 개인적으로는 이것이 그 어떤 가르침보다 소중한 교훈이라고 믿는다. 희생자들은 하나같이 종말론적이다. 할 수 있는 일이라곤 바깥에서 구원의 손길이 찾아오길 기다리는 것뿐이다. 도덕성과 용기가 대단하고 아름다움을 감지하는 능력이나 소망을 전염시키는 힘이 제아무리 탁월해도, 외부세계의 개입이 없으면 생존을 장담할 수 없다. 희생자들 가운데 절대다수는 수용소라는 세계가 붕괴되느냐에 따라 생사가 갈릴 운명이었다. 정말 중요한 것은 재소자들이 무얼 할 수 있느냐가 아니라(사실, 자기 힘으로는 거의 아무것도 할 수 없는 신세였다), 어떤 식으로든 수용소에 군림하는 가해자들을 이겨내는 데 필요한 게 무엇인가 하는 점이었다.

연합군이 해방시켜주지 않는 한, 수백만 유대인과 집시, 동성애자와 크리스천들이 탈출할 가능성은 채 한 줌도 되지 않았다. 독일이 세운 수용소는 그만큼 효율적으로 돌아갔다.

솔제니친은《수용소 군도》제3권을 쓰면서, 켄기르 수용소에서 일어난 봉기의 전말을 극적인 쐐기돌로 삼았다. 그곳의 수형자들은 최선을 다해 끝까지 저항했는가? 켄기르의 죄수들은 6주 동안 수용소를 장악한 상태에서 담장을 허물고, 여성 재소자들과 결혼했으며, 자치정부와 법을 만들었다. 이 모든 일들이 가시철망이 둘러쳐진 구역 안에서 일어났다. 하지만 켄기르는 고작 6주 동안 지속되었을 뿐이다. 탱크와 기관총이 안으로 돌진해 들어갔다. 재소자들의 신 나는 시도가 얼마나 작고 부질없는 몸부림이었는지 보여주는 데는 단 몇 시간의 비극만으로도 충분했다.

오늘날, 나치가 유대인들에게 저질렀던 만행에 버금가는 대규모 인종 학살이 벌어진다면 현대인들은 거기에 민감하게 반응할까? 그래야 하는 걸까? 마치 옛 수용소의 잔해에서 피어오르는 화염과 마주하듯, 이건 복잡하지만 피할 수 없는 이슈다. 한편으로는 요즘 사람들이 점잖게 외면하는 문제이기도 하다. 독일과 러시아에서 벌어졌던 비극적인 사태를 다룬 수많은 책들을 읽고 나서 저들이 저지른 악독한 행위에 분노가 끓어올랐다. 그런데 순식간에 정체를 알 수 없는 힘이 노기를 식히고 무마시켜서 현실에 안주하게 만들었다. 제법 오랜 시간 공을 들이고 나서야 어렴풋이나마 그 요인을 가늠할 수 있었다.

첫째로, 기본적으로 등 따습고 배부른 사람은 춥고 주린 이들의 형편을 헤아리기 어렵다. 압제에 맞서 지칠 줄 모르고 투쟁했던 솔제니친마저도, 흐루쇼프 치하에서 두루 명성을 얻고 국내에서 간행되는 잡지에 《이반 데니소비치의 하루》가 실리기에 이르자, 비슷한 심리에 빠져 들어가더라고 했다. 작가는 관료주의의 화려한 본산들이 줄지어 늘어선 붉은 광장에 초청받아, 자신이 직접 보고 느꼈던 불의와 부정을 증언했다. 줄기차게 벌여온 저항에 합리적인 답변을 줄 힘을 가진 정부각료들에게 보고서를 제출했다. "그리고 푹신한 팔걸이의 자에서부터 청산유수처럼 매끄러운 말솜씨에 이르기까지 한 점 부족함이 없는 밝고 상쾌한 방에서 굽어본 수용소는 끔찍하기는커녕 도리어 참으로 타당해 보였다. … 자, 이 흉악한 자들을 세상에 풀어놓으라는 말인가?"

망각의 위험을 경계하는 의미에서 솔제니친은 체포되어 수용소로 보내졌던 날을 기념하는 연례행사를 열었다. '제크의 날'을 제정하고서 아침에 빵 650그램을 잘라놓고 그것으로 하루 양식을 삼았다. 점심은 스프와 옥수수죽 한 국자로 때웠다. 작가는 저녁이 되면 벌써 "빵부스러기까지 남김없이 집어먹고 국그릇을 핥게 되고, 옛 기억이 생생하게 되살아난다"고 적었다.

　제2차 세계대전을 코앞에 두었을 무렵에도 이런 마비증세가 기승을 부리고 있었다. 1938년, 루스벨트 대통령과 세계 지도자들은 에비앙레뱅에 모여 히틀러의 오스트리아 침공과 독일 내 유대인 학대 문제를 논의했다. 하지만 회담은 공허한 말놀음에 지나지 않았다. 어느 기자의 말마따나, "유럽에 거주하는 600만 유대인들을 죽여도 좋다는 허가장을 내준 셈"이 됐기 때문이다.

　맨체스터에서 발행되는 〈가디언〉지에서 뛰었던 기자 페기 만은 나중에 회담이 열렸던 리조트를 다시 찾아서 당시의 상황을 잘 기억하는 직원과 이야기를 나누었다. 그는 이렇게 회상했다.

　VIP들이 방문했었죠. 대표단으로 왔던 이들은 아주 잘 지냈습니다. 호수에서 크루즈를 즐겼어요. 밤에는 카지노에서 돈을 걸고 게임을 했고요. 에타블리스망 온천에서 광천수로 목욕을 하고 마사지를 받았죠. 일부는 여름 스키를 즐기러 샤모니로 당일 여행을 나가기도 했습니다. 승마를 하러 가는 이들도 있었어요. 아시다시피 우리는 프랑스에서 첫손에 꼽히는 말들을 보유하고 있거든요. 물론 골프를 나가기도 했지요. 호수가 내려다보이는 멋진 코스가 구비되어 있으니까요.

　회의요? 물론 거기에 참석하는 분들도 없지는 않았어요. 하지만 에비앙이 주는 온갖 즐거움이 밖에서 기다리고 있는데, 안에 죽치고 앉아서 연설이나 듣고 있기가 어디 쉬웠겠어요?

　회담은 끝났다. 이민 한도를 늘려서 자유를 찾아 탈출하는 유대인들은 더 많이 받아들이겠다는 나라는 단 한 곳도 없었다. 히틀러에 대한 비난이나 견책도 없었다.

덧붙여둘 얘기가 있다. 부유한 나라들이 주는 온갖 즐거움이 밖에서 기다리고 있는데, 안에 죽치고 앉아서 고난에 대한 글이나 읽고 있는 게 나로서도 쉽지는 않다.

둘째로, 이라크나 베트남 같은 지역에 갈팡질팡 개입했던 과거사에 대한 반작용(전반적으로 건전한)으로, 압제 행위에 강력하게 반발하는 움직임이 있을 때마다 일차적으로 거부감을 갖는 성향이 생긴 것 같다. 명분은 물론이고 기술적으로도 미국이 펼친 정책에 허점이 많았다는 게 대다수 현대인들의 일반적인 견해다. 거기다가 한국의 사례까지 보태서 판단할 때, 제아무리 강력한 국가라 할지라도 세계의 경찰이 될 수 없다는 교훈을 얻게 된 것이다.

솔제니친은 그런 반응이 어떠한 결과를 불러올지 똑똑히 알아야 한다고 목소리를 높인다.

베트남 전쟁의 본질을 제대로 파악하는 데 실패하면서 더할 나위 없이 잔혹한 오류가 발생했습니다. 어떤 전쟁이든 가능한 한 빨리 종식되어야 한다고 믿는 이들이 있는가 하면, 요즘 들어 더 분명해진 목소리들이 주장하듯, 베트남이나 캄보디아 국민, 또는 공산주의자들의 자결권을 어느 정도 인정해주어야 한다는 의견도 있습니다. 하지만 미국의 반전운동 그룹은 오늘날 무려 3천만 명에 이르는 이들에게 인종말살을 비롯해서 온갖 괴로움을 안기는 극동국가들의 반인륜적 범죄에 휘말릴 위기에 처해 있습니다. 그처럼 투철한 평화주의자들은 그 지역에서 새어 나오는 신음

소리를 듣고 있는 걸까요? 오늘날 자신에게 주어진 책임을 인식하고 있기는 한 걸까요? 아니면 아예 듣고 싶지 않은 건 아닐까요? 미국의 지식인들이 지레 겁을 먹어버린 결과, 위험요인들이 점점 더 미합중국에 가까이 다가서고 있습니다. 하지만 그 사실을 아무도 의식하지 못하고 있습니다. 베트남 전쟁을 마무리 지으려고 서둘러 조건부 항복문서에 서명했던 미국의 근시안적인 정치인들은 국민들에게 아무 걱정 없이 숨 돌릴 여유를 준 것처럼 보입니다. 그러나 지금 베트남보다 백 배나 더 무서운 위기가 여러분을 향해 다가오고 있습니다.

솔제니친은 자신은 준비가 되어 있지 않다는 말로 결론짓는다. 그렇지만 나는 지난날 미국이 저지른 잘못에 적극적으로 반발하는 경험을 통해서 모두가 적잖은 교훈을 얻었다고 본다. 뱀에게 물려본 개는 웬만해선 독사를 좇지 않는 법이다.

셋째로, 잠재적인 반전론이 특히 유럽의 기독교권에 뿌리를 내리고 있으며 차츰 미국으로 확산되는 추세다. 군사행동을 지지하는 크리스천들은 유혈사태와 폭력을 지원하려는 게 아니다. 서글프게도 억누르지 않으면 강제수용소처럼 거대한 괴물을 만들어낼 수 있는 악을 제어하는 억제력의 표현일 따름이다. '정의로운 전쟁'은 부적절한 말이다. 어떤 전쟁도 정의로울 수 없다. 그러나 크리스천들은 장구한 세월을 거치면서 경우에 따라서는 전쟁을 벌인 결과가 싸움을 통해 극복하려는 불의한 현실보다 더 의롭다는 결론에 이르렀다.

요즘의 추세는 전쟁의 부당성을 강조하는 쪽이다. 커트 보네거트 Kurt Vonnegut라는 작가는 제2차 세계대전을 다룰 때마다 압제로부터의 해방이라는 측면보다 주로 드레스덴 폭격(나치 독일이 장악하고 있던 작센 주의 주도였던 드레스덴에 4천 톤 가까운 폭탄을 퍼부어 초토화시켰던 대규모 공습 - 옮긴이)에 초점을 맞춘다. 리나 베르트뮐러Lina Wertmüller 감독은 〈일곱 미녀들Seven Beauties〉이라는 영화에 기대어 자신의 주장을 근사하게 엮어냈다. 강제수용소에서 벌어지는 일화들과 미군이 나폴리 거리를 휩쓸고 다니며 여자를 사는 장면을 교차 편집하는 방식으로, 파시즘과 싸운 미국인들 역시 그렇게 해서 물리친 세력들과 사실상 별반 차이가 없이 악하다는 점을 넌지시 부각시키는 듯 보인다. 히틀러가 살든 죽든, 강제수용소에 갇히든 풀려나든 무슨 차이가 있느냐고 묻는 셈이다. 어느 쪽이든 비극과 희극, 부당한 일면이 도사리고 있기는 마찬가지다.

수용소 생활을 이겨낸 생존자 브루노 베텔하임은 〈일곱 미녀들〉을 통렬히 비난하는 장문의 평론 '살아남는다는 것'을 써서 〈뉴요커New Yorker〉에 보냈다. 이 글은 나중에 《'살아남는다는 것'과 그 밖의 에세이들Surviving and Other Essays》이란 책으로 묶여 나왔다. 지은이는 이런 설명으로 작품을 맺었다.

경험은 삶이 무의미하다고, 인생은 매음굴에 지나지 않다고, 문화적인 열정을 무시하고 육신의 저열한 욕구를 좇아 살아야 한다고 가르치지 않는다. 지금 사는 이 세상이 비참할지 모르지만, 수용소와 비교하면 밤과 낮, 지옥과 천국, 죽음과 삶만큼이나 다르다고 가르친다. 삶에는 뜻이 있으며 속을 헤아리기가 한없이 어려울지라도 그 의미는 살아 돌아오기 전에 우리가 생각했던 것보다는 한없이 깊고 심오하다고 가르친다. 강제수용소라는 지옥에서 살아남는 커다란 행운을 누렸다는 데 대한 죄책감은 그 의미 전체를 통틀어 가장 중요한 대목이다. 이루 말할 수 없이 끔찍한 수용소조차도 인간성을 파괴할 수 없음을 증언하고 있기 때문이다.

그리스도는 사로잡힌 자들을 해방시키고 매인 자들에게 자유를 주시려고 지구라는 수용소에 들어오셨으며, 그 뜻을 이루라는 사명을 주시고 하늘로 올라가셨다. 강제수용소에서 살아남은 이들은 예수님이 부탁하신 임무가 얼마나 소중한 프로젝트인지 단적으로 보여준다. 생존자들의 도덕성과 심미안, 소망을 잃지 않는 의식은 그들 안에 영원히 사라지지 않는, 그러기에 아무리 큰 대가를 치르고서라도 반드시 해방시키고 거듭나게 해야 할 영혼이 존재한다는 사실을 언뜻언뜻 드러낸다.

얽매이고 억압받는 이들에게 정의를 실현하고 자유를 선물하는 방법에 대해서는 의견 차이가 있을지 모르겠다. 그럼에도 불구하고 강제수용소가 주는 궁극적인 가르침을 생각할수록, 그 막중한 교훈을 역사 교육쯤으로 간주하는 식으로 책임을 회피해선 절대 안 된다는 확신이 든다.

4
초도덕의
위기

아이큐를 측정하기 시작한 이래 가장 높은 점수를 기록해서 기네스북 명예의 전당에 등재된 메릴린 보스 사반트Marilyn vos Savant는 미국에서 발행되는 시사주간지 〈퍼레이드Parade〉에 일주일에 한 번씩 독자들의 갖가지 질문에 답하는 '메릴린에게 물어보세요'라는 칼럼을 썼다. 보통은 어떻게든 주인공을 궁지에 몰아넣을 요량으로 전국에서 만들어 보내는 수학 퍼즐을 풀었다. 그런데 한번은 어느 독자가 심각한 질문을 던졌다. "무엇이 도덕적 권위의 근거가 된다고 보십니까?"

"대부분은 도덕적 권위의 근거를 신앙에서 찾지만 나는 아닙니다." 메릴린은 대답했다. "그렇게 되면 세상에는 이루 헤아릴 수 없을 만큼 많은 권위가 존재하게 됩니다. 서로 충돌하는 사례도 많고 십중팔구는 한쪽으로 기울어져 있습니다. 나로서는 역사가 주는 가르침, 즉 여태까지 지속해온 좋고 나쁜 선택, 그리고 그 사이에 있는 갖가지 경우의 수에서 원리를 추출하고 거기서 도덕적 권위의 근원을 찾습니다." 메릴린의 말에 따르자면, 역사는 신앙보다 유익한 점이 많다. 서술자가 무수히 많지도 않고, 편향적이거나 상호 모순적이지도 않다. 마음에 드는 걸 골라서 선택하면 그만이다. 본질적으로 메릴린에게 도덕적 권위의 근원은 자기 자신이다. 점점 포스트모던 성향이 짙어가는 세계에서 도덕철학이 맞닥뜨릴 수밖에 없는 딜레마가 바로 여기에 있다.

적어도 세상에서 가장 똑똑하다는 인물은 여전히 도덕적 권위의 기원을 찾아 헤매는 중이다. 고통이나 고난과는 전혀 다른 차원에서 신앙에 도전하는 새로운 사조가 현대인들의 의식세계 속에서 꿈틀거리고 있다. 즉, 도덕적 근원을 모조리 거부하는 사고방식이다. 개인과 사회는 저마다 다채로운 수준에서 비도덕적 성향을 보여왔으며 전쟁범죄나 집단수용소처럼 극단적 결과를 불러오기도 했다. 윤리적 사안들에 관해 철저하게 불가지론을 고수하면서 스스로 도덕관념이 없노라고 고백하는 이들(사회 전체가 아니라 개인)도 있었다. 최근에 들어서는 진지한 사상가들 사이에서 윤리기준 따위는 아예 존재하지 않는다는 '초도덕un-morality'이란 개념이 부각되었다. 니체가 예시하고, 도스토옙스키가 예언했으며, C. S. 루이스가 《인간폐지 The Abolition of Man》라는 책에서 예지적으로 분석한 흐름이 구체화되고 있는 것이다. 오늘날 도덕성이라는 개념은 엄청난 변화를 겪고 있으며 부분적으로는 진화심리학이라는 새로운 학문이 그 선발대 구실을 하고 있다.

개인의 승리

나는 두 차례의 대화에서 그런 경향이 몰고 온 실존적 파장을 감지할 수 있었다. 우선, 샘이라는 젊은이는 진실의 통계적 이점들을 깨닫는 중이라고 했다. 그는 시험 삼아 거짓말을 그만두기로 결심했다면서 말했다. "진실은 더 신뢰감을 품고 관계를 맺도록 도와줘요. 여러 면에서 긍정적인 유익을 끼칠 수 있죠." 그렇다면 거짓말하는 편이 더 유리한 상황에서는 어떻게 하겠느냐고 물어보았다. 샘은 상황을 잘 판단해야겠지만 거짓말하지 않는 쪽을 택하겠다고 했다. 샘에게 거짓말을 할지 사실을 말할지 선택하는 건 도덕이 아니라 형편에 따라 받아들이거나 버릴 수 있는 사회적 사고의 문제였다.

다음에는 신실한 크리스천인 수전과 이야기를 나누었는데, 그녀는 신랑에겐 부족한 점이 많아서 살갑게 대해줄 다른 남성을 열심히 찾고 있다고 고백했다. 날마다 아침 일찍 일어나 "하나님 아버지와 한 시간 남짓 교제한다"고 하기에 주님과 만날 때, 남편과 결별하거나 배신하려는 생각에 영향을 줄 만한 도덕적 이슈가 제기되지는 않느냐고 물었다.

수전은 발끈하며 대꾸했다. "백인 남자들이 입에 달고 사는 얘기처럼 들리네요. 저와 하나님 아버지 사이에는 윤리가 아니라 관계가 자리 잡고 있어요. 관계란 온전한 지지를 보내며 어떤 상황에서도 판단하지 않고 한편이 되어준다는 뜻이죠." 어떤 관계든 판단이 빠질 수 없지 않겠느냐고 완곡하게 지적해보았다. 수전 자신도 날 냉정한 남자로, 그녀의 남편에 대해서는 아내의 필요를 채울 줄 모르는 사내로 평가하지 않았는가? 수전이 못 들은 척 화제를 돌리기에 좀 더 말랑 말랑한 이야기로 넘어갔다.

도덕성을 가름하는 기준이 외부에서 내부로 이동했다는 점에서 샘과 수전은 메릴린 보스 사반트와 맥락을 같이한다. 부분적으로는 낭만주의 운동으로 되돌아가서 새로운 차원에서 개인의 통제를 받게 된 것이다. 〈자기신뢰Self-Reliance〉라는 에세이에서 랠프 월도 에머슨Ralph Waldo Emerson은 모든 인간에게는 존엄성이 있으므로 누구나 "자신을 믿어야" 한다고 선언했다. 개인의 직관이 악하다면 어떻게 할 것인가? 에머슨은 순순히 물러서지 않는다. "그럴 것 같지는 않지만, 설령 악마의 자식이라면 악마로 살게 될 것이다. 본성이라는 율법 외에 그 어떤 법도 내게는 신성하지 않다."

에머슨의 벗이었던 월트 휘트먼Walt Whitman은 그러한 철학을 실험대에 올려놓았다. 사적인 서신을 보내면서 에머슨은 친구를 미국을 통틀어 가장 위대한 시인이라고 했는데, 휘트먼은 뻔뻔스럽게도 자신의 다음 책을 선전하는 추천사에 그 표현을 써먹었다. 그런데 자신을 깊이 신뢰한 휘트먼이 동성애적 성향을 보이는 연작시를 지으면서 문제가 불거졌다. 보스턴 커먼 공원에서 만나 긴 이야기를 나누면서, 전통적인 성의식을 가졌던 에머슨은 친구에게 출간을 포기하라고 간곡히 타일렀다. 하지만 강력하게 밀어붙이기에는 논리적 근거가 허약했다. 휘트먼은 그저 자신을 신뢰하라는 에머슨 자신의 조언에 충실했을 따름이었기 때문이다.

낭만주의의 종조라고 할 수 있는 루소는 글조차 읽지 못하는 가정부와 제 마음이 시키는 대로 관계해 낳은 다섯 아이를 전혀 돌보지 않았다. 물론, 낭만주의가 퍼지기 전에도 그런 스캔들은 수없이 일어났다. 진정한 변화는 물밑에서 진행되는 까닭에 좀처럼 감지되지 않는 것일까? 아리스토텔레스 이래로 서구 사회는 '선'을 늘 나의 것도 당신의 것도 아닌, 외부의 규범으로 여겨왔다. 설령 그 틀을 깬다손 치더라도 개인이 어찌해볼 수 없는 외적인 규범이라는 사실은 변하지 않았다. 그런데 낭만주의가 들어오면서 그 규범이 내면으로 들어와 극도로 주관적인 형태를 띠게 되었다. 저마다 자기만의 윤리 답안지를 작성하기 시작한 것이다.

그리스인들과 로마인들은 불굴의 용기, 절제, 분별력, 정의처럼 스승들이 대대로 전수해준 자질을 모두 포괄하는 명확한 도덕률을 가지고 있었다. 유교와 불교를 신봉하는 사회들 역시 저마다 고유한 윤리 원칙들에 따랐다. 힌두교인이나 무슬림, 유대교인과 크리스천들은 인간으로서 살아갈 길을 보여주는 계시에 의지했다. 오직 현대, 아니 정확하게는 최근의 서구 세계만이 도덕의 기원을 개인이 아닌 외부에 두려는 목표를 완전히 포기해버렸다.

찰스 테일러Charles Taylor와 알래스데어 매킨타이어Alasdair MacIntyre는 '개인의 윤리'라는 관념 자체가 최근에 들어서야 제기된 사고방식이라고 단언했다. 옛사람들은 가족이나 공동체, 사회 단위로 자신을 인식했으며 관계망을 근거로 도덕적 결정을 내렸다는 것이다. 아시아와 아프리카 사회는 아직도 윤리적 해석이 필요할 때마다 공동체에 깊이 의존하는 경향이 강하다. 반면에 서구에서는 개인의 독립적 자아라는 개념이 등장해서 점점 더 빠른 속도로 세력을 확장해왔다.

결국 이 시대에 이르러서는 마침내 독립적 자아의 전성시대를 맞게 되었다. '죽을 권리'를 지지하는 여섯 명의 저명한 윤리학자들이 미연 방대법원 앞으로 다음과 같은 말로 시작하는 탄원서를 제출했다.

이번 사건들은 인간으로서 어떻게 죽음에 다가서고 마주해야 하는지, 자신의 죽음을 앞당기거나 그 일을 도와달라고 누군가에게 부탁하는 게 윤리적으로 타당한지를 두고 도의적, 윤리적, 또는 신앙적 판단을 내려달라고 법원을 끌어들이거나 심판을 요청하지 않습니다. 거꾸로, 종교적, 철학적 통념의 제한을 받지 않는 상태에서 자신과 관련된 중대한 결정을 내릴 헌법상의 권리가 개인에게 있음을 법원이나 입법부가 인정해주길 요구할 따름입니다.

이어지는 본문에서도 이 철학자들은 종교적 믿음, 정치적이고 도덕적인 선호, 결혼, 출산, 죽음 같은 문제들을 판단하는 데는 오직 단 하나의 기준만이 용인된다고 주장했다. "저마다 자신의 신앙과 양심, 확신에 따라 스스로 결정을 내릴 수 있어야" 한다는 것이다.

이 건에서는 연방대법원이 헌법상의 죽을 권리를 인정하지 않았지만, 이전의 다른 사건에서는 배우자라 할지라도 상대방의 개인적인 권리를 침해할 수 없다는 판결을 내렸다. 가령, 아내가 임신중절을 원할 경우, 최소한 법률적으로는 남편에게는 발언권이 없다는 뜻이다. "낙태는 순수하게 여성의 개인적인 권리이며 결혼으로 획득한 지위를 근거로 그 권한을 침해하지 못한다"는 이유에서였다. 그야말로 개인의 승리인 셈이다.

취약한 기반

죄의 형태는 다양하지만 어느 경우든 신뢰할 만한 우주적 패턴보다 눈앞의 쾌감을 맛보는 걸 더 선호하다는 작동원리는 동일하다. 다른 데서도 다 마찬가지이지만, 특히 선지서의 경우, 죄는 다른 인간과 하나님에 대한 불경, 즉 자신을 제외한 남들을 거부하고 자신을 고집하는 두 가지 존재양식을 보인다. _찰스 윌리엄스

목회자나 언론인들은 개인의 부도덕성을 드러내는 극단적 사건들에만 초점을 맞추는 경향이 있다. 하지만 그 밑바닥을 울리며 으르렁거리고 있는 엄청난 힘에 더 촉각을 곤두세워야 할지도 모른다. 오늘날 윤리의 지형은 견고한 암반이 아니라 시시각각 모습을 달리하며 흘러가는 마그마에 토대를 두고 있기 때문이다.

신앙서적이 즐겨 다루는 도덕적 상대주의의 위험성에 대해 이야기하고 싶지는 않다. 크리스티나 호프 소머즈Christina Hoff Sommers는 매사추세츠 주의 한 교사가 담임하는 초등학교 6학년 학생들에게 가치명료화(윤리교육 방식 가운데 하나로 저마다 가진 생각과 판단의 기준을 다른 이들과 나누게 해서 가치의 상대성을 받아들이게 하는 데 중점을 둔다 – 옮긴이)의 원리를 적용하려 했던 사례를 들려준다. 어느 날, 영악스러운 학생들이 커닝 행위의 가치를 높이 평가한다면서 교실에서 제한 없이 부정을 저지를 수 있도록 허용해주기를 공개적으로 요구하고 나섰다. 제 발등을 찍은 꼴이 된 교사는 "하지만 여긴 내가 담임을 맡은 학급이므로 절대 안 된다"는 식으로 반응할 수밖에 없었다. 결국 다

른 데서는 그래도 괜찮다는 소리가 된 셈이다. 그런 식의 도덕관념을 가지고 보자면, 학생들 가운데 절반이 커닝을 한다는 연구결과에 놀랄 수밖에 없다. 나머지 절반은 어떻게 참는 걸까?

옳고 그름의 정의를 바꾸는 것을 비롯한 도덕적 상대주의는 선과 악의 경계를 동시에 허무는 통로를 열어놓았다. 체코슬로바키아의 바츨라프 하벨Václav Havel 대통령은 초선 취임연설에서 국민들에게 경고했다. "사랑, 우정, 자비, 겸손, 용서 따위의 개념은 깊이와 폭을 잃었습니다. 그런 덕목들을 컴퓨터와 우주선으로 대표되는 시대와는 도무지 어울리지 않는 특수하고 희귀한 심리상태, 또는 고릿적부터 소식이 끊어진 나그네쯤으로 여기는 이들이 적지 않습니다."

진화심리학은 상대주의에서 한 걸음 더 나아가서 전혀 다른 차원에서 선을 바라본다. 즉, 선을 영원한 가치라든지 인간이라면 누구나 추구해야 할 보편적인 이상으로 여기는 게 아니라 '이기적 유전자'의 실용적 기능 정도로 파악하는 것이다. 아이러니하게도, 아우구스티누스는 악을 선의 왜곡으로 보는 반면, 현대 윤리학은 이기심의 표현으로 받아들인다. 고상하고 이타적인 선행을 포함해서 인간의 모든 행위는 자기고양self-enhancement이나 유전형질을 영구보존하는 역할을 할 따름이라고 생각한다. 에드워드 윌슨Edward O. Wilson은 마더 테레사의 행동을 설명하면서 그리스도를 섬기고 영원한 생명을 믿음으로써 안전감을 얻을 수 있었으리라는 점을 지적했다. 다시 말해서, 마더 테레사 역시 그런 이기적 동기에 따라 움직였으며 그만한 보상을 받았다는 뜻이다.

알츠하이머로 고생하는 아내를 돌보려고 대학총장에서 물러난 로버트슨 맥퀼킨Robertson McQuilkin은 어느 날 특별한 세미나에 참석했다. 발제자는 불치병과 씨름하는 부부 47쌍을 조사해본 결과, 남편과 아내 사이의 관계만 봐도 금방 숨을 거둘 환자를 100퍼센트 정확하게 짚어낼 수 있었다고 보고했다. "사랑이 생존에 도움이 된다"는 게 연구의 결론이었다. 맥퀼킨은 곧장 다른 모임에 들어가게 됐는데, 거기서는 한 전문가가 나서서 수많은 가정들이 병을 앓고 있는 식구를 요양시설에 보내지 않고 집에서 보살피는 까닭들을 열거했다. 압축하면 결국 경제적 사정이나 죄책감으로 요약된다는 사실을 알아차린 맥퀼킨이 물었다. "그럼 사랑은 뭐죠?" 전문가가 지체 없이 대꾸했다. "죄책감의 일종이겠죠."

현대 사회는 '선'의 개념을 다시 정의하면서 '죄'라는 의식을 총체적으로 폐기해버렸다. 영화 〈엉겅퀴 꽃Ironweed〉에서, 알코올중독에 걸린 헬렌은 촛불을 밝힌 제단 앞에서 하나님께 이야기한다. "주님은 그걸 죄라고 하시겠지요. 하지만 저는 결정이라고 부릅니다." 이제는 악한 행동들을 죄나 결정이 아니라 두뇌에 내장된 행동유형이 발현된 현상으로 보는 시각이 점점 힘을 얻어가는 추세다. 설탕덩어리나 다름없는 과자를 먹는 게 정서불안에 영향을 미쳤다는 이유로 살인범을 풀어준다. 국가기관은 대통령 후보의 불륜을 그만한 권력과 지위가 보장된 환경에 있는 인간이 보일 수 있는 정상적인 DNA 반응으로 간주하고 묵과해버린다. 워싱턴 DC 시장(매리언 배리Marrion Barry, 미시시피 주의 가난한 집안에서 태어나 민권운동을 하면서 흑인들 사이에서 큰 인기를 얻었지만 마약과 여성편력을 비롯한 갖가지 스캔들을 일으켰다 – 옮긴이)은 코카인 복용 사실이 드러나자 인종차별적 음모라고 반발했다. 존 치버John Cheever가 쓴 단편소설 주인공의 말마따나 "차곡차곡 쌓여가는 비난을 꿋꿋이 견디며 다른 한편으로는 책임을 전가시킬 만한 인물을 절박하게 찾아 헤매는 양심불감증"의 전형들이다. 현대인들은 화학적이고 유전적인 요인을 탓하는 데 익숙해져서 '악'은 더 말할 것도 없고 '잘못'의 개념마저 그 의미를 잃고 말았다.

이런 도덕적 혼란은 정신분열적 행동으로 이어진다. 특정한 부류의 윤리에 집착하거나 개인과 사회가 모두 산산이 부서지고 만다. 그런데 개인은 규칙을 준수하기는커녕 도덕률을 정확하게 이해할 능력조차 없다. 미국 대통령 선거에 출마한 게리 하트Gary Hart 상원의원은 도나 라이스라는 여성과 불륜관계라는 소문이 좀처럼 수그러들지 않자, 자신은 쇠렌 키르케고르의 《마음의 정결이란 오직 하나만 바라는 것Purity of Heart Is to Will One Thing》이란 책을 가장 좋아한다고 단호하게 선언했다.[1]

1960년대를 주름잡았던 급진적인 반전운동 지도자 애비 호프만 Abbie Hoffman은 투덜거렸다. "죄의식을 갖게 하는 걸 정말 싫어했다. '죄'라는 개념 따위는 늘 가톨릭교회에 맡겨버리고 신경 쓰지 않았다. '중국에서는 수백만 명이 굶주리고 있단다. 자, 저녁을 먹어라.' 네 살 때, 어머니가 이렇게 말하면 지체 없이 토를 달았다. '엄마, 누구 아는 사람 있으면 한 명만 대보세요.'" 그렇지만 죄의식을 부추기는 분위기에 사사건건 맞서고자 하는 의식은 억압적인 사회 및 부당한 전쟁과 맞싸우는 윤리적인 사회운동과 정면으로 충돌할 수밖에 없었다.

로버트 벨라Robert Bellah를 비롯한 연구팀은 저마다 독특한 방식으로 행동하는 이유를 규명하기 위해 평균적인 미국인들을 수없이 인터뷰한 끝에 '자기실현self-fulfillment'이라는 주요한 윤리체계가 존재한다는 사실을 밝혀냈다. 시카고 불스의 구단주 제리 레인스도르프Jerry Reinsdorf는 팀에서 은퇴한 마이클 조던의 사례를 들어 자기실현의 윤리를 그럴싸하게 요약해냈다. "조던은 아메리칸드림을 실현했습니다. 아메리칸드림이란 원치 않는 일은 아무것도 할 필요가 없고 원하는 바는 무엇이든 다 할 수 있는 삶의 경지에 오르는 겁니다." 이러한 철학을 고대 그리스의 미덕이나, "자기를 부인하고, 제 십자가를 지고, 나를 따라오너라"고 하신 예수님 말씀이나, 미국 독립선언서에 서명한 이들이 "생명과 재산과 신성한 명예를 걸고" 뜻을 모았던 맹세나, "조국이 무엇을 해줄 수 있을지 묻지" 말라던 존 F. 케네디의 연설과만 비교해봐도, 이 시대가 당면한 도덕적 혼란의 실체를 엿볼 수 있을 것이다.

현대 사회는 더 이상 도덕적 권위의 초월적 근원이라든지 합의된 선악체계에 매이지 않는다. 자신의 울타리 바깥에 있는 무언가에 토대를 둔 윤리를 상실했다. 물론, 누구나 자기중심적으로 움직이는 건 아니다. 희생과 신의, 이타적 정신을 가지고 부모나 배우자, 시민의 역할을 감당해가는 평범한 이들이 엄연히 존재한다. 하지만 벨라의 조사에 응한 사람들 가운데 그런 고결한 행동의 이유를 정확하게 설명하는 응답자는 거의 없었다. 질문자가 제시한 여러 선택지 가운데, 고상한 항목을 선택한 이들은 대부분 청교도적 전통에 뿌리를 둔 '마음의 습관'에 따랐을 뿐이었다. 그런 습관마저 제거해버리면 이 시대의 병리현상이 진면목을 드러낸다.

하버드 대학 교수이자 정신과의사인 로버트 콜스Robert Coles는 품성을 '아무도 보지 않을 때 행동하는 방식'으로 정의하면서, 고도로 발달된 도덕관념을 가진 양심적인 이들은 "월든 숲의 소로처럼 혼자 있는 상황에서도 누군가가 항상 지켜보는" 듯한 의식을 갖는다고 했다. 하지만 사이코패스나 반사회적 인격 장애를 가진 초도덕적인 인물은 지켜보는 이가 전혀 없다. 따라서 자신 말고는 도덕적 권위의 근원이 될 만한 게 없으며, 내면에서 들리는 소리라고는 "유년기에 정서적으로 학대를 당하며 겪었던 끔찍한 침묵이나 어린 시절 잔인하게 괴롭히던 악마 같은 목소리가 전부다."

연쇄살인범 제프리 다머Jeffrey Dahmer와 테드 번디Ted Bundy의 옥중 인터뷰는 콜스의 견해를 뒷받침한다. 어떻게 그런 짓을 저지를 수 있었느냐고 묻자, 둘 다 약속이나 한 것처럼 당시에는 하나님을 믿지 않았으며 믿고 의지할 데가 없었다고 대답했다. 상대적으로 정도가 가벼웠던 잔혹행위는 고문으로 변했으며 살인으로 이어졌다. 초도덕적 상태까지 곤두박질치는 동안 제동을 거는 손길은 안팎 어디에도 없었다. 양심을 자극하는 통증을 조금도 느끼지 못했던 것이다. 요컨대 이 살인마들은 필연적으로 150년 전, 찰스 다윈이 주장했던 원리를 좇을 수밖에 없었다. "인격적인 하나님이, 그리고 징벌과 보상이 따르는 미래가 존재한다는 사실을 확실하고도 상시적으로 믿어본 적이 없는 이들은, 내가 아는 한, 가장 강력하거나 최선처럼 보이는 충동과 본능을 따르게 마련이다."

현대인들은 '가장 강력한 충동'에 충실할 때 어떤 일들이 벌어지는지 정기적으로 보고를 받고 있다. 사이코패스는 물론이고 하루하루 잘못을 저지르며 사는 죄인들 모두에게 내면을 들여다보며 윤리적인 지침을 찾는다는 건 위험스럽기 짝이 없는 일이다. 둘째가라면 서러울 만큼 많은 연봉을 받는 골프선수 타이거 우즈는 성적인 부정을 저지르다가 꿈같은 결혼생활의 파국을 맞았다. 세련되고 명석한 영화감독 우디 앨런은 〈타임〉지의 인터뷰 요청을 받아들이고, 아내가 전 남편과 살며 낳은 아이를 성추행했다는 고발에 적극 대처하는 한편, 한국에서 입양한 스물한 살짜리 수양딸과 벌인 애정행각을 해명했다. "마음이 원하는 걸 했을 뿐입니다." 앨런은 말했다. "그런 일에는 논리가 끼어들 여지가 없어요. 누군가를 만났고 사랑에 빠졌어요. 그게 전부입니다."

개인의 권리와 자유에 대해 맹렬하리만큼 방어적인 현대 서구사회는 저마다의 판단을 궁극의 기준으로 삼는 새롭고 낯선 결정론과 시시덕거리고 있다. 극단적인 개인주의는 한없이 허약해서 금방이라도 무너져 내릴 수 있는 윤리 기반이라는 사실을 배워가는 과정인 셈이다.

하나님 없이 도덕이 가능한가?

흰 살코기를 더 많이 얻기 위해 특별히 사육하는 닭에서 날개가 돋아나오듯, 특정한 집단에서 도덕적 감각이 배태되는 걸 쉬 볼 수 있다. 오늘을 사는 인류는 날개 없는 닭들의 세대다. _플래너리 오코너

사회 전체가 날개 없는 닭들로 채워진다면 어떻게 될까? 오늘날 미국 사회에 만연된 도덕적 병리현상을 말하는 데는 깊은 사색이 필요 하지 않다. 지금껏 살아오는 사이에 폭력범죄 발생률은 무려 다섯 배로 폭증했다. 신생아의 40퍼센트는 혼외관계를 통해 태어난다. 결혼한 부부 가운데 절반은 이혼한다. 지상에서 가장 부유한 나라를 자부하지만 노숙인의 숫자가 웬만한 나라의 전체 인구와 맞먹을 지경이다. 애틀랜타에 있는 지미카터센터의 조사결과는 비교적 이른 나이(65세 이전)에 세상을 떠나는 이들 가운데 75퍼센트는 흡연, 과음, 부적절한 다이어트와 운동, 폭력, 또는 위험한 성행위처럼 스스로 선택한 행동들이 사망요인으로 작용했음을 보여준다.

이런 증상들이 익숙하긴 하지만, 증상은 그저 증상일 따름이다. 진단을 내리려면 합목적적 감각의 상실이라는 이면의 실상을 보아야 한다. 우리는 지금 인간이 스스로 어떤 부류의 인간이 되어야 할지, 더 나아가 그런 기준 같은 게 있는지조차 가늠할 수 없게 될 때 벌어지는 사태를 목격하고 있다. 알베르 카뮈는 《전락La Chute》에서 "하나님이 존재하지 않는다면, 인간은 성자가 될 수 있을까? 이것이야말로 오늘날 내가 아는 단 하나의 구체적인 문제"라고 했다.

저술 활동으로 퓰리처상을 두 번이나 받았으며 부질없이 세상을 소란스럽게 만드는 보수적 신앙인들과는 확연히 다른 궤적을 보였던 역사학자 바버라 터크만Barbara Tuchman은 빌 모이어스Bill Moyers에게 "옳고 그름의 차이를 인식하고 그 지배를 받는 윤리의식의 상실"이 걱정스럽다고 털어놓았다. "사시장철 마찬가지입니다. 어떤 신문을 펼치든 정부관리가 횡령이나 부패혐의로 기소됐다는 기사가 있습니다. 돌아다니며 동료들에게 총질을 하거나 누굴 죽였다는 얘기도 있습니다. … 스스로 물어봅니다. 어떤 민족이 물리적인 이유나 야만인의 침략이 아니라 윤리의식의 상실 때문에 몰락했던 적이 있었던가? 저는 분명히 그렇다고 믿습니다."

사회가 도덕적 가치를 권력과 부, 폭력과 쾌락을 추구하려는 욕구 위에 둘 때 문명은 일관성을 갖게 된다. 그리고 역사적으로 종교는 늘 윤리적 권위의 근원을 제공해왔다. 윌 듀런트 · 아리엘 듀런트Will and Ariel Durant 부부는 "우리 시대 이전까지는 역사를 통틀어 사회가 신앙의 도움 없이 도덕적 생명력을 유지해낸 전례가 없는 게 사실"이라면서, 예언적인 논평을 덧붙였다. "오늘날 가장 중요한 이슈는 공산주의와 개인주의, 유럽과 미국, 더 나아가 동양과 서양의 대립과 충돌이 아니라, 과연 인간이 하나님 없이 살 수 있느냐 하는 것이다."

하나님 없이 살아보겠다고 덤벼드는 문명에서 살아남은 생존자, 바츨라프 하벨은 위기의 실체를 정확히 꿰뚫어보았다.

하나님을 잃어버리면서 인간은 항상 만물, 특히 자신에 관해 설명할 수 있게 해주던 일종의 절대적이고 보편적인 좌표 시스템을 상실했다. 상대적이고 제각각인 좌표에 맞추다 보니 인간의 세계와 인격은 차츰 제각기 따로 노는 쪼가리들로 산산이 부서져나가기 시작했다.

사회정의라든지, 성, 결혼과 가정, 삶과 죽음의 의미 같은 윤리적 이슈에는 사회적 제한이 반드시 필요하다. 그렇지 않으면 이미 개인들에게서 흔히 볼 수 있는 부류의 정신분열적 현상들이 법과 정책에도 등장하기 시작할 것이다. 각종 미디어들은 진즉부터 갤럽 여론조사를 동성애, 혼전 성관계, 자살을 돕는 행위처럼 민감한 사안들의 옳고 그름을 가려주는 주요 결정권자로 여기는 추세다. 리처드 노이하우스Richard Neuhaus의 말마따나 "신앙 전통에 뿌리를 둔 윤리적 감수성과 결합된 법률이 절실하다." 미합중국의 기초를 놓은 인사들은 불완전하게나마 신앙적인 전통을 인정했지만, 현대인들 가운데 대다수는 그렇지 않다.

윤리적 한계를 초월하면, 옳고 그름을 가리는 기준이 변화무쌍한 속성을 가질 수밖에 없다. 예를 들어, 인류가 하나님의 형상대로 지음받지 않았으며 짐승과 별반 다를 게 없다고 가정한다면 어떻게 될까? 무엇을 근거로 인간에게 다른 종보다 더 많은 권리를 부여해야 한다고 주장할 수 있을까?

동물보호운동가들은 이 문제를 진지하게 생각한다. 심지어 〈와일드 어스Wild Earth〉라는 잡지에는 자발적 인류멸종을 주장하는 글이 실리기까지 했다. "여태까지 거기에 관해 깊이 생각해보지 않았다면, 인간이 전혀 존재하지 않는 세상이란 이미지가 낯설어 보일 수도 있겠다. 하지만 단 한 번이라도 그런 날을 머릿속에 그려본다면, 호모 사피엔스의 멸종은 곧 수십억은 아닐지라도 최소한 수백만을 헤아리는 지구 생물들의 생존을 의미한다는 사실에 공감하리라고 믿는다. … 인간종의 단계적 소멸은 이 땅의 사회적, 환경적 문제를 일거에 해결하게 될 것이다."

적자생존 이론에 목숨을 거는 교조적인 다윈주의자들이 위기에 처한 종을 보호하기를 요구하는 근거는 무엇인가? 성별을 기준으로 태아를 죽이고 살리는 인도나 중국의 실상[2]을 낙태시술자들이 맹렬하게 비난하는 이유는 무엇인가? 개인윤리에서 보이던 정신분열적 현상이 사회 전반으로 점점 확산되는 분위기다.

제임스 데이비슨 헌터James Davison Hunter는 텔레비전에서 아내를 버리고 장모와 함께 사는 남자들을 다룬 〈필 도나휴 쇼Phil Donahue Show〉를 보았던 얘길 꺼낸다. 더러 학대를 당하는 경우도 있었지만 잘 지내는 장모들도 적지 않았다. 패널로 참석했던 심리학자는 결론지었다. "잊지 말아야 할 중요한 사실이 있습니다. 옳고 그름은 애당초 존재하지 않는다는 겁니다. 비난받을 만한 얘기는 들은 게 없습니다. 출연자 여러분들의 고통스러운 사연을 들었을 뿐이죠."

헌터는 한 사회의 도덕적 합의가 총체적으로 무너지기 직전까지 몰렸음을 직감했다. 한편에서 "개인적으로 짐승을 잡아 바치는 제사 의식에 관심이 있습니다"라고 말하면, 누군가가 "아, 그래요? 저는 미소년과 나누는 사랑에 끌리던데"라고 받고, 이어서 "멋지군요. 하지만 제 취향은…"이란 소리가 따라 나오는 식이다. 그런 사고방식이라면 사드 후작이 《쥘리에트Juliette》에서 당당하게 주장하듯, "본래부터 금지된 건 없다"는 논리적 귀결에 이르게 마련이다. 이 소설에는 수십 명의 소년과 소녀, 남성과 여성을 성폭행하고 항문성교를 강요했으며 목숨까지 빼앗은 혐의로 기소된, 문자 그대로 짐승 같은 인물이 등장해서 "선악의 관념은 죄다 주관적일 수밖에 없다"는 말로 자신을 변호한다. "세상에 하나님은 없습니다. 선도 없고 정의도 없으며 좋고 유익하고 필요한 것도 없습니다. 끓어오르는 격정이 있을 따름이죠."

오늘날 미국의 사법당국은 종교법이나 자연법을 완전히 제쳐둔 채, 사건의 시비를 가리느라 진땀을 흘리고 있다. 뉴욕 주는 어린아이들을 포르노 필름에 등장시키는 것을 금지하는 법을 통과시켰는데, 시민적 자유주의자들의 반대를 의식해서 윤리나 신앙이 아니라 정신건강에 토대를 둔 법률이라는 점을 법안에 명시했다. 얼마 전에는 대법원이 나서서 일부다처제와 같은 윤리적 사안들에 관한 사회 전반의 보편적 합의가 필요하다고 호소했다. 나로서는 기록문화 가운데 84퍼센트가 그 관습이 행해졌음을 증언하는 일부다처제나 근친상간, 동성애를 법원이 어떤 논리를 동원해서 규제할 수 있을지 의심스럽다. 이런 도덕적 금기에는 백이면 백, 신앙적 토대가 있다. 따라서 그 기반을 무시한다면 어디서 그 관행을 금지할 이유를 찾을 수 있다는 말인가?

여기서 지극히 기초적인 질문을 던져야겠다. 윤리적으로 중립적인 현대 사회에서 결혼을 어떻게 볼 것인가? 한 친구는 스스로 게이임에도 불구하고 동성 간의 결혼을 요구하는 세태에 문제가 있다고 본다. "형제끼리 서로 깊이 사랑하며 평생 상대만을 위해 살겠노라고 주장하고 나선다면 무슨 수로 떼어놓겠어요? 유산 상속이나 의료보험 혜택을 받는 데도 더 유리할 테고요. 사건이기는 하지만, 결혼 같은 제도에는 좀 더 중요한 원칙 같은 게 있어야 한다고 생각해요." 그렇다면 무엇이 결혼의 성패를 가름하는가?《마음의 습관들Habits of the Heart》의 지은이는 정밀하게 조사를 해보니, 헌신된 크리스천 말고는 배우자와 결혼생활을 유지하는 이유를 제대로 설명할 능력을 갖춘 이가 거의 없더라고 했다. 결혼을 사회계약으로 본다면, 그 관계는 주관적이고, 유동적이며, 얼마든지 새로이 정의될 수 있는 개념이 된다. 그러나 하나님이 설계하신 성례라고 믿는 경우, 얘기는 완전히 달라진다.

페미니스트 사상가들은 성윤리에 관한 전통적인 논거를 흔드는 데 앞장서왔다.《성의 침묵*The Erotic Silence of the American Wife*》을 쓴 델마 헤인Dalma Heyn은 현대 여성들을 가리켜 결혼이라는 제단에 부자연스럽게 얽매여 참다운 필요와 욕구를 포기한 채 살아가는 존재들이라면서 냉소적인 어투로 쏘아붙였다. "물론, 완벽한 아내란 텔레비전에 나오는 도나 리드Donna Reed(미국의 영화배우. 〈지상에서 영원으로From Here To Eternity〉를 비롯한 여러 작품에 출연했다. 미국의 올드팬들에게 순박하고 어여쁜 시골 처녀의 이미지로 남아 있다 – 옮긴이) 같은 여자다. 자아가 희미하게 흐려지는 정도와 정비례해서 그 미덕이 도드라지는 스타일이다." 헤인은 도나 리드 증후군을 치료하는 방법으로 혼외정사를 강력히 추천했다.

바버라 에런라이크Barbara Ehrenreich 역시 〈타임〉지에 기고한 글에서 이런 논리를 폈다. "마침내 섹스는 재생산 작업이라는 과도하게 진지한 개념에서 탈피할 수 있게 되었다. … 지나치리만치 많은 인간들이 북적대는 세상에서 그나마 통할 수 있는 단 하나의 윤리가 있다면, 서로 호감을 품고 있으며 상호 합의한 성인들 사이에서 섹스는 마땅히 놀이의 영역에 들어가야 한다는 사실뿐이다."

에런라이크와 헤인은 섹스를 신앙이 부여한 합목적적 의미라든지 인간의 본능과 직관을 초월하는 도덕률 따위와 분리하고 있다. 하지만 서로 호감을 느끼고 합의한 성인들에게 경험의 제한을 두는 까닭은 무엇인가? 섹스가 단순히 유희의 차원이라면 어째서 로마인이나 그리스인들처럼 남색을 관대하게 용인하지 않는가? 어째서 어린이들을 성적으로 학대한 성직자들을 향해 그토록 분개하는가? 열여덟 살이라는 나이를 기준으로 택해서 한쪽은 아동성폭력으로, 다른 한쪽은 놀이에 푹 빠지는 행위로 구별하는 이유는 어디에 있는가? 성행위가 그저 놀이에 불과하다면 왜 근친상간을 저지른 이들을 비난하는가?[3]

윤리의 고삐가 풀린 이상한 나라의 앨리스 풍의 세계에는 전통적 윤리관이 깃들일 여지가 거의 없다. 캘리포니아 주정부가 성교육 프로그램 도입을 추진할 당시, 미국시민자유연맹ACLU, American Civil Liberties Union은 공식 각서를 보냈다. "유감스럽게도 ACLU는 공립학교에서 성교육을 실시하도록 규정한 SB 2394 법안에 반대의사를 표명하는 바입니다. 일부일처적인 결혼관계의 울타리 안에서 이성애를 강조하는 게 미국의 전통적 가치기준인 것처럼 가르치는 교육은 공립학교에서 일방적으로 종교교리를 주입시키는 행위라는 게 본 연맹의 입장입니다. 따라서 SB 2394 법안은 미국수정헌법 제1조에 명백하게 위배된다고 믿습니다."

앞뒤가 꽉 막힌 '꼰대' 취급을 받고 싶지는 않으니, 논점을 분명히 하겠다. 오늘날 세속주의자들이 전통적 도덕관념에 반기를 드는 까닭을 묻는 게 아니라, 그들이 특정한 도덕률을 한사코 방어하려는 근거가 무엇인지 알고 싶을 따름이다. 미국의 법체계는 낙태와 관련해서 여성의 선택권을 강력하게 지지하고 있다. 하지만 왜 거기서 그치는가? 역사를 통틀어, '유기'야말로 원치 않는 아이를 처리하는 수단

중 단연 으뜸이었다. 로마인들이 그랬고, 그리스인들이 그랬다. 루소가 살아서 활동하던 시기에도 파리에서 태어난 아이들 가운데 3분의 1은 버림받았다. 하지만 우리 시대, 그것도 미국에서 엄마가 자식을 시카고 골목에 버리거나 10대 둘이 갓 낳은 아기를 쓰레기통에 집어넣었다간 당장 고발당할 것이다.

어느 중산층 부부가 알츠하이머병에 걸린 부모를 돌보기가 귀찮아서 방치했다든지, 껄렁거리는 아이들이 다섯 살배기 꼬마를 고층건물에서 창밖으로 밀어버렸다든지, 열 살짜리 여자아이가 복도 한 귀퉁이에서 성폭행을 당했다든지, 인생을 즐기는 데 거추장스럽다며 엄마가 두 아이를 물에 빠트려 죽였다는 소식을 들으면 너나없이 분노에 치를 떤다. 왜 그런가? 윤리가 본질적으로 제각기 알아서 결정해야 할 사안이라고 정말 믿는다면 도대체 무얼 근거로 그처럼 맹렬히 분개하는가? 그런 범죄를 저지른 파렴치범들은 한 점 거리낌이 없었다. 히틀러의 나치 친위대원들이 유대인들을 학살하면서 눈곱만큼도 죄책감을 느끼지 못했던 것이나 매한가지다. 도덕성이란 것이 개인 스스로가 결정할 수 있는 게 아니라면 누가 그 결정을 내려야 하는가? 무얼 기준으로 판단할 것인가?

보수적인 크리스천들과 원만하지 않았던 클린턴 정부는 교도소선교회Prison Fellowship나 구세군, 십대선교회Teen Challenge처럼 전통적 윤리관에 충실함에도 불구하고, 아니 어쩌면 그러기에 더욱 신앙을 기반으로 범죄와 중독, 빈곤 따위의 문제들과 맞서 싸우는 사회봉사단체들에 대한 규제를 대폭 완화했으며, 조지 W. 부시와 버락 오바마 정부도 그런 정책기조를 그대로 이어받아 시행했다. 이제 도덕적인 시민들이 다수를 차지하는 국가가 가장 잘 돌아간다는 사실을 정치인은 물론이고 교육자와 언론인들까지 인식하기 시작하고 있다. 가정을 온전하게 지키고, 갖가지 중독에 끌어들이려는 유혹을 물리치며, 고상한 일에 자원하고, 정의를 추구하는 따위의 덕목들은 건전하고 건강한 사회를 이루는 데 반드시 필요한 핵심 요소인데, 신앙이야말로 그런 필수영양소들을 공급하는 원천이 될 수 있다.

유진 리버스Eugene Rivers 목사는 보스턴 도심에서 벌어지는 폭력사태의 본질과 해법을 이렇게 지적한다. "가시철망과 더 많은 10대 흑인 무법자들을 길러낼지, 아니면 시민사회와 더 강력한 흑인교회들을 만들지 둘 중 하나입니다. 간단합니다." 유대인 의학교수인 데이비드 C. 스톨린스키David C. Stolinsky 역시 같은 얘기를 조금 다른 방식으로 풀어낸다. "밤길을 나서기가 무서운 건 복음전도자들이 떼로 몰려들어 강제로 신약성경을 읽힐 가능성이 높아서가 아니라 자기 욕구와 감정이 가장 중요하다고 배운 거리의 젊은 패거리들과 마주칠 수 있기 때문입니다."

시편 기자는 "기초가 바닥부터 흔들리는 이 마당에 의인인들 무엇을 할 수 있겠는가?"라고 부르짖었다. 도덕적 정신분열증을 앓고 있는 사회의 한복판에 사는 크리스천들은 단순히 '의로워지는' 수준 이상의 행동을 보여야 한다. 의로워질 이유를 제시해야 하고, 초월적 세계를 가리켜 보여주어야 하며, 개인뿐만 아니라 역사와 뭇 민족을 다스리시는 주 하나님을 섬기는 피조물의 감각을 되살려내야 한다.

정부가 결정한다?

> 현대 세계는 권위와 압제, 자유와 방종을 구별 지을 원칙이 결핍되어 있
> 는 것처럼 보인다. 그런 원칙이 존재하지 않는 한, 인간으로서는 방종의
> 양극단을 오갈 수밖에 없다. _시몬 베유

과거에는 가정과 교회, 학교가 주입시킨 도덕적 가치가 법보다 우
선하는 양상이었다. 지금은 다들 정부를 바라보며 가치기준을 결정
해서 법으로 제정해주길 기대한다. 기독교를 비판하는 목소리를 들
어보면 교회가 도덕적 가치의 매개체가 되기에 부족함이 많았음을
알 수 있다. 그동안 교회는 수없이 많은 잘못을 저질러왔다. 십자군
전쟁을 일으키고, 과학자들을 견책하고, 선량한 이웃을 마녀로 몰아
불태워 죽이고, 노예 매매에 개입했으며, 독재정권을 지원했다. 그럼
에도 불구하고 교회는 초월적인 도덕적 권위의 기반 위에 서 있는 까
닭에 고유한 자정능력을 보유하고 있다. 인류가 어떠한 초월적 근원
에도 매이지 않으려 하면서 윤리를 재정의하는 루시퍼의 잡일이나
하려 든다면 지옥문이 열린 듯 대혼란이 일어나고 말 것이다.

낙태논란이 막 불붙기 시작할 무렵, 소설가 워커 퍼시Walker Percy는
〈뉴욕타임스〉에 보낸 편지에서 금세기 초 독일에서 출간된 출판물들
가운데 영향력이 가장 큰 책은 아마《무가치한 생명파괴를 위한 변명
The Justification of the Destruction of Life Devoid of Value》일 것이라고 했다. 지
은이는 나치가 아니라(히틀러는 아직 역사의 현장에 등장하기도 전이었다)
탁월한 법학자이자 뛰어난 정신과의사였다. 나치가 집권하기 이전의

독일을 통틀어 최고의 지성을 자랑하는 인물이 사회적으로나 유전적으로 부적절하며 바람직하지 않은 인간들을 처치하는 방식으로 독일인의 혈통을 개선하겠다고 나선 것이다. 퍼시는 "나치가 그런 발상을 어디에 써먹었는지는 두말할 필요가 없다"면서 이렇게 말했다. "일단 선을 넘으면, 그러니까 그 원칙이 사법적으로, 의학적으로, 사회적으로 용인되고 나면 어떤 이유로든(더할 나위 없이 고상한 사회경제적, 의학적, 사회적 명분을 내세워서라도) 선량한 인간의 삶을 파괴할 수 있으며, 그렇게 되면 굳이 예언자가 나타나지 않아도 곧이어, 금방은 아니더라도 조만간 무슨 일이 벌어질지 충분히 예견할 수 있다."

독일에서 실제로 그런 일이 벌어졌고 러시아와 중국, 캄보디아도 그 뒤를 따랐다. 정부는 윤리를 전면적으로 개편했다. 히틀러는 독일인들에게 교회와 가정에서 받은 교육보다 당의 강령이라는 상위법을 따르라고 명령했다. 나치 선동가들은 성경의 계시를 '유대인의 사기'로 몰아가는 한편, 자신들이 창조세계의 자연스러운 질서 속에서 관찰했다는 일반계시를 강조했다. 레닌은 러시아인들에게 타고난 양심 대신 혁명정신을 받아들이라고 요구했다. 뿐만 아니라, 도덕과 정의가 지배하는 새로운 시대로 안내하는 사회주의 신新인간의 출현을 예고했지만, 정작 나타난 건 구시대적 인간형의 악마적 변형판이었다.

카뮈는 오늘의 인류는 정의의 지배로 은혜의 통치를 대체하려는 저항에 직면했다고 했다. 그리고 그 결과 히틀러와 스탈린, 마오쩌둥과 폴 포트 치하에서 정의가 가득한 새 시대를 만든답시고 1억 명이 넘는 사람이 희생당했다. 특히 소비에트연방은 하나님 없이 무언가를 해보려고 안간힘을 썼다. 1983년, 템플턴 강연에서 솔제니친은 이렇게 말했다.

> 50년도 더 됐으니까, 아직 어린애였지만, 여러 어르신들이 러시아에 닥친 엄청난 재앙을 나름대로 해석하는 소릴 들었던 기억이 납니다. "사람들이 하나님을 잊어버렸어. 그 탓에 이 모든 일들이 벌어지는 거지." 혁명의 역사는 그로부터 50년 가까이 이어져왔습니다. 그 과정에서 수많은 책을 읽고, 허다한 이들의 개인적인 증언을 수집했으며, 여덟 권의 책을 써서 격동의 잔해를 말끔히 치우는 데 힘을 보탰습니다. 하지만 오늘날 6천만 명을 웃도는 인명을 앗아간 혁명이 파산지경에 이르는 주원인을 될 수 있는 대로 똑 부러지게 설명해달라는 요청을 받는다면, "사람들이 하나님을 잊어버렸어. 그 탓에 이 모든 일들이 벌어지는 거지"라는 말을 되풀이할 뿐, 더 정확하게 표현할 길이 없습니다.

솔제니친은 이어 말했다. "저는 오늘날 러시아를 영적으로 치료할 수 있는 살아 숨 쉬는 영적인 힘이 있다면 기독교뿐이라고 생각합니다." 연설을 할 당시만 해도 소비에트연방공화국은 여전히 맹위를 떨치는 슈퍼파워였고, 솔제니친은 사방에서 구시대적 발상이란 비판을 받았다. 하지만 수십 년이 지난 지금은 바로 그 나라의 지도자들의 입에서 종종 비슷한 주장들이 새어나오고 있다.

물론, 중국을 제외하면 오늘날 공산주의의 위험은 완전히 사라지다시피 했다. 서구 세계 시민들은 안전감을 넘어 승리감까지 느끼면서 테러리즘과 경제 불안이라는 새로운 적에게 눈길을 돌린 지 오래다. 하지만 야수는 여전히 우리 밖을 배회하고 있다. 나치즘과 공산주의를 길러낸 정신적인 원천은 아직도 인류의 마음속에 살아 있다. 하나님이 없다면, 그리고 죽음이 끝이라면, 도스토옙스키가 말한 대로, "무슨 짓이든 다 가능하다."

현대인들은 정신지체를 가진 이들을 몰살시키는 나치의 정책을 돌아보며 몸서리를 친다. 하지만 불과 얼마 전에, 지능지수가 높은 이들의 모임인 멘사는 정서장애를 가졌거나 거처 없이 거리에서 사는 이들을 포함해 '바람직하지 않은' 시민들을 제거해야 한다고 주장하는 글이 실린 뉴스레터를 발행했다. 지금도 중국 당국은 태아에게 정신지체를 비롯한 장애가 발견되면 낙태를 강요할 뿐만 아니라, 이미 자녀를 둔 가정에서 태어난 '인가받지 못한' 아기를 공공연히 살해하고 있는 실정이다. 미국도 크게 다르지 않다. 일부 몇몇 주에서는 보험회사의 압박이 작용해서 다운증후군을 가진 태아의 출산율이 60퍼센트까지 낮아졌다. 나머지 아기들은 태어나지도 못하고 엄마 배 속에서 최후를 맞는다.

〈타임〉지가 가장 영향력 있는 인물 100명 가운데 하나로 꼽은 프린스턴 대학의 생명윤리학 교수 피터 싱어Peter Singer는 한술 더 떠서, 장애를 가진 신생아와 일부 성인들을 안락사시켜야 한다고 주장한다. 그의 친가와 외가의 조부모가 모두 유대인으로 그 가운데 셋이 독일의 게토와 강제수용소에서 사망했으며, 부모 역시 빈에서 호주로 탈출했던 사실을 감안하면 도무지 연결이 되지 않는 사태다. 언젠가는 결정권을 독점할 수 있었더라면, 알츠하이머에 걸린 어머니는 삶을 이어갈 수 없었을 것이라고 호언하기도 했다.

워커 퍼시는 〈뉴욕타임스〉에 보낸 편지를 이렇게 마무리 지었다. "원치 않는 태중의 아기를 지우는 권한을 여성에게 부여하는 데 찬성하는 다수의 성향과 여론조사 결과에 비춰볼 때, 지금부터 10년, 또는 50년 뒤에 유권자들이나 사법당국이 쓸모없는 노인네와 발달이 늦은 아이들, 반사회적인 흑인과 불법체류 중인 히스패닉계 이주민들, 집시와 유대인들을 제거해버리리라고 상상하는 건 어려운 일이 아니다. 못할 까닭이 뭐란 말인가? 다수가, 여론조사 결과가, 당시의 집권당이 원하기만 하면 그만인 것을."

권리를 부여할 창조주가 없다면

세속적인 사상들은 18세기부터 줄곧, 종교가 아니라 이성을 윤리의 근거로 삼으려고 애써왔다. 하지만 그 누구도 한 사람 한 사람의 절대가치를 확립할 방도를 찾지 못했다. 짐승 또는 다른 인간과 비교해서 상대적 가치를 확인하는 건 가능하지만, 저마다 절대적이고 영원한 가치를 갖는다는 사상은 기독교, 그리고 그 이전부터 존재하던 유대교에서 비롯되었으며 다른 고대철학과 종교에서는 전혀 찾아볼 수 없는 사고다.

예를 들어, 플라톤은 행위로 인간의 가치를 평가했다. 범죄자는 인간다운 대접을 받을 권리를 박탈당했으므로 고문을 당해도 불평할 수 없었다. 기독교 사상에 따르면, 인간은 유일하게 본질적인 평가기준을 가지신 하나님으로부터 절대적 가치를 부여받는다. 하나님은 인간을 그분의 형상을 따라 영원한 존재로 지으셨다. 명석하든 지능이 떨어지든, 노예든 자유인이든, 도덕적인 시민이든 범죄자든 그 사실에는 변함이 없다. 인간의 존엄성과 가치는 하나님의 존엄성과 가치에서 나온다.

미국을 세운 국부國父들은 '양도할 수 없는unalienable'이라든지 '창조주로부터 부여받은endowed by their Creator' 따위의 표현들을 헌법 전문에 포함시켜가면서 개인의 권리를 초월적 근원과 결연히 연결시키려 노력했다. '세상을 심판하는 가장 높은 재판장Supreme Judge of the world'과 '거룩한 섭리divine Providence'에 의지해야 한다는 사실을 의식하고 있었던 것이다. 초월적인 전능자 안에서 권리들을 보장해서 인간의 권력이 하나님이 주신 권한을 침해하지 못하게 하려는 의도였다.

그런데 만일 그런 권리를 부여할 창조주가 존재하지 않는다면, 어디다 토대를 두고 '누구에게도 양도할 수 없는 인권'을 부르짖을 수 있다는 말인가? 오늘날 바로 그 질문이 공공연하게, 그리고 광범위하게 제기되고 있다. 제4장을 시작하면서, 세상에서 가장 똑똑한 여성이 받았던 질문 이야기를 했다. 메릴린 보스 사반트는 로버트 자비크Robert Jarvik와 결혼했는데, 로버트는 인공심장을 발명한 과학자답게 한층 현대적인 세계관을 표명했다.

사실 기본인권은 실체가 없으며 인류가 만들어낸 개념에 지나지 않는다. 법률로 서로를 보호하기 위해 다 같이 준수하기로 동의한 관습인 셈이다. 동물의 기본권이라는 게 존재하는가? 식물의 기본권이라는 게 있는가? 태양이 완전히 타 없어지거나 방사능 구름에 완전히 가려졌을 때, 식물에게 무언가를 보장받을 기본적인 권리가 있을까? 언젠가 인류는 스스로 자연의 일부일 뿐, 중뿔난 개체가 아니라는 사실을 깨닫게 될 것이다. 사람은 바이러스와 차별된 특별한 권리를 지닌 게 아니다. 인권이란 인간이 지성과 연민을 바탕으로 스스로 만들어낸 관념이다.

그런 식이라면, 미국 대표단이 중국이나 싱가포르 측 상대와 인권협정 초안을 짜기 위해 마주 앉는다 쳐도, 공통기반은커녕 스스로 딛고 설 논리적 토대마저 분명치 않게 마련이다. 미합중국을 건설한 인물들은 인간의 존엄성을 피조물에 내재된 최소한의 가치로 여겼다. 시민으로서 갖는 그 어떤 '공적' 지위보다 우선한다고 본 것이다. 창조주의 존재를 무시하는 순간, 모든 게 협상 테이블에 오르게 된다. 인류는 사회와 우주의 질서를 이어주는 고리를 끊어냄으로써 실질적으로 사회질서의 효력을 무너뜨려왔다.

여성과 소수계층의 권리를 보호하고 환경을 지키는 '정치적 명분'이 확고한 운동들이 역사적으로 그런 움직임에 토대를 제공해온 기독교, 또는 교회와 대립하는 위치에 서는 경우가 많다는 건 현대 사회의 아이러니 가운데 하나다. 노예제도를 종식시킨 힘은 기독교, 오직 기독교에서 나왔다. 똑같은 에너지가 초기 노동운동, 여성참정권운동, 인권운동, 시민권운동을 이끌었다. 로버트 벨라에 따르면, "미국 역사를 통틀어 굵직굵직한 이슈들이 있을 때마다 신앙공동체가 공개적으로 커다란 목소리를 내왔다."

이런 운동들 가운데 대다수는 신학적 원리를 엔진으로 삼았다. 예를 들어, 크리스천들은 신앙에서 추진력을 얻어 완강하게 노예제도와 맞서 싸울 수 있었다. 노예제도와 여성차별은 둘 다 다윈주의에 토대를 둔 시대착오적 발상에서 출발했다. 아리스토텔레스의 관점을 따르고 있는 것이다.

> 고분고분 말 잘 듣는 짐승이 야수보다 나은 건 두말할 필요가 없지만, 길들여진 동물들에게도 인간의 지배 아래 사는 이점이 있다. … 태생적으로 자유로운 인간과 종속된 노예가 존재하는 건 분명한 사실이며, 이는 노예된 이들에게 유리하고도 정당한 일이다. … 태어나는 순간부터 복종하게 되어 있는 부류가 있는가 하면 지배하도록 되어 있는 인간이 있다.

윌리엄 윌버포스William Wilberforce가 벌인 노예해방 운동은 크리스천들이 두고두고 칭송해야 마땅한 역사적 사실이다. 윌버포스는 흑인들을 값싼 노동력의 원천으로 여기는 기업가들과 유용한 경제수단쯤으로 치부하는 정치가들은 물론, 아예 열등한 인간으로 보는 데이비드 흄 같은 철학자들과도 맞서 싸웠다. 윌버포스와 한편에 선 크리스천들은 노예의 유용성을 뛰어넘어, 하나님이 지으신 인간으로서 기본적으로 갖는 가치에 눈길을 주었다.

희한하게도, 우리 시대의 운동가들은 윤리논쟁을 벌일 논리적 기반을 내팽개치면서도 그 논쟁 자체는 포기하지 않는다. 도덕적인 주장(노예를 소유하고, 여성을 성폭행하고, 아이들을 학대하고, 환경을 파괴하고, 동성애자를 차별하는 건 잘못이라는)을 계속하지만, 더 높은 권위를 인정하지 않는 탓에 윤리적 판단을 호소할 대상이 없다.

현대 사회의 주요한 이슈들은 보통 공리적이거나 실용적인 논리에 근거를 둔다. 하지만 아리스토텔레스나 데이비드 흄도 바로 그 토대 위에서 노예제를 강력히 옹호하는 주장을 폈다. 히틀러 또한 실용성을 기준으로 유대인과 '결함이 있는' 인간들을 제거하는 인종말살 정책을 밀어붙였다. 우리 시대의 사상가들이 윤리적 권위의 원천을 인간의 집합적 감성이 아닌 다른 곳에서 찾아내지 못한다면, 현대인들은 도덕적 합의를 이루지 못하고 이리저리 위태롭게 휘둘릴 공산이 크다.

좀 더 가까운 예를 들어보자. 환경문제는 점점 더 도덕적인 이슈로 자리매김하고 있다. 첨단기술 덕분에 인류는 지구의 모양을 바꾸고, 자원을 개발해서 이용하며, 그 열매에 기대어 자신과 후손들이 누리는 삶의 질을 끌어올리거나 떨어뜨릴 능력을 갖추게 됐다. 환경운동을 이끌었던 초기 지도자들은 크리스천들을 지목해서 "생육하고 번성하여 땅에 충만하라"는 하나님의 명령에 지나치게 충실하다고 비난했다. 그러나 최근 들어, 환경운동가들은 크리스천을 끌어들여 합의를 이루어야 한다는 사실을 인식하기 시작했다. 모든 피조물은 예외 없이 하나님께 받은 사명이 있으며 인간은 하나님의 세계를 관리하는 청지기라는 기독교 신학은 논리정연하게 정당성을 주장할 수 있는 완벽한 윤리적 기반을 제공한다. 반면에 자연주의 철학은 그런 디딤돌 구실을 할 수 없다. 자연도태설을 완강하게 고집하는 자세는 더 광범위한 지배와 착취를 부추길 따름이다. 체코슬로바키아의 전 대통령 바츨라프 하벨의 이야기를 다시 한 번 들어보자.

저는 숲들이 말라 죽어가고, 강물이 시궁창처럼 보이고, 전국 각지에서 시민들에게 창문을 열지 말라고 권고하는 나라에서 왔습니다. … 장구한 세월 동안 아황산가스라는 해괴망측한 수출품을 유럽 전역에 공급했던 국가 출신입니다. 이처럼 끔찍한 환경을 만든 요인이 무엇인지를 생각할 때마다, 날이면 날마다 조금이라도 빨리 상황을 개선하려는 노력을 가로막는 장벽에 부딪힐 때마다, 이런 상태를 만든 근본원인은 기술적이거나 경제적인 요소가 아니라 철학적인 문제라는 결론에 거듭 도달할 수밖에 없습니다. 개인적으로 마르크스주의 이데올로기와 공산주의 통치방식은 스스로 온 자연과 세상의 중심을 차지하고 앉은 새로운 세대의 인간이 보여주는 극단적이고 위태로운 오만함의 정점이라고 믿습니다. 그런 인간들에게는 정신적 지주가 없습니다. 자연을 마주하는 겸허한 자세와 거기에 대한 책임감이 결여되어 있다는 얘깁니다. 제 생각을 간단한 문장으로 정리하라면 이렇게 표현하고 싶습니다. '아빠 엄마가 하나님을 믿기만 하면, 아이들은 방독면을 쓰고 학교에 가지 않을 것이며 눈이 짓물러 앞을 보지 못하는 사태도 벌어지지 않을 것이다.'

5

진화심리학은
믿을 만한가?

기자: 서구 문명을 어떻게 보십니까?

마하트마 간디: 멋진 아이디어가 될 수 있을 겁니다.

    미국과 유럽은 사상 최대 규모의 정체성 위기를 겪고 있다. 개인윤리와 사회관습, 정치, 법률을 포함한 온갖 벡터들이 도덕적 권위가 뿌리부터 흔들리고 있음을 가리키고 있다. 얼마 전에는 마르크스주의와 모더니즘(이성과 과학, 진보를 신앙하는 계몽주의적 세계관)이라는 두 신이 최후를 맞는 바람에 커다란 진통을 겪었다. 물질적으로는 번영을 구가할지 모르지만, 정신적으로는 정처 없이 표류하는 중이다.

    새로이 대두된 진화심리학은 마치 의미와 가치가 흔들리는 현실에 해법이라도 되는 듯, 위가 아니라 아래, 다시 말해서 창조주가 아니라 자연을 보라는 뻔뻔스러운 주장을 펴면서 지배적인 위치를 차지했다. 걷잡을 수 없는 진화의 산물이라는 인간은 DNA에 기록된 것 외에 다른 목적론을 탐색하며 스스로를 기만하고 있다. 모든 행동은 자연도태의 소산인 유전자의 지배를 받으므로, 다른 종을 연구하면서 특정한 습성이 선택받는 적자생존의 이유를 추적하는 방식으로 자신을 파악하려 든다. 진화심리학이라는 새로운 학문은 방자하기 이를 데 없다. 하버드 대학의 로버트 트리버스Robert Trivers 교수는 "조만간 정치학, 법학, 경제학, 심리학, 정신의학과 인류학이 모두 사회생물학의 곁가지로 편입될 것"으로 내다본다. 어쩌면 윤리학도 그 명단에 끼워 넣었을지 모른다.

로버트 라이트Robert Wright, 에드워드 윌슨, 프란스 드 발Frans de Waal, 리처드 도킨스Richard Dawkins, 대니얼 데닛Daniel Dennett, 존 메이너드 스미스John Maynard Smith, 매트 리들리Matt Ridley, 라이얼 왓슨Lyall Watson 같은 진화심리학 계열의 저술가들은 재주가 많고 즐거움을 선사할 줄 알며, 글에는 새와 벌, 침팬지에 관한 생생한 설명이 가득하다. 구애행위, 바람기, 모성본능, 가십, 사회조직 따위를 혼이 쏙 빠지도록 흥미진진하게 묘사한다. 〈타임〉 같은 시사 잡지들은 앞을 다퉈가며 이런 필자들에게 지면을 내주고 빈민가에서 벌어지는 갱들의 집단행동이나 수도 한복판에서 일어나는 성문란의 본질을 규명하는 글을 써달라고 요청한다. 한 줄 한 줄이 얼마나 매력적인지 진화심리학자들은 만물박사의 반열에 올랐다. 인간의 실체와 우주 속에서 맡은 역할을 이해하도록 돕는 스승이 된 것이다.

하지만 지대한 영향력에 비해 진화심리학이란 학문의 기초는 허약하기만 하다. C. S. 루이스가 언젠가 지적했던 것처럼, 첫 계산이 잘못됐다면 그 위에 무얼 보태는 건 오류의 폭을 더 키워갈 뿐이다.

진리라고 가정했던 게 처음부터 엉망이었다. 진화심리학자들도 여느 저술가들처럼 독자들이 추리력을 동원해서 글을 평가해주길 기대한다. 그러나 진리 개념 자체가 자연선택의 산물이라면 무얼 근거로 판단을 내려야 하는가?

마이클 폴라니Michael Polanyi를 비롯한 여러 학자들이 보여주듯, 과학은 증명되지 않는 가정에 의존한다. 나는 우주가 질서정연하고 신뢰할 만하며 자연법칙은 반복해서 실연될 수 있다고 믿는다. 사사건건 임의성을 인정한다면 과학은 존재할 수 없다. 뿐만 아니라, 올바른 과학은 스스로 세운 가설을 비판하고 공격하는 실험에 몰두할 정도로 철두철미하게 정직성이라는 도덕적 기반 위에 구축되는 학문이다.

하지만 철학적 자연주의는 인간의 가장 본질적인 능력, 곧 판단하는 두뇌의 사고기능에 물음표를 붙이고 있다. 인지적 추론 능력이 이기적 유전자의 여러 얼굴 가운데 하나라면, 어째서 전적으로 이성에 기대어 인간이 다른 종보다 더 적합함을 입증하려 드는가? 객관적 진리라는 지극히 중요한 관념을 제쳐두고 진화심리학이나 과학 그 자체에 매달리는 까닭은 무엇인가?

미겔 데 우나무노Miguel de Unamuno의 풍자적인 소설을 보면, 인간 사고와 천재성이 낳은 한 인물이 비이성적 동물성의 소산인 지은이보다 비교할 수 없을 만큼 더 강한 실재성을 지닌다는 놀라운 사실을 두고 작가와 맞서는 대목이 나온다. 우나무노는 현대인의 자아 개념에 치명적인 흠결이 있음을 그렇게 진단해 보여주었던 것이다.

철학자 리처드 로티Richard Rorty는 "한 생물 종이 다른 모든 종들과 달리 나날이 번영하기를 추구하지 않고 진리를 좇는다는 관념은 인간이 저마다 내면에 도덕적 나침반, 즉 사회 역사는 물론 개인의 운명과도 상관없이 움직이는 양심을 가지고 있다는 발상만큼이나 비진화론적"이라고 말한다.

수많은 이들이 인정하다시피, 객관적 진리가 있다고 완강하게 고집하는 기독교적 유신론을 배경으로 근대과학이 발전했다는 건 우연이 아니다.

알빈 플란팅가Alvin Plantinga를 비롯한 철학자들은 진화심리학의 가설들을 면밀히 살피기 시작했지만, 과연 그 인식론으로 성공을 거둘 날이 올지 의심스럽다. 나는 '초도덕의 위기'라고 이름붙인 이슈들의 결과에 더 큰 관심을 가지고 있다. 사도 바울이 로마서 1장에서 말한 바를 그대로 이루기라도 하려는 듯, 과학자들은 인간윤리와 의미의 으뜸가는 근원을 동물의 왕국으로 이전시켰다. 세상에서 가장 똑똑한 여성으로 꼽히는 메릴린 보스 사반트가 도덕적 권위의 주관적인 근원을 역사에서 찾는다면, 과학자들은 갈수록 짐승들에 주목하고 있다.

사회생물학의 개정판쯤 되는 진화심리학이라는 신학문은 적어도 네 가지 점에서 도덕성에 대한 기본 이해를 위협한다.

첫째로, 증명하거나 오류를 입증할 수 없는 두루뭉술한 원리를
표현만 바꿔 반복적으로 내세워가며 윤리적 문제들을 설명한다

진화심리학은 이기적 유전자라는 한 가지 원리에 기대어 인간의 모든 행동을 해석한다. 인간은 밤이나 낮이나 언제든지 유전형질이 계속 이어질 공산을 높이는 데 필요한 일을 할 따름이다. 특정한 행동이 개인에게는 이득이 되지 않는다 할지라도, 이편에서 힘을 보태고 있는 유전자 공급원gene pool에는 유익하다. 진화 이론가들은 이런 포괄적인 주장을 굽히지 않고 있으며, 다윈 이래 유일무이하리만치 중요한 이론적 진보라고까지 선전하는 현실이다.

매트 리들리는 장담한다. "살아 있는 존재들은 유전자, 또는 유전자가 생존하고 복제할 가능성을 높이는 일을 하게 되어 있다." 스스로 인정하는 것처럼, 이처럼 새로운 이론을 펴는 과학자들은 처음부터 끝까지 결정론적인 인간 이해를 제시한다. 사람은 다양한 짐승들 가운데 하나로, 리들리의 표현을 빌리자면 '이기적 유전자 집단이 한 번 쓰고 버리는 노리개나 도구'에 지나지 않는다. 리처드 도킨스는 이렇게 표현한다. "우리는 생존기계다. 유전자라고 부르는 이기적인 분자를 무조건 보존하라는 프로그램이 입력된 운송도구 로봇이다. 이건 아직도 날 놀라움에 사로잡히게 만드는 진리다. 예전부터 알았지만 충분히 익숙해진 건 전혀 아니었나 보다."

이런 논리를 지지하는 또 다른 이론가인 랜돌프 네시Randolph Nesse 는 '놀라움'을 지나 우려를 표명했다.

이타적 성향마저도 유전자의 유익을 위해 형성된다는 발견이야말로 과학사를 통틀어 가장 충격적인 일 가운데 하나다. 처음 알았을 때는 며칠 밤을 설쳐가며 기존에 가지고 있던 선악 개념과 심하게 충돌하지 않는 대안을 찾아보려 안간힘을 썼다. 새로이 발견된 이 사실은 도덕성을 갖추고자 하는 마음가짐을 약화시킬 수 있다. 윤리적인 행동이 한 인간에 내재된 유전자가 자기에게 득이 되는 쪽으로 몰아가려는 전략에 지나지 않는다면, 욕구를 자제하는 게 어리석은 짓처럼 보이게 마련이다. 이런 말 하는 게 불편하지만, 자연주의의 오류를 최선을 다해 설명했지만, 일부 학생들은 이기적 유전자 이론이 제멋대로 행동하는 걸 정당화하는 논리라는 순진한 관념을 품은 채 강의실을 떠났다.

비평가들은 이기적 유전자 이론으로 입증해내지 못하는 여러 가지 예외적 상황들을 제시한다. 게이나 불임부부처럼 유전자를 영원히 전하지 않는 이들의 행동을 어떻게 해석할 것인가? 앞에서 다루었던 로버트슨 맥퀼킨과 마더 테레사의 경우를 생각해보자. 맥퀼킨의 자녀들은 장성해서 저마다의 유전자를 이어간 반면, 마더 테레사는 순결을 서약했다. 무얼 근거로 이들의 행동을 설명할 것인가? 어린아이에게 대수학을 가르치듯, 진화심리학자들은 그처럼 골치 아픈 문제들을 하나하나 받아들여 이기적 유전자라는 공식에 대입한다. 이들의 에너지는 끝이 없어 보이고, 재간은 혀를 내두를 만큼 독창적이다.

인간행동에 대한 일원론적 분석이 다 그렇듯, 진화심리학 역시 단순함에서 오는 미덕과 결함을 동시에 드러낸다. 로버트슨 맥퀼킨이 아내를 사랑하며 성경이 말하는 정절을 지키려 환자의 곁을 지켰노라고 주장했다 치자(실제로도 그랬다). 그러고는 글을 쓰고 강연을 하면서 먹고살았다. 실제로도 그러지 않았는가. 아이디어를 팔아 자신의 유익을 구할 길을 찾아낸 셈이다.

똑같은 원리를 내게도 적용할 수 있다. 이번 장을 쓴 건 두말할 것도 없이 내 자신의 이기적 유전자의 자극에 반응해서 크리스천 세계관을 홍보할 목적에서다. 이 장에서 내가 펴는 주장에 동의할 수 없는가? 그렇다면 당신은 크리스천의 정통교리에 반발하게 만드는 이기적 유전자의 조종을 받고 있음에 틀림없다. 진화심리학자라면 모를까, 남들은 물론 자신조차 눈치채지 못하는 사이에 우리 둘 다 결정론적 욕구에 이끌리고 있는 것이다.

로버트 라이트는 그 동어반복을 분명히 설명한다. "도덕성, 개인의 가치, 더 나아가 객관적 진리 같은 것들이 우리의 유전자를 다음 세대로 전해줄 행동들로 인도한다고 믿는다. … 유전자의 이해에 부합하는 건 '올바르게' 보인다. 도덕적으로 옳고, 객관적으로 옳고, 어떤 식으로든 다 옳다."

라이트의 논리를 충분히 확장해보면, 네시 교수를 뒤척이게 만든 요인이 명확하게 드러난다. 선악의 관념이 완전히 사라졌기 때문이다. 본질적으로, 진화심리학자들은 장 칼뱅마저도 얼굴을 붉힐 만큼 타락한 인간의 속성을 해석하는 단일한 원리를 개발해냈다. '한 사람 한 사람에게 내장된 이기심' 외에 다른 가능성은 생각조차 않는다.

둘째로, 도덕성은 온전히 인간의 가장 내밀한 원천, 곧 유전자에서 비롯된다고 주장한다

존 메이너드 스미스는 대니얼 데닛이 쓴 《다윈의 위험한 아이디어 *Darwin's Dangerous Idea*》의 서평에서 "어떤 행동이 옳은지 자신 있게 판단할 수 있는 방도가 있는가?"라고 묻는다.

예를 들어, 성경 같은 서적이 하나님의 말씀이며 조물주의 명령으로 인간이 태어났다는 따위의 생각을 고수하지 않는 한, 그런 기준은 어디서도 찾을 수 없다는 게 데닛의 시각이며 나 또한 마찬가지다. 인간이 온전히 유전자 구조와 저마다 흡수해온 갖가지 사상을 포함해서 환경변천사의 산물이라면, 절대적인 윤리를 끌어낼 수 있는 원천은 존재하지 않는다. 도덕적 판단을 하지 말라는 얘기가 아니라 인간은 옳고 그름을 확신할 수 없다는 뜻이다.

대다수 진화심리학자들은 약속이라도 한 것처럼 돌아가면서 도덕의 기원을 설명한다. 《인간본성에 대하여 *On Human Nature*》에서, 사회생물학자 에드워드 윌슨은 수천 세대가 넘는 자연선택이 반복되면서 '대부분 의식과 이성의 간섭 없이' 직감에 가깝게 반응하는 성향이 형성되었다는 가설을 내세운다. 도덕성이 일원론적으로 이기적 유전자 원리에 부합되어야 한다는 점은 두말할 필요가 없다. 인간의 행동은(그걸 유도하고 이끄는 가장 심오한 정서적 반응능력들처럼) 유전형질이 자신을 고스란히 보존해가는 우회적인 방법이다. 그것 말고는 도덕의 본질적 기능이라고 입증해 보일 만한 게 없다는 것이다.

유전자 구성과 그 안에 내장된 성향들에 관한 이 모든 담론들은 인간의 자유와 윤리적 책임에 심각한 문제를 제기한다. 법정에서는 피고인이 범죄를 저지를 당시, (1) 선과 악의 차이를 분별할 수 있고, (2) 자유로운 의사결정이 가능할 만큼 정신상태가 말짱했다면 유죄판결을 내릴 수 있다고 본다. 이런 법리적 판단기준에 따라, 로버트 케네디를 암살한 시르한 시르한Sirhan Sirhan은 감옥에 간 반면, 로널드 레이건을 저격하려다 미수에 그친 존 힝클리John Hinckley는 정신병원에 수용됐다. 진화심리학자들은 인간의 행동 가운데 어떤 것도 자유롭지 않으며 선과 악의 차이는 사회적 개념에 지나지 않는다고 주장함으로써 그 두 가지 원칙 모두에 의문을 제기한다.

저 유명한 '스코프스 원숭이 재판'이 있기 한 해 전, 클레런스 대로우Clarence Darrow 변호사는 네이선 레오폴드Nathan Leopold와 리처드 로엡Richard Loeb이란 두 대학생을 변호하면서 똑같은 전술을 구사했다. 지적인 호기심을 채우기 위해 한 소년을 살해해서 세상을 떠들썩하게 만든 살인범들이었다. 대로우는 말했다. "니체의 철학을 진지하게 받아들이고 거기에 맞추어 살았다고 해서 어떻게 죄를 물을 수 있겠습니까? … 존경하는 재판장님, 대학에서 가르친 철학을 이유로 열아홉 살 소년들을 목매다는 건 어느 모로든 올바른 처사가 아닙니다." 대로우가 활동하던 시절부터 지금까지 과학자들은 윤리의식의 생물학적 기원을 밝혀내는 데 커다란 진전을 보았다. 이제는 자연 그 자체가 교과서가 되는 판이니 굳이 니체를 공부할 필요조차 없게 된 것이다.

대중들에게 진화심리학을 능숙하게 풀어 설명하기로 유명한 로버트 라이트는 이기적 유전자 이론이 제대로 작용한다는 확실한 증거로 '성욕'을 꼽는다. 성적인 욕구야말로 마치 "인간이 많은 자손을 원하며 어떻게 해야 그 뜻을 이룰 수 있는지 알고 있는 것처럼(실제로 실행에 옮기든 그렇지 않든)" 움직이게 만드는 자연의 방법이라는 것이다. 라이트는 그런 논리를 따라가다가 조심스럽게 일부다처제 카드를 꺼내든다. 무엇보다도 남자와 여자의 성적인 욕구 사이에는 기본적인 불균형이 존재한다면서, 아내에게서 자식을 몇 명 얻은 뒤에도 밤마다 잠을 이루지 못하고 뒤척일 정도라면 굳이 이혼하지 않더라도 다른 짝을 찾아 새로운 가계를 이루지 말아야 할 까닭이 무어냐고 묻는다.

로빈 던바Robin Dunbar라는 진화심리학자는 가십의 기원을 캐는 내용으로 책 한 권을 다 채우고 있다. 저자는 가십이란 영장류에게서 볼 수 있는 몸단장의 인간 버전이라고 주장한다. 유인원과 원숭이들이 서로 털을 다듬어주는 습관이 언어적 행위로 진화되어 인간에게 남았다는 얘기다. 진화심리학이 소개하는 근본적 변화의 실상을 알려면 성욕과 가십을 바라보는 관점을 신약성경의 시각과 비교해볼 필요가 있다. 신약성경은 외부에 근원을 둔 도덕률을 내세우지만, 진화심리학은 성욕이나 가십 같은 가치중립적 행위가 어떻게 진화되어 왔는지 보여주는 실마리들을 찔끔찔끔 내놓을 뿐이다.

어설픈 탐정놀이는 극도로 위험해질 수 있다. 진화논리를 폭력행위에 적용하는 경우만 해도 그렇다. 《악마 같은 남성Demonic Males》이라는 책의 지은이는 "남성은 기질적으로 폭력을 잘 쓰도록 만들어진 존재이므로 쉬 멈추기 어렵다는 사실을" 체념하고 받아들여야 한다고 충고한다. 인간의 가장 가까운 친척인 침팬지의 수컷들이 동료를 죽이고, 강간하고, 지배하고, 짝을 두들겨 패는 것으로 미루어 남성들은 날 때부터 폭력적이리라고 추정하는 것이다.

진화심리학자들은 인간의 행동에는 어떤 범주의 악도 깃들어 있지 않다는 일원론적 설명을 도구로 극악무도한 강력범죄까지 해석하려 든다. 라이얼 왓슨은 '프레셔스'와 '슈가풋'이란 애칭을 가진 두 아기를 태운 채 마쯔다 자동차를 호수에 밀어 넣은 수전 스미스Susan Smith를 변호하면서, 매년 1,300명의 아이들이 부모나 가까운 친척의 손에 살해되는 미국에서 영아살해는 더 이상 새로울 게 없는 일이라고 단언했다. 왓슨의 변론은 도덕적으로 가치중립적인 입장을 고수하는 진화심리학자들의 패러디로 안성맞춤인 수준이다.

이러한 사례들이 사회 안정과 생태적 균형에 기여한다고 이야기할 수는 없습니다. 하지만 이런 사례들을 상상조차 할 수 없는 죄악의 표출로 해석할 수도 없으며, 그래서도 안 됩니다. 부모와 자식의 관심사를 혼동하지 않도록 조심할 필요가 있습니다. 가장 적합한 상태를 이루는 지점을 두고 벌이는 양측의 갈등에 신경을 써야 합니다. 아이들은 부모가 줄 수 있는 것 이상을 요구하는 경우가 대부분이므로 이러한 차이를 조율하기 위해선 건전한 판단이 필요합니다. 자신도 모르게 진화론적 관점에 입각한 증거를 총동원해서 계산을 하게 되는 경우가 얼마나 많은지 모릅니다.

라이얼 왓슨은 자신의 저서 《어두운 본성*Dark Nature: A Natural History of Evil*》에서 르완다와 아우슈비츠의 잔학행위까지 유전적 행동이라는 논리의 틀에 끼워 맞추려고 안간힘을 쓴다. 인간의 행위는 예외 없이 자연선택을 통해 물려받아 내장하고 있는 성향의 결과라고 추정하는 저자로서는 그럴 수밖에 없었을 것이다.

철학적 자연주의의 함정에 빠진 진화생물학자들은 《인간폐지》에서 C. S. 루이스가 묘사한 '도'처럼 외부에서 작용하는 제3의 기준을 받아들이지 못한다. 도는 논의의 여지가 없는 으뜸 원칙, 곧 객관적 진리를 의미한다. 인간은 도를 근거로 판단을 내릴 수는 있지만 그 자체를 판단할 수는 없다.

현대 과학은 그런 표준 없이 자기모순적인 양극단을 끊임없이 불안정하게 오가는 한계를 면하지 못한다. 예를 들어, 에드워드 윌슨의 회고록을 보면 지적 호기심과 공정성, 진리를 향한 열정이 가득한 과학자의 모습을 놀랍도록 선명하게 그려내고 있다. 하지만 그런 자질이 유전적으로 물려받은 것일 따름이고 운명처럼 사전에 완벽하게 결정되어 있었던 일이라면, 주인공이 그토록 용감하게 맞서 투쟁했던 게으르고, 부정직하며, 미신적인 자질을 가진 이들에 비해 나을 게 무엇이란 말인가? 어차피 자유롭게 선택할 수 있는 게 아니라면 특정한 가치를 다른 자질보다 우위에 둘 이유가 어디에 있는가?

진화생물학자들 가운데는 그런 문제점을 서슴없이 인정하는 이들도 있다. 로버트 라이트는 이렇게 결론짓는다.

그러므로 인간이란 동물이 도덕적일 수 있느냐 아니냐 하는 까다로운 질문은(오늘날 냉소주의는 절망과 눈인사를 주고받는 경향이 있다) 나날이 매력을 더해가는 것처럼 보인다. 이는 신다윈주의가 뿌리를 내린 뒤에도 '윤리적'이라는 말이 헛소리 이상의 가치를 가질 수 있느냐의 여부를 묻는 질문인지도 모른다.

셋째로, 자연은 도덕성에 관해 엇갈린 메시지를 준다

《선한 본능*Good Natured*》의 말미에서 프란스 드 발은 "이제 과학이 도덕을 철학자의 손에서 빼내올 시점에 이른 것 같다"고 선언했다. 영장류들을 보면 연민, 공감, 정의 같은 덕목들의 초기 형태를 알 수 있다는 사례들을 줄줄이 열거하던 참이었다. 목숨을 걸고 상처 입은 동료를 구해내는 고래와 돌고래, 패거리 가운데 누가 다치면 얼른 달려가 돕는 침팬지, 죽은 친구의 곁을 떠나지 않는 코끼리 따위가 자연계에서 볼 수 있는 '윤리적' 행동의 본보기라는 것이다.

그렇다 치자. 하지만 그건 시종일관 지은이의 망원경을 통해 보이는 지점에만 기대어 얻은 결과일 뿐이다. 그렇다면 양성 간의 적절한 행동 같은 덕목은 어디서 배워야 하는가? 로키산맥 아랫자락에 자리 잡은 우리 집 근처에는 가을마다 수놈 엘크 한 마리가 60마리에서 100마리에 이르는 암컷을 끌어모아 떼를 이룬다. 그러곤 무리를 넘보는 경쟁자가 나타날 때마다 나뭇가지처럼 갈라진 거대한 뿔로 사정없이 들이받는다. 수컷 우위에 관해서라면 그 어느 종도 범접하지 못할 만큼 극적인 실례를 보여주는 셈이다. 그러나 자연계에 일부일

처제를 보여주는 예는 지극히 적으며 평등주의의 모범이 될 만한 사례는 아예 없다. 그렇다면 여성들은 자연을 본받아 사마귀처럼 짝짓기를 마친 수놈을 게걸스럽게 뜯어먹어야 하는 걸까? 보노보 침팬지가 그러하듯, 이웃들끼리 상대를 가리지 않고 재빨리 성관계를 가져서 분쟁의 소지를 없애야 하는 걸까? 모시밑들이처럼 남자들도 몰래 숨어서 기다리다가 가까이 다가오는 상대를 힘으로 취해야 하는 걸까?

또는 폭력의 경우를 생각해보자. 동물학자들은 한때, 살인은 인간에게만 있는 유별난 취미라고 믿었지만, 이제는 아니다. 얼룩다람쥐는 아무 때고 내키는 대로 새끼를 잡아먹는다. 청둥오리는 동료를 집단 강간하고 물에 빠트려 죽인다. 기생벌의 애벌레는 움직이지 못하는 먹잇감을 안에서 밖으로 맹렬하게 갉아먹는다. 아프리카 시클리드(열대 담수어의 일종 – 옮긴이)는 동족의 눈알을 파먹는 걸 좋아한다. 하이에나는 무자비한 골육상잔으로 유명하다. 태어난 지 한 시간 뒤면, 힘이 더 센 새끼가 한배에서 난 형제와 싸워 숨통을 끊어놓는다. 라이얼 왓슨조차도 하이에나 새끼들이 유전적으로 눈에 띄는 족족 형제들을 공격하게 되어 있다는 사실을 알고 충격을 받았노라고 고백했다.

동물을 연구하는 이들도 마찬가지다. 사랑을 주고받도록 길들여온 유인원이 동족에게 살해당하는 걸 볼 때마다 경악스럽고 좌절감이 든다는 반응을 보인다. 하지만 도대체 왜 그러는 걸까? 유인원들에게는 별문제가 없는 듯하다. 주어진 유전정보에 반응해서 자연스럽게 행동했을 뿐이니 말이다. 진화론자들이 무슨 권리로 난데없이 자연이라는 철옹성을 벗어나 도덕적 관념인 비폭력을 내세우며 그 원칙을 도로 자연에(모두가 그 일부인) 적용하려 하는가?

가벼운 쇼크론 모자라고 간담이 서늘해질 만큼 강력한 타격이 필요한가? 일관성이 한결 뛰어난 일부 진화심리학자들은 인간이 저지르는 가장 지독한 짓까지 자연에 기대어 설명하고 더 나아가 합리화한다. 예를 들어, 하이에나들이 형제자매를 살해하는 걸 알고 '신기하게도' 충격을 받았다는 라이얼 왓슨은 원시부족들의 사람 사냥을 쉬 정죄할 수 없다고 했다. 그런 관습이 특정한 부족의 생태적 균형을 잡아주기 때문이라는 것이다. 로버트 라이트는 〈뉴요커〉지에 기고한 탁월한 칼럼에서 암흑가를 주름잡는 폭력조직의 행위와 야생세계에서 살아가는 유인원 사이의 유사성을 비교하면서 뒷골목의 폭력은 특정한 사회 환경에 대한 자연스러운 반응일지 모른다고 추정했다. "도심에서 벌어지는 폭력사태에 '병적인 현상'이란 딱지를 붙여서는 안 된다. … 폭력은 행사하도록 인간에게 디자인되어 있는 대단히 기능적인 요소다."

비판세력의 쓸데없는 우려를 예방하기 위해 진화심리학자들은 서둘러 "사실이 그렇다는 얘기지 꼭 그래야 한다는 뜻은 아니다"라는 반응을 보인다. 인간이 이러저러한 방식으로 행동하는 이유를 알아보고 그 실체를 파악하기 위해 자연을 탐사할 뿐이며, 반드시 다른 종이 하는 대로 따라갈 필요는 없다는 식이다. 깔끔한 마무리다. 하지만 마땅히 해야 할 바를 구하려면 어디로 가야 하는가? 아울러 한 가지 더 묻고 싶다. 무얼 해야 한다는 이 관념은 모두 어디서 비롯된 것인가?

넷째로, 자연에 토대를 둔 윤리는 대규모 악용에 취약하다

스테픈 코로버Stephan Chorover의 책, 《창세기에서 대량학살로From Genesis to Genocide》는 비교적 가까운 역사를 뒤져 생물학이 오용된 끔찍한 사례들을 추적한다. 지은이는 생물학적 논리로 노예제도, 제국주의, 인종차별주의, 여성차별, 인종말살 따위의 중대 범죄를 합리화하는 과정을 여실히 보여준다. 근현대사를 통틀어 최악의 범죄를 고르라면 대부분 히틀러가 주도한 대량학살을 첫손에 꼽는다. 하지만 그런 만행이 가능하기까지는 독일의 지성인들이 다윈의 적자생존 이론에서 끌어낸 우생학적 결론들도 적잖은 영향을 끼쳤다.

현재 서구의 지성사회는 우생학을 혐오스럽게 여기며 사회다윈주의에서 출발한 인종차별을 강력하게 비난한다. 하지만 철학적 자연주의를 충실하게 좇는 바람에 악용되기 쉬워졌으며, 특히 최근에는 유전자 연구에 진전을 이루어 유전적 '개선'의 길을 여는 단계에 이르렀다.

1963년, 줄리언 헉슬리Julian Huxley는 선언했다.

인구폭발은 다음 물음을 묻게 만든다. … 인간은 무엇을 위해 존재하는가? 어떤 대답이 돌아오든 … 세계 인구의 일반적인 자질은 높은 편이 아니며 도리어 악화되는 추세로 접어들었으므로 반드시 개선이 필요하고 또 그럴 수 있다는 점만큼은 분명한 사실이다. 형편이 이렇게 나빠지는 건 유전적 결함이 많은 인간들이 진즉에 죽었어야 하는데도 여전히 살아 있으며 방사능 낙진 탓에 돌연변이 곡물들이 새로 등장했기 때문이다. 현대인들에게 유전적 진화는 긍정에서 부정으로, 진보에서 후퇴로 방향을 바꾸기 시작했다. 우리는 어떻게 해서든지 아주 오래된 옛 길로 돌아가 긍정적인 개선을 이루게 해야 한다.

앞서가는 사상가들이 '세계 인구의 일반적인 자질'이니 '유전적 결함이 많은 인간들'이니 하는 소리를 하고 있을 때, 다른 이들은 주택 보안시스템을 연구했다. 한쪽에서 경쾌하게 인간 유전자의 설계 개선을 이야기했던 바로 그 사람들이 다른 한편에서는 감옥과 정신병원, 그리고 공립학교들을 설계했다.

공학적으로 조작된 사회나 개인은 '정확'과 '정상'이라는 기준에 맞아야 한다. 진화심리학자와 사회공학자들이 무너지는 지점이 바로 여기다. 누가 그 기준, 또는 표준을 결정하는가? 줄리언 헉슬리나 마르틴 하이데거인가? 버락 오바마나 이란의 마무드 아마디네자드인가? 나로서는 인간 사회를 개선하기 위한 방대한 시도가 대재앙으로 연결되지 않은 사례가 있는지 아직도 궁금하다.

"우리만 믿으세요." 새로운 형태의 행동주의자들은 말한다. "우리는 더 온유하고 한결 너그럽습니다. 여러분을 늘 염두에 두고 있으며 인간이란 종 전체에게 마음을 쓰고 있습니다." 정말 그런가? 역사적으로 '행동조절'이 자애로운 목적을 위해 사용되었던 사례가 있는가? 똑같은 역사를 얼마나 되풀이해야 하는가? 1977년, 에드워드 윌슨이 지미 카터 대통령으로부터 과학발전에 기여한 공로로 훈장을 수여받는 순간, 시위자가 달려들어 수상자의 정수리에 얼음물 한 바가지를 끼얹으며 외쳤다. "댁은 완전히 엉터리야!" 방법에는 동의

하지 않지만, 적어도 그 정서만큼은 충분히 이해하는 이들이 적지 않다.

제임스 맥코넬James V. McConnell은 행동주의의 궁극적 목표를 이렇게 설명한다. "감각 차단을 약물, 최면, 상과 벌의 절묘한 조작 같은 요소와 결합해서 개인의 행동을 완전히 통제할 수 있는 날이 반드시 오리라고 믿는다." 무엇보다 두려운 게 바로 그 대목이다.

과연 희희낙락할 일인가?

> 인간은 스스로 동물보다 나은 존재로 여기고 싶어 하며, '동물보다 조금
> 더…'라는 식으로 생각하길 좋아한다. 이런 접근방법은 삶을 위에서 아
> 래로 내려다보는 문제점이 있다. … 자연주의자로서 나는 만사를 아래서
> 부터 위로 올려보는 편이다. _라이얼 왓슨

기독교적 시각에서 보자면, 진화심리학이라는 신학문은 진화론적 인류학, 또는 인간본성에 대한 진화론적 기본 이해를 토대로 삼고 있다. C. S. 루이스는 인간을 '바지 입은 원숭이'라고 비꼬았지만, 이제는 '바지를 입지 않은 원숭이'로 바꿔야 할지도 모른다. 과학자들은 인간의 특수성을 주장하기가 나날이 어려워지는 걸 실감하고 있다. 스티븐 제이 굴드Stephen Jay Gould는 생전에 펴낸 몇 권의 책들 가운데 한 곳에서 진화과정을 설명하는 계통수를 그릴 때 인간을 정점에 놓는 관점을 비판했다. "생명의 나무를 고스란히 다른 데다 옮겨 심는

다 할지라도 절대로 자라지 않을 우주적 우연"이라는 것이다.

진화심리학이 지배적 위치를 차지하면 일반 대중은 인간이 된다는 게 무얼 의미하는지 가르치는 다음과 같은 메시지의 무차별 폭격을 받게 될 것이다. "인간은 우주적 우연입니다. 다른 동물들도 다 마찬가지죠. 도덕이란 주관적 가치입니다. 자신이 어떤 존재인지 알고 싶으세요? 위를 보지 말고 아래를 살피세요."

동물권익보호 운동가들은 이 새로운 패러다임을 이른바 종차별種差別에 저항하는 활동의 이론적 배경으로 활용한다. 동물도 인간과 전혀 다를 게 없으므로 거기에 상응하는 대우를 해주어야 한다는 것이다. 세계적인 동물보호단체 PETAPeople for Ethical Treatment of Animals의 공동설립자인 잉그리드 뉴커크Ingrid Newkirk는 단언한다. "인간만이 특별한 권리를 가졌다고 주장할 합리적인 근거가 전혀 없습니다. 쥐는 돼지고 돼지는 개고 개는 아이입니다."

경우에 따라서는 동물의 권리가 인권보다 우선이라고 진지하게 주장하는 윤리학자들도 있다. 예를 들어, 어느 비평가는 이렇게 말한다. "정상적인 침팬지와 심하게 모자라는, 그래서 다치지 않게 조심하지도, 이야기를 하지도, 합리적으로 생각하지도 못하는 어린애를 비교해보라. 어느 쪽도 자기 권리를 주장할 이성적이고 도덕적인 존재로서의 자질을 갖추지 못했다는 점을 고려한다면, 어째서 침팬지의 해부는 허용하고 아이는 금지하는가? 오직 완전한 인간에게만 윤리적 의미를 부여한다면, 침팬지나 도축을 기다리는 돼지 이상으로 그 아이를 보호해선 안 된다."

여기서 권리를 말하는 건 적절치 않음을 정확히 꿰뚫어본 정직한 과학자가 있다. 의미상, 권리 자체는 얼마든지 인정할 수 있다. 동물학자 폴 셰퍼드Paul Shepard는 이렇게 설명한다. "'권리'란 보호 법안이나 석방 결정, 사용자들끼리 맺는 그 어떤 계약보다 앞서는 일종의 우주적인 규칙을 의미한다. 본질적인 무엇, 또는 하나님이나 자연이 주는 무언가를 말하는 것이다. … 야생동물들에게는 권리가 없으며 자연사自然史가 있을 따름이다."

진화심리학자들이 쓴 책들은 곳곳에 모순적인 내용을 담고 있다. 동물의 권리를 존중하라고 요구하면서 그 권리의 근거를 제시하지 않는다. 알고 있기로는 오직 사람만이 그이들의 우아한 논설을 읽을 수 있음에도 불구하고 인간이 다른 종보다 우월하다고 주장할 근거가 없다고 단정한다. 윤간과 살인, 동족끼리 서로 잡아먹는 습성을 비롯한 자연계의 사례들을 설명하고 나서 유전형질에 굴복하지 말라고 목소리를 높인다. '더 높고 더 낮다'는 식의 구분은 존재하지 않으며 자유롭게 행동할 능력이 없음에 틀림없다고 우기면서도 비폭력이라든지 상호존중 따위의 더 높은 가치를 추구하기를 요구한다.

몇몇 진화심리학자들을 만나봤지만, 다들 세련되고 품위가 있었다. 어느 모로 보든, 아이들을 때리거나, 세금을 포탈하거나, 마음에 들지 않는 사촌들을 살해할 사람 같지는 않았다. 하지만 윤리를 지탱하는 초월적 기반들을 죄다 흔들어가며 이들이 널리 퍼트리는 학설은 행동의 선악을 가리는 능력을 파괴하고 있다. 나는 진화론을 믿는 자들의 도덕성을 걱정하는 게 아니라 마지막 한계선까지 그 주장을 좇는 이들의 도덕성을 염려할 따름이다.

이런 운동의 리더들은 수많은 책들을 쏟아내고, 잡지의 커버스토리를 장식하는 글을 써내고, 이름난 대학들의 러브콜을 받고 있다. 적어도 한동안은 스포트라이트를 받으며 마치 모든 걸 다 알고 있다는 듯 느긋한 미소를 지어보일 것이다. 드디어 인간의 행동을 이해하게 되었다! 마침내 자신을 알게 되었다!

지금으로부터 3세기 전, 블레즈 파스칼은 신앙상실 현상(물론 근대 이전의 형태지만)을 깊이 우려했다. 이 과학자의 결론은 단호하고 명쾌하다.

속박에서 벗어났다. 인간의 행동을 감찰하시는 하나님 따위는 존재하지 않는다. 자신만이 자기 행동의 유일한 주인이라고 믿으며 스스로에게만 책임을 진다는 얘기에 귀를 기울여서 무슨 득을 보겠는가? 그런 소릴 하는 이들은 이제부터 우리가 그를 전폭적으로 신뢰하고 살아가면서 필요할 때마다 위로와 조언, 도움을 구하게 되리라고 여기는 것일까? 그들은 인간의 영혼을 한낱 바람과 연기에 지나지 않는다고, 그것도 오만하고 의기양양한 말투로 떠들어대면서 큰 기쁨을 주기라도 한 듯 뿌듯해하는가? 이게 그렇게 희희낙락할 일인가? 도리어 세상에서 가장 서글픈 일로 여기고 그만큼 구슬프게 이야기해야 할 일이 아닐까?

크리스천은 그리스도가 어떤 분인지
인류 앞에, 특히 고통을 당하는 이들에게
보여주도록 부름받은 사람들이다.

2부 ─

응답

6

프랜시스 쉐퍼의
유산

 프랜시스 쉐퍼는 광범위한 문화영역에 온전히 투신해서, 진리를 재편하려는 포스트모더니즘의 시도와 맞서 싸웠던, 복음주의자로서는 최초의 인물 중 하나이다. 1960년대라는 중차대한 시기에 쉐퍼는 박물관들을 찾아다니고, 영화를 보고, 철학 서적들을 탐독하고, 불만으로 가득 찬 젊은이들(훗날, 히피라는 이름을 얻었다)과 밤새워 이야기를 나누고, 느릿느릿 걸어서 유럽대륙을 가로질렀다. 나중에는 정치학을 파고들어서 본의 아니게 이른바 '종교적 우파Religious Right' 운동에 불을 댕겼다. 쉐퍼의 글과 전반적인 접근방식(이편이 더 중요하다)은 예술, 정치, 학문 같은 분야의 주변부를 맴돌던 당시 복음주의적 크리스천들에게 엄청난 영향을 미쳤다.

 1960년대 후반, 휘튼 칼리지에서 우연찮게 쉐퍼의 강연을 처음 대했으며, 그 뒤로 맥코믹 플레이스의 휑뎅그렁한 강당을 비롯해 몇 군데서 더 이야기를 들을 기회가 있었다. 그리고 〈크리스채너티 투데이 Christianity Today〉의 청탁으로 미네소타 주 로체스터의 메이요 클리닉을 찾아 입원치료를 받고 있는 박사를 인터뷰했다. 1978년, 쉐퍼는 〈인류에게 도대체 무슨 일이 벌어진 걸까?Whatever Happened to the Human Race?〉라는 영화를 찍었는데, 촬영 내내 극심한 피로감에 시달렸으며 체중이 뚝뚝 떨어졌다. 프로젝트를 마치고 이틀을 쉰 뒤에 병원에 가서 검사를 받은 결과, 임파선 암이 상당히 진행된 상태임이 드러났다. 그때부터 6년여에 걸쳐 주로 화학요법에 의지해서 끈질기게 암과 싸웠다. 심신을 약하게 만드는 질병과 치료과정에도 불구하고, 숨을 거두기 넉 달 전까지 최선을 다해 생산적인 삶을 살다가 1984년, 마침내 세상을 떠났다.

염소수염을 한 지성세계의 선지자

사후에 '재조명되는' 작가들도 적지 않지만, 쉐퍼는 달랐다. 생전에 이미 절정의 인기를 누렸으며 비교적 젊은 나이에 매스컴의 보도와 비평가들의 분석 대상이 되었다. 특히 마지막 10년은 눈부신 스포트라이트를 받았으며 영원히 지워지지 않을 족적을 남겼다.

프랜시스 쉐퍼는 수줍은 몸짓으로 현대판 선지자의 사명을 떠맡았다. 길고 가는 머리칼과 눈처럼 흰 염소수염에다 알프스 지방의 전통바지를 즐겨 입는 입성까지, 영락없이 깊은 산속에 사는 '도인'이었다. 쉐퍼는 낭랑한 목소리로 현대 사회의 위험과 서구 문명의 쇠퇴현상을 광범위하게 지적했다. 이에 대해 비평가들은 그가 정말 대단한 선지자가 되기라도 한 것처럼 군다고 꼬집는다. 매사에 방어적인 가족과 수많은 팬들에 둘러싸인 채, 자신의 사상적 영향력을 과대평가하고 있다는 것이다. 함께 일했던 이들 가운데도 쉐퍼 사단의 메시아 콤플렉스를 손가락질하면서 떠나가는 경우가 있었다.

쉐퍼는 늘 망설이지 않고 신속한 판단을 내렸다. 이는 '반정립적 antithetical(서로 상반되는 두 명제가 동시에 참일 수는 없다는 생각에 기초한 — 옮긴이)' 사고방식의 직접적인 열매였다. 세상에는 두 종류의 인간이 있다. 만사를 두 범주로 나누는 이들과 그렇지 않은 부류다. 프랜시스 쉐퍼는 세계를 양분해서 적절한 딱지를 붙이는 원칙을 일관되게 지켜가면서 책, 강연, 영화, 추종자들이 한데 어우러진 인상적인 공동체를 구성해냈다.

하지만 스포트라이트 바깥에서는 어떤 됨됨이를 가진 인물이었을까? 오직 글을 통해서만 쉐퍼를 알고 있는 이들은 엄격단정하고 이성적인 인간을 상상한다. 실제로는 한없이, 때로는 지나치다 싶을 만큼 감성적이다. 훗날 아들 프랭크는 갈등과 우울, 짜증스러운 반응이 오가는 가정이었다고 고백했다. 하지만 누군가 찾아와서 아픔을 겪고 있는 친지의 이야기를 털어놓으면 금방 눈물을 흘리거나 말을 멈추고 큰소리로 기도하기 시작할 것이다. 아내 이디스의 말을 빌리자면, 명성이나 인기 따위는 인간에 대한 쉐퍼의 진지한 관심에 아무런 영향을 주지 못했다. 1978년에 만났을 때, 이디스는 이렇게 말했다. "커다란 호텔에서 7천 명쯤 되는 이들과 집회를 갖는다고 칩시다. 그래도 남편은 객실을 청소하러 온 아가씨와 이야기를 나누고 기도하는 데 온통 신경을 쓸 거예요. 일부러 애써서 그러는 건 아니에요. 암 선고를 받는 순간에도 방으로 찾아와서 이런저런 고민을 털어놓는 두 간호사를 붙들고 하나님께 간구했을 정도니까요. 열일곱 살 때 처음 사귀기 시작해서 50년 가까이 함께 살아왔지만, 남편은 조금도 변하 지 않았어요. 한번은 데이트를 하기로 했는데, 약속시간을 넘기고 달 려와서는 사과를 하더라고요. 오다가 길바닥에 쓰러져 뒹구는 취객이 보이기에 구세군에 데려가 잠자리를 봐주느라 늦었다더군요."

선지자들과 달리 쉐퍼는 구성원들끼리 서로 사랑하고 용서하며 보 살피는 대단히 지성적인 공동체에서 생활했다. 질서뿐만 아니라 아 름다움에도 관심을 가졌으며, 메시지를 적용해서 저마다 삶을 변화 시킬 방법을 찾아내도록(메시지의 참뜻이 거기에 있다고 보았다) 이끄는 데도 상당히 많은 시간을 투자했다.

박사의 이런 사고방식은 신앙여정의 산물이다. 쉐퍼는 10대 시절 에 크리스천이 되었다. 오비디우스의 시를 읽다 보니 성경을 통독해 야겠다는 생각이 들었다고 했다. "아무도 해답을 내놓지 못하는 문제 가 수없이 많다는 걸 깨달았습니다." 인터뷰를 하는 도중에 박사가 말했다. "하지만 성경을 읽으면서 답을 보기 시작했습니다. 온갖 문 제를 묶어서 체계적인 답안을 마련할 끈을 손에 쥔 셈이었죠. 여섯 달 만에 난 완전히 깨졌습니다." 기독교에서 말하는 진리의 질서와 일관성이 '말로 다 할 수 없을 만큼 아름답게' 다가와 박사의 마음을 흔들었다.

버지니아 주에 있는 햄던시드니 대학Hampden-Sydney College에서 공 부한 뒤에 1935년, 그레셤 메이첸J. Gresham Machen을 중심으로 프린스턴 신학교로부터 갈려나온 웨스트민스터 신학교에 등록했다. 근본주의 대 모더니즘 논쟁이 한창이던 시기였다. 쉐퍼가 신학교에 입학한 이듬해, 메이첸은 소속 교단으로부터 정직처분을 받고 정통장로교회 Orthodox Presbyterian Church를 창립했다. 그때 칼 매킨타이어Carl McIntire 라는 반골 성향의 신학자가 새 교단의 한 분파를 이끌고 있었는데, 쉐퍼 역시 거기에 동조해서 그 노선을 따라 새로 세운 신학교의 첫 번째 졸업생이 됐다. 의미심장하게도, 치열한 논쟁이 벌어지는 속에서 기초적인 교육과정을 마쳤던 것이다. 박사의 멘토들은 용어의 의미를 분명하게 정의하고 전선을 형성했으며 지나치리만큼 세분화된 주제를 두고 교리 다툼을 벌였다.

학업을 마친 쉐퍼는 펜실베이니아와 세인트루이스에 있는 교회를 맡아 10년 동안 목회했다. 그런데 1947년, 유럽 13개국을 섭렵하는 답사여행에 나서면서 사명이 바뀌었다. 지성적인 분위기에 자극을 받고 나선 길이었지만 차츰 유럽의 영적인 상황에 깊은 우려를 품게 된 것이다. 일부 국가에서는 전쟁이 끝나면서 신앙에 대한 관심이 되살아나고 있었지만, 그 메시지의 뿌리가 얄팍하기 이를 데 없어서 부흥운동에 장기적인 영향을 미치기 어렵다는 게 쉐퍼의 결론이었다.

라브리L'Abri('피난처'를 의미하는 프랑스어) 공동체는 스위스 샹페리에서 시작됐다. 쉐퍼 박사는 식구들과 더불어 몇 차례 그 조그만 마을에서 여름 한철을 보내곤 했다. 가톨릭 신자가 대다수인 동네의 문을 닫은 교회당을 빌려 예배를 드리기 시작하자, 세계 곳곳에서 피니싱 스쿨(상류사회의 사교활동에 필요한 에티켓과 교양을 훈련하는 학교로 스위스와 영국에 많다 – 옮긴이)에 공부하러 온 여학생 몇이 참석했고, 곧이어

박사의 집에도 들락거리기 시작했다. 쉐퍼는 그때를 돌아보며 말했다. "이야기를 나누면서 깜짝 놀랐어요. 젊은 친구들이 궁금하게 여기는 문제들에 흥미진진한 방식으로 답을 줄 수 있겠구나 싶더군요."

1955년, 쉐퍼는 라브리를 독립적인 선교사역으로 출범시켰다. 미국 교회의 반응은 엇갈렸다. "돈 많은 부모 밑에서 자라서 철없이 날뛰기만 하는 풋내기들을 돈도 받지 않고 먹여주고 재워주겠다는 얘깁니까? 걔들이랑 하루 종일 뭘 하려고요? 그러니까 정확하게 무슨 사역을 하겠다는 거죠?"《라브리》라는 책에서 이디스 쉐퍼는 대문을 활짝 열어젖히고 누구든 맞아들인 탓에 처음 몇 년 동안 결혼선물이 박살나고, 담뱃불에 바닥깔개에 불이 붙고, 침대 시트가 찢어지고, 집 안 곳곳이 게워놓은 오물로 얼룩지는 따위의 난리를 치렀던 경험을 연대기적으로 꼼꼼하게 기록했다. 아들 프랭크는 소아마비에 걸렸고, 딸은 류머티즘열에 시달렸으며, 온 가족이 식중독으로 한바탕 병치레를 했다. 어느 해 겨울에는 눈사태가 거의 온 마을을 휩쓸어가기도 했다.

'마을에 신앙적인 영향을 미친다'는 이유로 스위스에서 떠나라는 명령을 받기도 했다. 하지만 알프스 산기슭에 무슨 문제든 척척 대답해주는 사람이 산다는 소문이 유럽 학생들과 미국 관광객들 사이에 빠르게 퍼져나가면서 손님들이 물밀듯이 들이닥치기 시작했다. 라브리는 진리를 추구하는 이들과 복음전도자, 교회의 아웃사이더들과 불가지론자들이 함께 어울려 지내는 지성인 공동체가 되었다. '격변하는 1960년대'의 시대적 흐름과도 잘 맞아떨어졌다. 비판적 입장을 가진 이들조차 전개되는 상황에 놀라고 감탄했다. 누군가는 말했다.

"〔쉐퍼 부부의〕 책들을 읽으면서 부정확한 주장은 짜증스러웠던 반면, 라브리 생활을 묘사하는 대목은 아주 유쾌했다." 라브리에서는 한 번에 스무 명 남짓에게 영향을 미칠 따름이었지만, 쉐퍼의 사상은 책과 영화를 통해 사방팔방으로 퍼져나갔으며, 곧 복음주의권의 손꼽히는 대변자가 되었다. 〈타임〉지는 그를 "지성사회에 파송된 선교사"라고고 불렀다. 〈이터너티Eternity〉지는 "요즘 젊은이들에게(기성사회의 시스템을 거부하는 낙오자 세계의 시민들부터 환멸에 찬 복음주의의 상속자들에 이르기까지) 그 누구보다 큰 영향을 끼치는 인물"이라고 평가했다. 22권에 이르는 쉐퍼의 저서는 몇백만 부나 팔려나갔으며 전집으로도 묶여 나왔다. IVP는 어떻게 하면 박사의 다양한 저작물들을 아귀를 맞춰가며 읽을지 소개하는 《프랜시스 쉐퍼 입문Introduction to Francis Schaeffer》이라는 소책자까지 발행했다.

첫 번째 책은 미국의 여러 대학들을 순회하며 '20세기를 향해 역사적 기독교를 말하다'라는 강연을 하는 과정에서 나온 부산물이었다. 학생소요가 한창이던 1968년, 쉐퍼는 휘튼 대학에서 뜨거운 반응을 얻었다. 학생들은 정통교리를 좇으면서도 사상과 예술이라는 '세속적인' 환경을 해석하려고 애쓰는 인물의 출현을 열렬히 환영했다. 박사는 강연 테이프를 몇 권의 책으로 풀어내는 데 동의했다.

《그러면 우리는 어떻게 살 것인가?How Should We Then Live?》라는 책과 영화는 케네스 클라크Kenneth Clark의 〈문명Civilization〉을 보고 쉐퍼에게서든, 맬컴 머거리지Malcolm Muggeridge에게서든 크리스천들이 기댈 무언가를 끌어낼 필요가 있다는 확신을 갖게 된 어느 영화제작자의 도전에서 비롯되었다. 〈인류에게 도대체 무슨 일이 벌어진 걸까?〉

는 채 서른이 안 된 나이에 두 번째 영화 시리즈를 기획 감독한 프랭크 쉐퍼의 아이디어로 탄생했다. 낙태, 안락사, 영아살해 문제를 구체적으로 다루는 이 영화에는 쉐퍼 박사와 (훗날 레이건 정부에서 공중위생국 장관에 임명되기도 한) 에버렛 쿠프C. Everett Koop 박사가 등장한다.

변증하면서 복음 전하기

스스로 사상적인 영역에 어떤 기여를 했다고 생각하느냐고 묻자, 쉐퍼는 자랑스럽게 두 가지 메시지를 꼽았다. 우선 교리적 정통성에 균형을 더해야 하며 사랑과 공동체가 필요함을 강조했고, 다음은 책과 그림, 음악, 영화를 이해하는 틀을 제공해서 크리스천들이 문화 전반에 걸쳐 어디 하나 모자람 없는 인간으로 살아가도록 용기를 북돋웠다는 것이다.

쉐퍼의 사상체계는 반정립 개념을 토대로 한다. 한쪽의 진술이 참이라면 반대편의 이야기는 참일 수 없다는 개념이다. 진리를 찾는 이들과 이야기를 나눌 때마다 박사는 저마다 밑바닥에 깔아두고 있는 전제presupposition가 정확하게 드러날 때까지 이면을 캐고 또 캐 들어갔다. 그러곤 스스로 내린 결론에서 앞뒤가 맞지 않는 부분을 자각할 때까지 논리적인 추론 과정을 부드럽게 이끌었다. 쉐퍼에게는 "누구든 그리스도를 믿지 않는 이들은 일관된 논리로 전제를 설명할 수 없다"는 확신이 있었다. 박사는 그 과정을 '예비전도pre-evangelism'라고 표현했으며 격식을 차릴 필요가 없는 자리에선 사고방식의 '지붕을 벗겨내는 작업'이라고 부르기도 했다.

예를 들어, 현대인들이 흔히 생각하는 대로 세상은 우연히 생겼다는 전제에서 시작해보자. 쉐퍼는 그렇다면 궁극적으로 인간의 삶은 무의미하며, 무슨 짓을 해도 세상을 영구적으로 바꿀 수 없고, 더 나아가 책임 있는 '외부의 힘'이라든지 옳고 그름을 가릴 실질적인 기준도 존재하지 않는다는 지적인 결론에 이르도록 이끌어갈 것이다. 이어서 하나님을 거부하는 사람이 일관성을 가지려면 신앙적으로는 무신론자요, 철학적으로는 비합리주의자, 그리고 가장 넓은 의미에서는 도덕관념이 전무한 인간이 되어야 한다고 지적한다. 특정한 전제를 가지고 있지만 시종일관 거기에 따라 살지 못하는 이 시대의 구체적인 사례들을 꼬집기도 한다. 말하자면, 윤리적 판단근거를 일절 부정하면서도 도덕적 잣대에 기대어 알제리에 대한 프랑스의 태도를 맹렬하게 비난했던 장 폴 사르트르 같은 경우이다.

쉐퍼는 사상사에서 커다란 균열을 보았다. 반反을 부정하고 합승을 지지했던 헤겔의 시대가 굉음과 함께 갈라지고 있었다. 박사의 표현을 빌리자면, 철학자 쇠렌 키르케고르는 종합을 추구하는 사고방식을 신학에 적용해서 '세속과 신학 양면을 아우르는 현대 실존주의 사상의 아버지'가 되었다. 자연적이고 가시적인 세상이 보이지 않는 세계를 대신하기에 이른 것이다. 가시적인 세상은 과학적으로 연구할 수 있지만 보이지 않는 세계는 그럴 수 없다. 오직 비합리적 '신앙의 도약'을 통해서만 인식할 수 있기 때문이다.

쉐퍼는 신앙의 도약을 싫어했다. 적어도 교리적 영역에선 그랬다. 교리란 주도면밀한 사고의 산물이 되어야 한다고 믿었다. 하나님이

성경을 통해 허락하신 언어적 계시에 근거해서 한 걸음 한 걸음 접근해야 한다는 것이다. 그렇기는 했지만, 심정적으로는 엄연히 설교자였으며 교회가 하나님의 사랑을 어떻게 드러내야 할지 실천적인 적용방법을 찾는 데도 적잖은 시간을 투자했다. 쉐퍼는 말했다. "변증이라는 진흙탕 싸움에 지치고 넌더리가 납니다. 개인적으로 변증은 느긋하게 즐길 만큼 안전한 시스템이 아니라고 생각합니다. 변증은 상대를 그리스도께 인도하며 삶의 모든 스펙트럼에서 그리스도가 주인이심을 더 깊고 넓게 이해하도록 이끌어야 합니다."

쉐퍼의 아킬레스건은 복음전도자와 변증가라는 이중의 역할을 감당해야 한다는 점이었다. 자신이 소개하는 사실에 담긴 능력을 한없이 진지하게 믿었으므로 논쟁이 붙었다 하면 반드시 동의를 얻어내야 했다. 크리스천이 내놓는 답변은 '개연성이 높은 결론'이나 '타당성이 있는 판단'이 아니라 '논리적으로 필연적인 결론'이라고 여겼다. 현대 문화를 두루 뒤져가며 주장을 뒷받침할 실례들을 탐색하면서 반대편에 해당하는 수많은 사례들은 무시해버렸다. 강렬하게 강조하는 표현을 즐겨 사용했다. "합리와 비합리 사이에 선을 긋고 1만 볼트짜리 전기철조망을 장착한 콘크리트 장벽쯤으로 여기라. 그쯤 돼야 합리적이되 절망으로 이끄는 저차원의 이야기와 비합리적이지만 소망을 주는 고상한 메시지 사이에는 접점이 존재할 수 없는 이유를 이해하기 시작할 것"이라고 선언하는 식이다.

쉐퍼 박사가 바르트나 키르케고르처럼 저마다 좋아하는 인물들을 콘크리트 장벽 너머로 집어던져버릴 때마다 크리스천 철학자와 신학자들은 안절부절 온몸을 꼼지락거리기 일쑤였다. 잭 로저스Jack Rogers

가 지적하듯, "쉐퍼는 루소와 칸트, 헤겔과 키르케고르를 한데 묶어 처분해버린다. … 그때마다 사실상 똑같이 비판적인(물론 전혀 다른 이유에서) 입장을 가진 이들조차도 박사가 특정한 철학자를 터무니없이 희화하는 데 거부감을 느끼는 나머지 상대편에 서고 싶은 유혹을 받는다."

자신만만하고 폭넓은 주장을 펼친 탓에 쉐퍼에게는 호평과 악평이 동시에 몰렸다. 혼란스러운 시대를 살면서 세상을 들여다볼 렌즈가 절실했던 명석하고 젊은 복음주의자들은 더할 나위 없이 깊은 영향을 받았다. 박사는 가끔 자신을 일컬어 '시대에 뒤떨어진 복음전도자'라고 했다. 이론적인 토론으로 수없이 많은 밤을 밝게 만들었던 총명한 학생들 전부보다 스위스의 조그만 예배당에서 그리스도를 영접한 어린아이 하나에게서 더 큰 희열을 느끼는 인물이라는 인상을 주는 표현이었다.

반면에, 스스로 절망의 줄에 선 줄도 모르고 하루하루 성취감을 느끼며 소망을 품은 채 살아가는, 무신론적 실존주의자도 아니고 그리스도인도 아닌 이들은 알프스의 후광을 입은 이 기이한 인물을 무슨 신성한 유적처럼 여겼다. 그들은 기독교 문명이 남긴 유물에서 자양분을 빼먹고, 톨스토이를 읽고, 모차르트의 미사곡을 들었다. 이들이야말로 프랜시스 쉐퍼를 그토록 치열하고, 그토록 비관적이고, 그토록 진지하게 만들었던 장본인들이었다. 우주적인 선택을 목전에 두고 있지만 코앞에 들이댄 증거들을 외면해가며 저마다의 전제와 완전히 모순된 삶을 살고 있다는 게 박사의 판단이었다.

이미 스물두 권의 저서를 통해 세계관을 명확하게 보여준 터에, 박사에게 더 하고 싶은 얘기가 남아 있을까? 결론부터 말하자면, 엄청나게 많았다. 세상을 떠나기 직전, 짧은 인터뷰를 할 예정이었지만 주말 내내 형편이 되지 않는 바람에 며칠씩 늘어질 수밖에 없었다. 쉐퍼는 놀랍도록 솔직했다. 자신의 공과 과를 평가하거나 대다수 복음주의자들이 웬만하면 피하려고 하는 주제를 이야기하는 데에도 망설임이 없었다.

귀 기울여 듣고 진지하게 답하기

얀 시 | 오래도록 젊은이들을 존중하고 뜨거운 관심을 유지하는 크리스천 리더들을 좀처럼 보기 힘든데, 박사님은 달랐습니다. 비결이 있습니까?

쉐 퍼 | 일단, 하나님은 한 사람 한 사람에게 제각기 다른 자질과 은사를 주셨습니다. 몇 가지 인적 요소들을 염두에 두고 드리는 말씀입니다. 저는 현대적인 지평을 여는 이슈들을 다뤄왔습니다. 젊었을 때 더러 스스로 연구해 얻은 결과에 집착하는 이들을 보았던 터라, 그러지 않으려고 노력했습니다. 기독교 집안에서 크지 않았고 한때 불가지론에 빠져 지냈던 이력도 작용했을 겁니다. 수많은 철학 서적을 탐독한 끝에 열여덟 살 무렵, 혼자 성경을 읽다가 크리스천이 되었거든요. 그래서 제 회심이 현대적인 방식으로 사고하는 자세로 이어지기 쉬웠던 게 아닌가 싶습니다.

아울러, 독서를 통해서뿐만 아니라 많은, 정말 수많은 이들과 이야기를 나누면서 꾸준히 가르침을 받았습니다. 크리스천들은 남의 말에 귀를 기울이지 않기 일쑤입니다. 그저 기독교적 입장을 내보일 따름이죠. 저는 세계 각지에서 다양한 수련을 쌓아온 이들의 이야기를 주의 깊게 들으려고 항상 신경을 썼습니다. 젊은이들이 찾아와 마음을 여는 이유는 단순합니다. 저마다 가진 이슈들을 지적으로 아무 값어치가 없는 폐기물 취급을 한다든지, 정답을 제시하려 들지 않기 때문입니다. 진심으로 그 문제들을 해결하려고 노력했거든요.

얀 시 | 비판자들 가운데는 '라브리'의 맥락 안에서만 방금 하신 말씀에 동의하는 이들이 있습니다. 직접 얼굴을 마주하고 대화를 나눌 때는 상대방의 문제를 이해하고 공감하는 반면, 바르트 같은 인물들을 다룬 글을 보면, 차갑고 냉정한 글자가 나열되어 있을 뿐이지 진정으로 귀를 기울인다는 느낌이 들지 않는다는 겁니다. 인간을 특정한 범주로 구분하고 거기에 맞춰 달리 대하는 경향이 있다고들 하는데, 어떻게 생각하십니까?

쉐 퍼 | 아녜요. 그렇지 않습니다. 카를 바르트에 관해 스물여섯 권짜리 전집을 쓰는 게 아니라면 내용을 압축할 수밖에 없고, 전반적으로는 제 요약이 그릇되지 않았다고 믿습니다. 누구나 실수를 하고 저 역시 마찬가지입니다만, 최소한 긍정적인 마음가짐으로 다른 사상가들을 대하려 노력했다는 건 자신 있게 말할 수 있습니다. 저처럼 글을 쓰는 이들은 축약이 필수적입니다. 모든 뉘앙스를 다 담을 도리가 없으니까요. 그래서 글쓴이가 말하고 제시하려 했던 핵심을 찾으

려고 안간힘을 씁니다. 한 페이지짜리 글을 쓰는 대신 두 시간 정도 대화를 했더라면 전혀 다르게 전달할 수 있는 뉘앙스들이 있다는 사실을 잘 알기에, 늘 숨을 죽이고 조심합니다.

얀 시 ㅣ《그러면 우리는 어떻게 살 것인가?》가 엄청난 판매고를 올리자 출판사는 〈뉴욕타임스〉에 전면광고를 게재하면서 "세상의 미디어들이 이 책을 외면하는 까닭은 무엇인가?"라는 질문을 헤드카피로 올렸습니다. 일반 대중매체들이 박사님의 사상에 더 큰 관심을 가져주지 않아서 서운하셨습니까?

쉐 퍼 ㅣ 어떤 점에서는 그렇습니다. 개인적으로는 두 부류의 청중을 감안하고 글을 쓰려 노력합니다. 크리스천과, 아직 그리스도를 받아들이지 않은 이들이죠. 처음 접촉했던 출판사는 양쪽 청중을 모두 염두에 두고 있는 것처럼 보인다는 이유로 출간을 거부했습니다. 저로서는 양쪽 독자를 다 겨냥하고 글을 써야 마땅하다고 굳게 믿습니다. 《그러면 우리는 어떻게 살 것인가?》는 그게 옳다는 걸 입증해준 셈입니다. 통상적으로 기독교 쪽에서 손을 내밀지 않았던, 아직 예수를 믿지 않는 이들 가운데 상당수가 감동을 받고 변화되었으니까요.

세상 미디어에 실망한 건 사실입니다. 주님을 위해 세상에 큰 영향을 미치고 싶었거든요. 세속적인 매체의 환영을 받으려면 일반적으로 그 틀 안에 들어가야 하는데, 저는 바깥에 있었습니다. 하지만 크리스천으로 입장을 분명히 고수하면서도 세속적인 분야에서 폭넓게 인정을 받은 인물이 있다는 얘긴 아직 들어본 적이 없습니다.

얀 시 ㅣ 하지만 적어도 복음주의 진영에서는 미디어의 각광을 받는 인물이 되셨습니다. 출판계약을 맺기 위해 관계자들이 경쟁을 벌이고, 청중들이 강당에 꽉꽉 들어찹니다. 서른 명 남짓 되는 이들이 둘러앉아 이런저런 문제를 이야기하던 예전 사랑방 분위기와는 많이 다른 모습입니다. 적응하기 어렵지는 않으셨습니까?

쉐 퍼 ㅣ 특별히 힘든 건 없었습니다. 예전에 하던 사역을 확장했을 뿐이라고 보니까요. 주님은 아무도 예상치 못했던 일들을 일으키십니다. 수천 명의 청중들 가운데서도 라브리 채플에서 100여 명을 앞에 두고 이야기할 때나 다름없는 친밀감을 느끼곤 합니다.

얀 시 ㅣ 이런 일들을 겪으면서 스스로 적잖이 달라졌다고 보십니까?

쉐 퍼 ㅣ 기도하며 생각해봤는데, 이렇다 싶게 변한 부분을 찾지 못하겠더군요. 제 생각보다는 매사에 솔직한 친구들의 판단이 훨씬 중요한데, 그 친구들 역시 변화를 실감하는 것 같지는 않아요. 하지만 누가 알겠어요? 마지막 날, 주님과 이야기를 나눠봐야 분명해지겠지요.

얀 시 ㅣ 박사님이 사람들을 향해 얼마나 따듯한 마음을 품고 있는지 생생하게 설명하는 사모님의 글을 읽은 적이 있습니다. 늘 관심을 가지고 주변 인물들을 살피고 상대방의 이야기에 집중해서 귀를 기울이신다더군요. 본래부터 그런 편입니까?

쉐 퍼 | 일종의 은사로 여기고 있습니다.

얀 시 | 크리스천이 되기 전에도 그러셨습니까? 늘 사람에게 끌리셨나요?

쉐 퍼 | 그랬던 것 같지는 않습니다. 지적인 관심도 마찬가지였습니다. 크리스천이 될 때까지는 정말 형편없는 수준이었습니다. 하지만 주님을 믿고 난 뒤부터는 그 방면에서 탁월해지기 위해 꾸준히 연구하고 공부했습니다. 고등학교는 간신히 마쳤지만 햄던시드니 대학은 우등생으로 졸업했어요.

제게 분석적 성향이 짙다는 걸 잘 압니다. 긴 세월을 살며 깨달은 게 하나 있는데, 정말 분석적인 이들을 만나기가 쉽지 않다는 사실입니다. 크리스천이 되기 전부터 저는 그랬어요. 사실, 한편으로는 메시지를 듣고 다른 한편으로는 철학자들의 글을 읽으며 자유주의를 분석한 뒤에 크리스천이 되었다고 해도 지나치지 않습니다.

하지만 한 사람이든 7천 명이든 지성적인 스펙트럼이 다채로운 이들과 대화를 나누고 저만의 방식으로 질문에 답을 제시하는 능력은 두말할 것도 없이 하나님의 선물이며, 그러기에 얼마든지 주님이 다시 가져가실 수도 있다고 진심으로 믿습니다. 세상에서 유용하게 사용되는 한, 저는 그런 은사를 주신 분께 감사를 드릴 겁니다.

암에 걸린 뒤로, 하나님이 우리 사역을 어떻게 사용하시는지 그 어느 때보다도 선명하게 깨달았습니다. 법을 전공한 교수들은 "법이란 법은 죄다 공부했지만, 법률의 현대적인 틀을 제대로 파악한 건 선생의 책들을 읽고 나서부터였습니다"라는 편지를 보내왔습니다. 의료계에서 일하는 이들도 "의료윤리에 관한 논의가 한눈에 들어왔습니다"라고 적었더군요.

안 시 | 박사님, 또는 박사님의 사상은 어떤 인물의 영향을 받았다고 생각하십니까?

쉐 퍼 | 헤아리자면 수백 명에 이르는 이들이 제 사상에 영향을 주었습니다. 그중에서도 몇 분은 사고체계를 완전히 바꿔놓았습니다. 멀리는 미술교사가 단 한 명뿐이던 중학교 시절까지 거슬러 올라가야 합니다. 사실, 저는 미술과 전혀 동떨어진 가정에서 성장했는데, 그 선생님이 새로운 세계로 통하는 문을 열어 보여주었습니다.

대학에서도 교수님 한 분을 만났습니다. 철학을 가르치셨는데, 대단히 명석한 분이었습니다. 그분도 저를 무척 아껴주셨습니다. 모르긴 해도, 수강생 전체를 통틀어 강의내용을 이해하고 교수님께 자극을 주는 유일한 학생이었기 때문이 아닐까 싶습니다. 더러 저녁에 부르시는 경우가 있었는데, 그때마다 배가 불룩한 난롯가에 앉아 마냥 토론을 벌이곤 했습니다. 나중에는 신정통주의 쪽으로 많이 기우셨지만, 제게는 지적으로 성장하는 데 큰 도움을 준 중요한 분입니다.

안 시 | 주요한 관점들 가운데 지난 10년 사이에 전폭적으로 달라

진 사례가 있습니까? 그러니까, 정말 극적인 전환이 일어난 경우가 있었느냐는 말씀입니다.

쉐 퍼 | 한 이틀 고민하면 뭔가 떠오를지 모르겠군요. 기본적 시각이 달라진 적은 없을 겁니다. 하지만 지엽적인 부분에서는 엄청난 변화가 있었죠. 그래도 핵심 사상에는 변함이 없었다고 생각합니다.

얀 시 | 그럼 언제쯤 기본적인 사고의 틀이 잡혔습니까?

쉐 퍼 | 신학적으로는, 신학교에 들어가기 전부터 이미 어느 정도 체계가 잡혀 있었습니다. 햄던시드니 대학에 입학했을 당시, 학장을 겸임하고 있던 성경교수와 채플의 교목은 그야말로 걸출한 크리스천들이었습니다. 하지만 그대로 미국에 머물렀더라면, 제가 펴낸 책들을 쓰거나 광범위한 지역을 누비며 접촉했던 이들과 만나서 도움을 줄 수 있는 준비를 갖추거나 내공을 쌓지 못했을 겁니다. 유럽으로 건너간 건 하나님의 섭리였다고 믿습니다. 덕분에 세계 곳곳에서 온 이들로부터 더 다양한 지성의 틀을 받아들일 수 있었습니다. "왜 조국으로 돌아가서 미국인들에게 도움을 주지 않으세요?"라는 질문을 자주 받습니다. 하지만 아내와 저는 유럽으로 갔기에 미국에 더 큰 유익을 끼칠 수 있었다고 생각합니다.

얀 시 | 세월이 흐르면서 역할도 많이 달라지셨는데, 그 사이에 새롭고 특별한 유혹을 받아본 적이 있습니까?

쉐 퍼 │ 그렇습니다. 상대하는 이들의 규모가 커지고 제 책을 읽는 독자들이 늘어나자 영적으로 교만해질 위험성도 그만큼 커졌습니다. 하지만 '학생이라곤 고작 세 명뿐인 주일학교 교장으로 뽑혔다고 으스대는 꼴'임을 되새기며 서둘러 자신을 다그쳤습니다. 교만은 내면적인 요소입니다. 크기가 작든 크든 위험하기는 마찬가지입니다. 사탄은 한 사람 한 사람과 장기를 두고 있다고 믿습니다. 놈은 얼마나 영악한지 바로 지금 우리가 살고 있는 실존의 장기판 위에서 말을 놀립니다.

정치, 종말, 빈부격차와 크리스천의 책임

얀 시 │ 정치 쪽으로 화제를 돌려보죠. 박사님의 글을 보면, 민주주의는 사회를 움직이는 기독교적 원리에서 비롯되었다고 보시는 듯합니다. 그렇다면 민주주의를 이상적인 정부형태로 꼽으시는 건가요? 아니면 전혀 다른 정부형태를 가진 문화 속에서도 거부감 없이 편안하게 지내실 수 있다고 보십니까?

쉐 퍼 │ 민주주의를 말하려면 먼저 개념을 분명하게 정의할 필요가 있습니다. 민주주의란 왕을 두지 않는다는 의미가 아닙니다. 미국이 채택하고 있는 정부형태를 받아들여야 하는 것도 아닙니다. 스위스에는 막강한 권력을 거머쥔 대통령이 없습니다. 일곱 명의 연방위원회 위원들이 돌아가면서 그 자리를 맡습니다. 그러니 대다수 스위스 국민들은 누가 대통령인지조차 잘 모를밖에요. 저는 특정한 형태의 민주주의를 이야기하는 게 아닙니다. 국민에게 주권이 있으며, 견제와 균형이 이뤄지고, 왕을 법으로 여기기보다 법이 곧 왕이라는 개념의 민주주의를 염두에 둔 질문인가요? 그렇다면 맞습니다. 그런 정치체제는 기독교가 낳은 열매입니다.

얀 시 | 고전적 마르크시즘만 아니라면 공산주의를 기반으로 한 정치체제들이야말로 크리스천들이 부대낌 없이 받아들일 수 있는 모델이라고 주장하는 이들이 있습니다. 동의하십니까?

쉐 퍼 | 정부가 경제를 더 강력하게 통제한다는 의미라면 형편에 따라 받아들일 수도 있을 겁니다. 하지만 오늘날 '공산주의'라는 용어는 대단히 제한적으로 쓰이는 게 사실입니다. 마르크스, 엥겔스, 레닌이 정립시킨 공산주의 철학은 압제로 이어졌는데 이는 종교개혁이 '법치'를 낳은 것만큼이나 자연스러운 현상입니다. 공산주의라는 단어는 지극히 선명한 물질만능주의 철학을 가리키기 때문입니다.

"민주주의와 경제 환경을 같은 의미로 보아야 하는가?"라고 묻는다면, 천만의 말씀이라고 답할 수밖에 없습니다. 완벽한 예가 바로 스위스입니다. 사회가 철도를 소유하고 있다고 해서 스위스를 자본주의 국가가 아닌 걸로 봐야 할까요? 전혀 그렇지 않습니다. 스위스는 미국보다 더 자본주의적입니다. 미국이 우편시스템을 국유화했다는 게 곧 자본주의나 민주주의를 포기했다는 얘기가 될까요? 두말할 것도 없이 아닙니다.

오늘을 사는 이들은 지난날 제퍼슨이 상상했던 것과는 판이하게 다른 민주주의를 누리며 살고 있습니다. 당시의 지도자들은 엘리트 집단이 나라를 이끄는 정치제도를 마음에 그리고 있었습니다. 가령, 미국의 선거인단 같은 제도는 그런 구상의 유물이라고 할 수 있습니다. 하지만 기독교가 앞장서서 그런 틀을 깨고 서서히 요즘과 같은 형태를 빚어냈다고 믿습니다.

얀 시 ㅣ 박사님은 평화주의자입니까?

쉐 퍼 ㅣ 아닙니다. 진지하게 말씀드립니다. 정말 아닙니다. 물론, 전쟁을 온 마음으로 혐오합니다. 하지만 인류는 타락한 세상에 살고 있으며, 무얼 하든 그 점을 고려할 필요가 있습니다. 복잡다단한 이 세상에 사는 이들은 너나없이 스스로 모든 걸 다 할 수 있는 존재가 아님을 알아야 합니다. 하지만 다른 한편으로 전쟁이란, 극한에 몰린 이웃을 돕는 일에 무제한 쏟아부어야 할 사랑을 사용하지 않는 비기독교적 사랑 결핍이 역사의 어느 한 시점에 표출되는 현상이라고 봅니다. 제2차 세계대전 중에 독일에서 벌어진 가공할 만한 상황은 외부의 힘이 절실하다는 사실을 선명하게 보여주는 실례라고 하겠습니다.

결단코 우파의 입장에서 하는 얘기가 아니라는 점을 강조하고 싶습니다. 우파든 좌파든, 자유를 박탈하는 행위를 극도로 혐오할 따름입니다.

얀 시 ㅣ 저서에서 다루고 있는 현대 문명의 동향과 박사님의 예언적 시각이 어떻게 맞아떨어지는지 확인해보셨습니까?

쉐 퍼 ㅣ 그렇지 않습니다. 물론, 종말론을 진지하게 받아들이는 건 사실입니다. 하지만 성경은 현재 인류가 종말을 향해 가는 프로그램 가운데 딱 집어 어느 대목을 살고 있노라고 어떤 식으로든 장담하지 말라고 경고하고 있습니다. 달리 설명하자면, 저는 마치 제 생전에 그리스도가 오실 것처럼 하루하루 인생을 살아가야 한다고 믿습니다. 그러나 그럼에도 불구하고 종말을 예고하는 상황이 실현되어 가는 정황이 보인다고 말할 수는 없습니다. 궁금한 건 사실입니다. 뚜렷이 종말론적인 시각을 가지고 사는 터라 당연히 호기심이 생길 수밖에 없습니다. 그렇지만 그런 마음이 실질적이고 정치적인 느낌까지 좌우하게 내버려두지는 않습니다.

얀 시 ㅣ 요즘 크리스천들 가운데는, 어떤 이가 적그리스도라는 사실을 안다 해도 그 인물에게 아낌없이 표를 던져서라도 그리스도의 재림을 앞당기고 싶어 하는 이들이 적지 않은 듯합니다. 하지만 중동의 상황을 놓고 볼 때, 설령 이스라엘이 정말 하나님의 선택을 받은 백성이며 결과적으로 종말론에 부합된다 할지라도, 그 사실은 아랍과 팔레스타인을 대하는 윤리와 사실상 아무 관계가 없다고 봅니다. 박사님은 어떻게 생각하십니까?

쉐 퍼 ㅣ 맞는 말씀입니다. 제가 미국 대통령이라면, 성경에 이러저러하게 예언되어 있으므로 반드시 거기에 맞춰 결정을 내려야 한다는 사고방식에 근거해서 특정한 역사적 상황을 판단하지는 않겠노라고 분명히 밝혀야 할 겁니다.

얀 시 | 풍요로운 사회에 존재하는 빈부격차와 크리스천의 책임에 관한 글을 쓰셨더군요. 말씀하신 이론과 그 성경적 근거는 기독교계 어디서나 들을 수 있을 만큼 흔합니다. 하지만 그 원리가 현실적으로 무슨 차를 타고, 얼마나 큰 집을 구입하며, 얼마나 많은 바지를 소유하고, 투자자산을 보유할지 말지 결정하는 데 어떤 영향을 미치느냐 하는 건 단순한 문제가 아닙니다. 여기에 대해 실제적인 조언을 좀 부탁드립니다.

쉐 퍼 | 펜실베이니아 주 서부지역에서 목회할 당시, 성령 충만한 삶을 사는 크리스천이 생명보험에 가입하는 게 타당하냐를 둘러싼 논쟁이 핫이슈였습니다. 교회가 나서서 법으로 강제할 사항이 아니라는 점을 강조하는 게 제 입장이었습니다. 성경은 거기에 관해 절대적인 기준을 제시하지 않으므로, 우리 역시 그럴 수 없습니다. 우리가 할 수 있는 일이라고는 머리를 맞대고 원칙을 마련하고 저마다 성령님의 인도하심을 받아가며 그 원리를 눈앞에서 벌어지는 상황에 적용할 방도를 찾는 것뿐입니다. 주님은 이 사람은 이런 방법으로, 저 사람은 또 다른 방식으로 원칙을 적용하게 하십니다. 결과적으로 둘이 똑같이 올바른 거죠.

저는 부를 쌓아서 따뜻한 마음으로 베풀자는 쪽입니다. 덕분에 양편 모두에서 공격을 받습니다. 재물을 독차지하고 너그럽게 나누는 일 따위는 꿈에도 생각지 않는 이들은 베풂을 강조하는 소릴 듣고 싶어 하지 않습니다. 반면에 부를 쌓는다는 표현을 사용했다고 비난을 퍼붓는 이들도 있습니다. 급진적인 크리스천들은 부의 축적은 어떤 형태든 잘못이라는 입장에 기울기 때문입니다. 개인적으로는 성경이 사유재산권을 인정한다고 믿습니다. 다만, 주의해야 할 게 있습니다. 첫째는 재물을 얻는 방법이고 두 번째는 그걸 사용하는 방식입니다. 신약성경을 보면, 당시의 크리스천들이 개인적으로 재산을 소유하고 있었음을 분명히 알 수 있습니다. 그렇지 않았더라면 사도 바울이 후원을 요청했을 때, 아무것도 내어주지 못했을 겁니다.

저는 교회에 두 가지 정통, 다시 말해서 교리적 정통과 공동체적 정통이 있음을 되풀이해 강조합니다. 라브리는 여러 면에서 복음주의자들에게 선구적인 역할을 했습니다. 전혀 새로운 차원에서 공동체에 비중을 둔다는 점만 해도 그렇습니다. 하지만 코뮌commune과 커뮤니티community를 엄격하게 구분합니다. 코뮌은 가진 걸 공유한나는 함의를 얼마쯤 담고 있습니다. 그런 뜻에서 라브리는 코뮌이 아니라, 저마다 제 집과 개성, 사사로운 재산, 자녀들을 키우는 독자적인 원칙을 소유한 채 함께 어울려 살아가는 가족들의 커뮤니티입니다.

안 시 | 소득의 상당 부분을 베푸는 데 쓰시는 편입니까?

쉐 퍼 | 아내와 저는 모든 수입을 라브리에 돌리고 있습니다. 인세도 거기서 관리하죠.

얀　시 | 그러면 그쪽에서 저개발 국가들을 집중 지원하는군요.

쉐　퍼 | 여러 구성원들이 개인 차원에서 합니다. 하지만 라브리는 비용이 많이 들어가는 프로그램입니다. 찾아오는 이들을 받아들이되 거의 부담을 지우지 않기 때문입니다.

예술, 합리성, 문화

얀　시 | 더러 예술을 어떻게 이해해야 할지 모르겠다면서 라브리를 떠나는 크리스천들이 있습니다. 박사님은 오늘날의 화가와 음악가, 작가들이 사용하는 표현양식에 어떤 형태로든 오염되고 비윤리적인 측면이 포함되어 있다는 의미로 '절망선line of despair'이란 용어를 쓰셨습니다. 제가 아는 이들은 말하더군요. 그렇다면 크리스천 예술가로 제몫을 하는 길은 한 세기쯤 훌쩍 과거로 돌아가 낡아서 내다 버렸던 양식들을 도로 집어 드는 것뿐이라고요.

쉐　퍼 | 천만에요. 충분히 소명을 하지 않은 탓에 오해가 생긴 모양이군요. 라브리에서 함께 지내는 식구들은 그렇게 보지 않아요. 다만, 책을 통해 만나는 이들은 그리 생각할 수도 있겠습니다.

테크닉은 가치중립적입니다. 어떤 기술을 놓고 거룩하니 부정하니 얘기할 수는 없어요. 그렇지만 어느 세대에나 세상의 정신이 깃든 양식이 있어서, 의식적으로 거부하지 않는 한, 크리스천의 사상을 포함한 모든 영역에 스며들게 마련입니다.

예술 세계에서 테크닉은 참으로 명석한 예술가들이 저마다 해당 분야를 배경으로 세계관을 표현할 그릇을 찾는 과정에서 태어납니다. 하지만 너나없이 다다이즘이 태동한 취리히의 '카페 볼테르Café Voltaire' 같은 곳에 앉아서 새로운 구상을 짜내야 한다고는 생각지 않습니다. 저는 스스로 의식하든 그렇지 않든, 한 사람의 세계관은 삶의 전 영역에서 자연스럽고 일관되게 드러나는 법이라고 믿습니다. 여기서 조심해야 합니다. 스스로 알든 모르든, 그 역시 하나님의 형상대로 지음을 받은 존재이므로 내면에 제동장치를 가지고 있습니다. 하지만 제가 드린 말씀은 전반적으로 사실에 가깝습니다.

현대 예술양식들은 특정한 세계관을 표현할 목적으로 만들어졌으므로 젊은 크리스천 예술가와 문필가들로서는 상대하기가 대단히 까다로울 수밖에 없습니다. 이미 이야기했다시피 테크닉은 중립적이며 경건과 불경을 가름할 수 없습니다. 하지만 세계관을 드러내기 위해 고안된 그릇에 제 생각을 담는 편이 세상을 보는 다른 시각을 전달하는 쪽보다 훨씬 쉽습니다. 그러므로 저는 현대 예술에 반기를 들자는 게 아니라 그런 형태가 나타나게 된 연유를 놓치지 말아야 한다고 말씀드릴 따름입니다.

안 시 ┃ 음악 쪽에서 그런 예를 하나 들어줄 수 있을까요?

쉐 퍼 ┃ 음악은 이야기하기가 가장 어려운 분야입니다. 늘 주저하며 조심조심 다가서는 세계죠. 음악은 인쇄된 책자나 캔버스를 살피듯 검증할 수가 없어요. 그렇지만 글이나 시, 그림에서보다 조금 어렵기는 해도 동일한 일반원리들을 볼 수 있습니다.

얀 시 | 대중문화는 다양한 분야들 가운데서도 특히 클래식 음악의 새로운 양식들과 가장 심하게 충돌하는 게 아닌가 싶습니다. 뉴욕 필하모닉 오케스트라도 존 케이지John Cage를 연주하다가 청중들의 야유를 받았을 정도니까요. 과연 그런 거부감을 극복해낼 수 있을지 모르겠습니다.

쉐 퍼 | 꼭 극복해야 한다고 생각지 않습니다. 스트라빈스키와 달리 존 케이지한테 다가가서 보면 철학적인 성명서를 쓰고 있어요. 개인적으로 현대 예술에 아쉬운 점 가운데 하나는 지나치게 철학적이라는 점입니다. 복음주의 예술을 대할 때와 똑같은 불만을 떨쳐버릴 수가 없어요. 그건 예술이 아닙니다. 정치판의 팸플릿이나 홍보물이죠. 마르셀 뒤샹Marcel du Champs이나 존 케이지 같은 인물들은 예술작품을 만드는 게 아니라 철학적인 성명서를 제작하고 있다는 말씀입니다.

얀 시 | 예술가들을 독특하게 해석하시더군요. 가령, 십자가에 달려 고난받으시는 예수님의 모습을 그린 살바도르 달리의 그림에 대해서는 사실성이 부족하다고 비판했습니다. 특별히 연구를 해보셨습니까? 예수 그리스도의 역사성에 회의를 표하기 위해 그런 테크닉을 사용했다는 달리의 말을 찾아내기라도 하신 건가요? 아니면 그럴 거

라는 추론인가요?

쉐 퍼 | 흥미롭게도 살바도르 달리는 〈플레이보이〉지와의 인터뷰에서, 요즘 현대 과학자들의 글을 읽고 있으며, 지구는 '혼돈'이 아니라 '에너지'에서 나왔음을 알게 되었다고 했습니다. 그러곤 곧바로 미술에는 영적인 묘사가 담겨 있어야 한다는 얘기로 비약합니다. 그러니 살바도르 달리에게는 그 무엇보다 〈플레이보이〉가 아주 유익했던 모양입니다.

안 시 | 그런 사실은 몹시 재미있는 주제를 제시합니다. 우주의 핵심을 꿰뚫어보려면 이성적이기보다 비이성적이 되어야 한다는 철학적 운동이죠. 박사님은 하이젠베르크의 불확정성원리와 같은 새로운 발견을 탐탁하게 여기시지 않는 것처럼 보이는군요.

쉐 퍼 | 뉴턴의 오래된 개념이 언젠가 수정되어야 한다는 건 분명히 알고 있었습니다. 하지만 사이클로트론(양성자나 전자와 같은 대전 입자를 가속시키는 입자 가속기 – 옮긴이) 같은 장치에 들어가는 아주 미세한 물질들을 다룰 때조차도 그 좁은 세계에서 벌어지는 현상과 관계없이 여전히 광범위한 영역의 인과론을 토대로 삼습니다. 원인과 결과를 바탕으로 현상을 처리하지 않았다면, 아무도 사이클로트론을 개발하지 못했을 겁니다.

유한한 인간이 모든 걸 수학적 도표로 풀어낼 수 있다는 데카르트의 개념을 받아들이지 않는 게 곧 비이성적 세계로 뛰어든다는 뜻은 아닙니다. 사이클로트론을 만들어내는 건 그걸 제작하고 있는 이들이 그 행위를 통해 비합리성을 부정하고 있다는 결정적 증거입니다.

얀 시 | 그렇게 반론을 펼치면 상대방은 뭐라고 응수하던가요?

쉐 퍼 | 여태 한 번도 답을 들어보지 못했어요. 돌연히 침묵이 찾아오죠.

얀 시 | 물리학자와 이렇게 일대일로 마주 앉아 질문해본 적이 있습니까?

쉐 퍼 | 있고말고요. 놀랍게도 그 점을 깊이 생각해보지 않은 이들이 대다수인 것 같았어요. 정말 본질적인 문제를 파고드는 대신 이런저런 유희를 즐기는 데 몰두할 따름이에요. 알프스의 비탈길을 달려 내려가는 기록을 0.1초쯤 단축하는 놀이도 있지만, 고도로 훈련받은 과학자들처럼 실재의 아주 작은 영역에 초점을 맞추고 광대한 문제는 절대로 생각하지 않는 게임을 벌일 수도 있죠.

얀 시 | 리처드 니버H. Richard Niebuhr가 소개한 그리스도와 문화의 원리들을 잘 아시리라 믿습니다. 문화를 구원한다는 게 과연 가능할까요? 크리스천들이 반문화적 소수자가 되는 쪽보다 나을 게 없지 않을까요?

쉐 퍼 | 요술지팡이를 흔들어서 크리스천들이 교회와 국가 사이에서 헷갈리지 않도록 생각을 하나로 모을 수만 있다면 얼마나 좋겠습니까. 미국이란 나라의 기초를 닦았던 이들이 꿈꾸었던 게 바로 그런 모습이 아니었나 싶습니다. 국교회를 세우는 일은 어렵겠지만, 크리스천이 의견의 일치를 이루는 건 얼마든지 가능합니다. 문화에 절대적인 영향을 끼칠 수 있다는 말씀입니다.

얀 시 | 역사상 그런 사례가 있었습니까?

쉐 퍼 | 웬걸요. 그런 시절은 없었습니다. 종교개혁이 한창이던 시기를 꼽으라는 압력을 질리도록 받고 있지만, 분명 그때는 황금기가 아니었어요. 하지만 제가 젊었을 때, 그러니까 20-30대 무렵의 미국은 기본적으로 크리스천들 사이에 묵시적으로 합의된 세계관 같은 게 있었어요. 물론 인종적 이슈나 축적한 부를 동정적으로 사용하는 문제처럼 터무니없이 적용된 경우들도 있었어요.

얀 시 | 그 이후로 무슨 일이 있었던 거죠? 합의의 순도가 낮아졌나요? 목소리가 줄어든 겁니까? 아니면 다른 세계관의 영향력이 커졌던가요?

쉐 퍼 | 그 모든 요소들이 복합적으로 작용했죠. 결국 인본주의가 자연스러운 결론이 되었습니다. 현대인들은 세속화된 사회에 살게 되었고요. 학교에서 무신론을 교육하는 건 문제가 되지 않지만 크리

스마스 캐럴은 가르칠 수 없는 지경에 이른 거죠. 지금은 세상의 전제들이 법률과 교육을 비롯한 삶의 전반을 통제하고 있습니다.

나중에는 교회도 조금씩 비슷한 궤적을 밟기 시작했어요. 손꼽히는 교단들 가운데 대다수는 자유주의 신학을 목회자 양성과 운영지침의 골간으로 삼고 있습니다. 세상과 똑같은 사고방식과 사상체계를 갖게 된 거죠. 하지만 저는 자유주의 신학이 기독교 용어들로 포장된 인본주의에 불과하고 봅니다. 세속주의와 교회가 동일한 철학의 지배를 받고 있다는 말씀입니다.

의도한 바와 성취한 것

얀 시 | 박사님은 무대에 오를 때마다 '지성세계의 천하장사'로 소개됩니다. 사람들은 공격태세를 갖추고 틈을 노립니다. 책 표지에도 '지성사회의 전도자'를 비롯해서 낯간지러울 수도 있는 갖가지 꼬리표들이 따라붙죠. 이런 말들이 자아상에도 영향을 미칩니까? 30년 전, 유럽에 첫발을 내딛던 시절의 향수가 아련하게 떠오르지는 않습니까?

쉐 퍼 | 저로서는 피부에 와 닿지 않는군요. 제 관심사는 하나님이 주신 것들을 어떻게 지키느냐 하는 것뿐입니다.

얀 시 | 깊은 산속에 숨어 사는 '도사' 흉내를 낸다고 비난하는 이

들이 더러 있다고 들었습니다. 전통의상을 차려 입고 신선노릇을 한다는 거죠.

쉐 퍼 | 전통의상을 입는 건 그저 편하기 때문입니다. 산에 오르거나 크로스컨트리 스키를 타면서 처음 입기 시작했는데 아주 괜찮더라고요. 그래서 차츰 일상복으로 삼게 된 거죠.

얀 시 | 하지만 미국에서 열리는 목회자 모임 같은 데서는 다들 정장을 입지 않습니까? 그러니 스위스 전통의상 차림이 튀어 보일 수밖에요. 그처럼 남다르게 행동하시는 특별한 이유가 있습니까?

쉐 퍼 | 1960년대를 거치면서 그러는 편이 유익하다는 걸 처음 알았던 게 아닌가 싶네요. 방금 질문을 받기 전까지는 단 한 번도 깊이 생각해보지 않았던 일이지만 말입니다. 휘튼 대학 같은 곳에 갈 때는 진부한 고정관념에서 한 발 떨어지게 해준다는 점에서 도움이 됐어요. 어떤 점에서는 다들 익숙한 것들에 길들여지지 않았다고도 말할 수 있죠. 물론 제 생각은 그렇습니다.

얀 시 | 15년 전쯤, "책을 쓰실 계획이 있습니까?"라는 질문을 받았더라면 뭐라고 답하셨을 것 같습니까?

쉐 퍼 | 없다고 했겠지요. 얼굴을 맞대고 대화를 나누는 걸 더 즐기는 편이죠. 언젠가 하버드 대학에 갔는데, 강의를 마치자 학생들이

갑자기 기립박수를 쳐주었어요. 대부분은 크리스천이 아니었을 거예요. 어느 교수의 부인이 제 아내더러 30년 넘게 하버드에 들락거렸지만 기립박수는 처음 본다고 그러더래요. MIT에서도 그랬고 다른 데서도 마찬가지였어요. 그래도 개인적으로 만나서 얘기하는 선을 넘고 싶은 마음은 눈곱만큼도 없었어요. 강의 후에 질문을 받고 답을 주는 형식에는 매력을 느끼지 못하겠더라고요. 그때만 해도 새벽 두세 시까지 버틸 에너지가 남아 있었거든요.

얀 시 │ 로스앤젤레스에서 강연을 들었던 어느 비평가는 강당을 가득 메운 청중들 가운데 박사님이 영화나 육성을 통해 전달하려는 메시지를 알아듣는 이는 몇 안 됐을 거라고 했습니다. 다들 박사님의 전문가 같은 모습에 갈채를 보냈지만 정말 생각이 달라져서 돌아갔을지는 회의적이라는 겁니다.

쉐 퍼 │ 제게 온 편지들을 한번 읽어보라고 권하고 싶군요. 직설적으로 복음을 전하는 설교를 한다 해도 알아듣지 못하는 이들은 여전히 나올 겁니다. 하지만 헤아릴 수 없을 만큼 많은 사람들이 충분히 그 메시지를 알아듣고 있습니다. 삶을 바꿀 정도니까요. 올바른 비판은 아닌 것 같습니다.

얀 시 │ 서구 문명에 관한 영화 시리즈를 통해서 박사님은 역사와 문화를 심층적으로, 그리고 객관적으로 분석하면서 다른 한편으로는 복음을 전하려 노력하셨습니다. 의도를 정확히 알고 싶습니다. 그 두

가지 동기가 서로 충돌하는 것처럼 보여서요.

쉐 퍼 │ 저는 기독교의 가르침이 진리라고 믿습니다. 진리 중의 진리죠. 당장 양자물리학적인 질문에 답을 주지는 않습니다. 하지만 진리, 곧 객관적 진리에 가까이 다가설수록 기독교의 진실성이 더 구체적으로 드러나게 될 겁니다. 제 눈에는 상충되는 구석이 전혀 보이지 않습니다.

《그러면 우리는 어떻게 살 것인가?》만 하더라도 도입부에 서구 역사와 문화에 관해 포괄적 설명을 하는 책이 아님을 분명히 밝혔습니다. 누구도 그런 글을 쓸 수 없습니다. 제 책 역시 선택적입니다. 사실 역사서는 하나같이 선택적입니다. 기독교의 진리를 깊이 신뢰하는 저로서는 객관적 실재와 개인적인 생각 사이에 본질적인 긴장을 없애는 데, 다시 말해서, 사람들을 인도해서 크리스천이 되게 하고 이미 주님을 따르는 이들은 문화와 삶의 모든 국면에서 그리스도가 주인이라는 개념을 갖도록 이끄는 데 변증학의 목적이 있다고 믿습니다.

얀 시 │ 박사님은 역사 전반에 걸쳐 크리스천들이 저지른 엄청난 과오를 가볍게 여기시는 듯합니다. 어째서죠? 물론 전혀 언급하시지 않는 건 아니지만, 영화 시리즈에서는 30년 전쟁(1618년부터 30년간 신구교도들이 독일에서 벌인 종교전쟁-옮긴이), 십자군 원정, 종교재판, 과학 억압 같은 사건들에 담긴 역사적 의미를 상대적으로 가볍게 평가하고 있다는 느낌을 지울 수 없습니다. 특별한 이유가 있는 건가요?

쉐 퍼 │ 그렇습니다. 우선, 시간과 공간의 제약이 있었습니다. 둘째로, 엄청난 종이나 필름을 쏟아부을 형편이 되지 않는다면 차라리 다루지 않는 편이 나은 이슈들이 있습니다. 십자군 전쟁이 대표적 예입니다. 그건 파괴적인 사건이었습니다. 크리스천이 가진 그 어떤 틀에도 들어맞지 않는 사태였다고 봅니다. 이런 책이나 영화를 만들면서 그처럼 참담한 역사를 어떻게 끼워 넣을 수 있다는 말입니까? 제대로 다루자면, 십자군 전쟁만 다룬다 해도 최소한 한 시간 반은 이야기를 해야 할 겁니다.

얀 시 │ 인격적으로는 어떨지 모르지만, 적어도 글에 나타난 박사님의 방법론은 이성주의적인 입장에 치우쳤다는 느낌을 줍니다. 하지만 다른 한편으로는 인간이란 존재는 이성을 포함해 총체적으로 부패했다는 견해를 보이고 계십니다. 그런 관념 위에다 이성주의적 세계관을 구축할 수 있습니까?

쉐 퍼 │ 저는 성경이 아퀴나스와 같은 자연신학(성경과 신앙 경험이 아니라 이성과 일상 경험에 토대를 둔 신학 - 옮긴이)과 인간의 이성을 하찮게 여기는 유물론자 사이에 있는 어떤 진리를 가르친다고 굳게 믿습니다. 인간은 타락했고 유한한 존재에서 영원한 생명으로 옮겨 갈 방도가 없습니다. 너나없이 그릇된 결론에 이를 수밖에 없는 거죠. 하지만 인간의 이성은 여전히 작용합니다. 바울이 로마서 1장에서 주장하듯, 증거는 충분합니다. 증거가 얼마나 차고 넘치는지 그 앞에 무릎을 꿇지 않는다면 '불순종'이란 소릴 들어도 할 말이 없을 정도입니다.

얀 시 | 지금까지 해오신 일들을 되돌아볼 때, 어떤 점이 가장 뿌듯하세요?

쉐 퍼 | 우선 현대인들이 알아듣고 인정할 수 있는 방식으로 역사적 기독교를 소개해서 적잖은 이들을 크리스천의 길에 들어서도록 안내했다는 점을 꼽고 싶습니다. 다음으로는 크리스천이 된다는 것이 고상한 영적 세계의 일이 아니라 삶의 영역 전반을 아우르는 사건임을 강조했다는 사실일 겁니다. 이제 크리스천들은 기독교의 진리와 예술과 문화, 법률은 별개가 아니라는 사실을 인식하기 시작했습니다. 여태까지 단 한 번도 그렇게 생각해본 적이 없는 이들도 적지 않을 겁니다.

신학적으로 저는 초대교회와 종교개혁의 전통을 잇는 역사저 기독교의 맥락 속에 있습니다. 따라서 제가 드리는 말씀은 전혀 새로울게 없습니다. 그럼에도 불구하고 순전히 하나님이 은혜를 베풀어주신 덕분에, 현대인들에게 저마다 충분히 알아들을 만한 방식으로 이런 얘기를 할 수 있었던 게 아니었나 싶습니다.

7

T. S. 엘리엇의
원대한 구상

　엘리엇T. S. Eliot은 진화심리학, 포스트모더니즘, 해체주의 같은 용어들이 대두되기 이전의 인물이었지만, 누구보다 먼저 시대의 흐름을 감지하고 그 종착점을 알리는 표지판을 세움으로써 모더니티의 앞날을 예시해 보여주었다. 1920년대와 1930년대의 지성사회는 일련의 달콤한 아이러니가 지배하고 있었다. 모더니스트 운동의 선구자였던 엘리엇은 스스로 고전주의자를 자처하면서 과거로 눈을 돌렸다. 암울한 절망을 난해한 시어로 읊은 《황무지The Waste Land》의 시인인 동시에 영국국교회의 청탁을 받고 정성껏 크리스마스 송가를 지은 작가였다. 장차 노벨문학상을 수상하게 될 위대한 이 작가는 사회이론을 노래하는 시들을 그렇게 한쪽으로 제쳐두었다. 미국 시민으로서 사회계급을 방어하는 작품을 꿋꿋이 써냈으면서도, "저마다 태어난 지역과 동네에 사는 게 가장 이상적"(자신은 비록 영국으로 이주했을지언정)이라는 주장을 펼치기도 했다.

간단히 정리하자면, 세상에서 가장 유명한 시인으로 손꼽히는 이 작가는 서로 대립하는 정치세력 사이에서 노심초사하는 현대인의 위기상황을 끌어안은 채, 기독교문명을 지켜내는 한 가지 목표에 오로지 헌신하기로 작정했던 것이다. 가까이 지냈던 친구 버지니아 울프가 "성직자가 되려는 모양"이라고 툴툴거릴 정도였다.

엘리엇은 경제를 연구하고, 크리스천 신학자들과 사회이론가들을 만났으며, 현대 사회가 맞닥뜨리고 있는 위기에 대해 새로이 갖게 된 시각을 설명하는 책을 세 권이나 펴냈다. 엘리엇은 전문분야에서 벗어나 외도를 하고 있음을 거리낌 없이 인정했다. 창의적인 저술활동에 침체기가 찾아왔다. 서구 문명의 존재 자체가 위협받는 분수령에 섰음을 절감하고 초점을 바꾼 까닭이었다. 《황무지》는 그 공허감을 통렬하게 그려낼 뿐, 어떠한 해법도 제시하지 않는다. 이 서사시가 발표된 뒤에도 위기감은 나날이 고조될 따름이었다. 한편에는 공산주의가, 다른 한편에는 파시즘이 도사린 상황에서 위험의 수위는 점점 더 높아만 갔다. 엘리엇은 산업혁명이야말로 히틀러나 스탈린 같은 폭군들에게 쉬 놀아날 수 있는 냉담한 인간군을 만들어낸 요인이라고 보았다. 히틀러와 네빌 체임벌린이 평화협정을 맺은 직후에는 '국민 생활 전체가 기만적'이라며 체념 섞인 탄식을 내뱉었다. 1938-1939년의 일반적인 정치상황으로 인해 엘리엇의 내면에 스스로 '새로운 정서'라고 일컬을 만큼 예전과 판이하게 다른 종류의 정신적 퇴조가 찾아왔다. 가까이 지내던 친구 에즈라 파운드Ezra Pound는 당시의 형편을 "부서진 조각상의 두 역겨운 것들(과) … 짓밟힌 허다한 책들"만 남기고 "사라져버린 늙은 암캐, 망가진 문명"이라고 표현했다. 장기간 쇠락을 거듭하거나 모종의 권위주의에 사로잡히는 것 말고, 서구 사회가 선택할 수 있는 제3의 방안이 있을까?

엘리엇은 크리스천답게 산다는 말에 담긴 의미를 적극적으로 회복하는 게 유일한 대안임을 알았다. 한층 고상한 형태의 크리스천 사회를 추구하지 않는 한, 영국과 미국은 독일이나 러시아에 존재하는 비기독교적 유형의 사회에 끌려들 것이라고 믿었다. 그런 생각을 심각하게 받아들이는 이들이 거의 없던 시절이었으므로, 엘리엇은 얼마쯤 망설이면서 시인이라는 가장 큰 소명을 접어두고 세계의 문제를 탐색하는 쪽으로 돌아섰다. 달리 선택의 여지가 없을 것만 같은 긴박감이 그를 사로잡았다.

엘리엇은 직접 창간해서 운영하던 문학잡지 〈크라이테리언Criterion〉에 현대 사회를 향해 구체적으로 이의를 제기하는 에세이들을 실었다. 주로 부패한 신앙, 천박한 문화, 파산지경에 이른 프로테스탄트 신학, 점점 줄어드는 자연에 대한 경외감, 갈수록 부정확해지는 언어 사용 따위를 지적하는 글이었다. 한편에선 설득력이 있다고 평가한 반면, 다른 한쪽에서는 일관성이 없고 변덕스럽다고 깎아내렸다. 하지만 엘리엇이 산문보다는 시에서 현대 사회의 흐름을 더 강력하게 짚어내고 있다는 점에는 대다수 비평가들이 의견을 같이했다.

자신의 뿌리를 잘라내버린 서구 사회

자유주의적 자세는 무언가를 지지하기보다 맞서는 느낌을 남긴다는 점에서 사회를 좀먹을 수 있다는 게 엘리엇의 판단이었다. 부정적인 면을 강조해서 사회의 긍정적인 세력, 특히 신앙의 힘을 약화시킨다는 것이다. 부정적인 사회는 어느 한 끝, 또는 방향을 지향하는 게 아니라 그저 진공상태를 만들어낼 따름인데, 서구 사회는 기독교적 원리에서 벗어나는 순간 그 긍정적인 뿌리를 스스로 잘라버렸다고 보았다. 엘리엇은 애정이 듬뿍 담긴 시선으로 "사회적 통념을 침해하지 않으면서 검소하고, 진취적이며, 지성적이고, 실용적이며, 신중한 이는 반드시 행복하고 '성공적인' 삶을 살게 된다는 묵시적 합의가 있었던 시절"을 되돌아보았다.

엘리엇은 현대 문화에 날카로운 메스를 들이대고 부정적 측면들을 낱낱이 해부했다. 우선 한 사람 한 사람의 자아를 강조하는 시대 사조를 불신했다. 내면의 빛을 높이 떠받드는 낭만주의 운동을 가리켜 "방황하는 인류 앞에 여태껏 제시되었던 지침들을 통틀어 가장 믿음직스럽지 못하고 기만적인 지표"라고 비판했다. 그가 스스로 말했다시피, "도덕률이 전통과 정통, 곧 교회가 지속적으로 사고하고 안내해서 세우고, 가다듬고, 향상시킨 공동체의 관습이란 울타리 안에 머물지 않는다면, 그래서 저마다 알아서 제 기준을 세우게 된다면, 개성이 무서우리만치 중요해질 것"이란 주장이다.

엘리엇의 청년기, 그러니까 제1차 세계대전이 일어나기 직전에는 낙관적인 휴머니즘이 분위기를 주도하고 있었다. 신앙에 의존하는 윤리학의 입장에서 보자면, 개인에게 내재된 선량한 속성을 기반으로 삼는 사상적 흐름은 대단히 매력적인 선택지였다. 하지만 원죄의 교리를 굳게 믿는 엘리엇으로서는 '내면에 존재하는 선'이란 개념을 받아들일 수 없었다. 인간은 근원적 죄악에 시달리고 있을 따름이며 교정이 불가능한 상태라고 판단했으므로 개혁과 교육이 아니라 은혜를 통한 구원을 제시하는 신학자들에게서 답을 찾았다. 엘리엇은 교리의 지원이 없는 휴머니즘은 기독교에서 윤리만 뽑아다 쓰는 기생충쯤으로 여겼다.

아울러 엘리엇은 과연 인간사회에서 휴머니즘이 제 기능을 할 수 있을지 의심스러워했다. 신앙적 동기가 뒷받침되지 않으면 평범한 인간으로서는 그 높은 기준을 지켜나가야 할 이유를 찾지 못하리라고 본 것이다. "인류가 가진 신앙적 습관은 언제 어디서나, 그리고 누구에게나 여전히 강력한 영향력을 발휘한다. 인본주의에는 이런 속성이 끼어들 틈이 전혀 없다. 개인적으로 휴머니즘은 지극히 제한적인 시간과 장소, 그리고 대단히 특수한 이들이 갖는 심리상태를 가리키는 게 아닌가 싶다." 흔히들 "인간은 하나님 없이도 선해질 수 있는가?" 라고 묻지만, 엘리엇은 단호하게 대꾸한다. "천만의 말씀!" 스스로 세운 도덕률에 맞춰 삶의 질서를 잡아갈 수 있는 이들이 없지는 않겠지만, 절대다수는 더 견고하고 확실한 무언가가 필요하다는 것이다.

엘리엇은 기독교와 공산주의를 대조하면서 오직 기독교만이 "인간이 살고 죽을 가치, 다시 말해 거룩한 삶과 죽음, 신성, 순결, 겸손, 절제 따위를 향한 믿음이 깃들일 여지를 준다"고 주장했다. 그리고 BBC를 통해 방송된 몇 차례의 대담 프로그램을 통해 그 생각을 영국

국민들 앞에 공개적으로 천명했다. 러시아 공산주의는 일종의 신앙인데 또 다른 신앙으로만 거기에 맞설 수 있다는 논지였다. 엘리엇은 공산주의가 기독교처럼 고도의 도덕률을 중심으로 조직되며 더 일치된 인간성을 갖추기 위해 개인의 특성을 희생하도록 영감을 불어넣는다는 점에서 심각한 위협을 끼칠 수 있는 사상이라고 받아들였다. 그리고 그런 문명의 혼돈에 대처할 힘을 갖춘 연합된 세력은 교회가 유일하다고 믿었다.

엘리엇은 정치경제에 비해 문화는 그 영적인 뿌리가 더 깊은 데서 서로 뒤엉켜 있다고 생각했다. 제2차 세계대전이 끝난 직후, 독일에 보내는 라디오 담화에서 이 시인은 유럽을 통합시킬 가장 중요한 요소로 기독교를 꼽았다. 유럽 국가들을 단단히 결속시킬 수 있는 건 기독교뿐이며 서구 사상은 오직 그리스도를 좇는 신앙을 배경으로 할 때만 이치에 맞는다고 본 것이다. 시인은 말했다. "유럽 문화가 기독교 신앙이 완전히 실종된 상태를 견뎌낼 수 있을 것 같지는 않다." 하지만 오늘날 그런 거대담론은 생소하게 들릴 따름이다. 유럽연합의 깃발 아래 대륙은 정치적으로 하나가 되었지만 그 기초문서 가운데 하나님이나 기독교 신앙에 관한 언급은 단 한 군데도 찾아볼 수 없다. 유럽의 '영적인 연합'을 거론하는 목소리는 어디서도 들리지 않는다. 엘리엇은 그처럼 위태로운 시대의 흐름을 미리 내다보고 예견했다.

'원자력'이 서구 문명을 하나로 결집시키던 상황에서 기독교 신앙을 부르짖는 엘리엇의 호소는 그리스도를 믿는 진정한 동기를 둘러싼 논쟁의 물꼬를 텄다. 이 시인은 종교를 개혁해서 그걸로 세상에 유익을 끼치자는 얘길 하고 있는가? 하지만 정작 당사자는 자신이나 사회에 득이 되게 하기 위해서가 아니라 그리스도의 가르침이 진리임을 믿었기에 크리스천이 되었노라고 했다. 신앙을 '나라가 위기에 처했을 때 기운을 돋우는 강장제' 정도로 여기는 마음가짐에 반기를 들었다.

엘리엇은 말했다. "세속주의자와 반세속주의자, 시간의 한계 속에 존재하는 이 세상의 가치만을 신뢰하는 사람들과 시간의 제약을 벗어날 때만 인식할 수 있는 가치 '또한' 믿는 이들 사이에는 결정적 차이가 있다. … 현세적 발판에서 출발한 이들은 식량과 커피, 아스피린과 전화기 따위의 물질을 나눠 갖는 분배정의만 실현되면 악의 문제는 완전히 사라지리라고 믿는 공상적 이상주의에 빠지기 쉽다. 반면에, 영적인 플랫폼에서 시작한 쪽은 세상사에는 완전히 고개를 돌린 채 난파선에서 가능한 한 더 많은 영혼을 건져내는 데만 신경을 쓰는 무관심주의에 빠질 위험성이 높다."

기독교 공동체, 사회 병리의 치유책

사회병리에 대한 진단은 운문과 산문을 가리지 않고 엘리엇의 거의 모든 작품에서 볼 수 있다. 시인의 치유책(대단히 어려운 과제다)은 《다른 신들을 찾아서After Strange Gods》와 《기독교 사회의 이념The Idea of a Christian Society》, 《문화의 정의에 대한 노트Notes towards the Definition of Culture》 등 작심하고 쓴 것처럼 보이는 세 권의 책에 잘 드러나 있다. 여기에 실린 글들은 증오에서 인내로 발전해가는 정서적 변천과정을 여실히 보여준다.

《다른 신들을 찾아서》는 개인적으로 심각한 침체를 겪고 있던 시절인 1933년, 버지니아에서 강의했던 내용을 묶은 책이다. 아내와 함께 마지막 휴가를 보내기로 작정했던 것도 바로 이 여행에서였다. 엘리엇은 D. H. 로렌스를 '병자'라고 부르면서 아메리카의 문화는 "자유주의에 조금씩 침식당하는 중"이라고 고발하는가 하면, 미국 곳곳이 '외래 종족의 침략'을 받았다고 묘사했다. 한술 더 떠서 다른 종족과 피가 섞이지 않은 순혈 집단을 선호한다는 얘기까지 했다. 나중에 당시는 '심하게 아픈' 상태였노라고 사과하고 비평의 일부를 철회하는 한편, 책이 다시 인쇄되는 걸 거절했지만 죽는 날까지도 이미 뱉은 말들을 다 주워 담을 수는 없었다.

《기독교 사회의 이념》(1939)은 기독교 사회를 논한 작품 가운데 가장 '실제적인' 글이다. 이 책은 히틀러가 주도하는 팽창주의의 그림자가 영국인을 뒤덮던 치명적인 시점에 출간되었다. 엘리엇은 기독교 세계관을 반영한 구체적인 정책들을 제시하기를 정중히 거절하는 대신, 광범위한 힌트를 주고 새로운 삶의 길을 펼쳐 보였다. 문화의 전반적인 흐름과 그 정신을 바꾸는 데 초점을 맞췄던 것이다.

《문화의 정의에 대한 노트》(1949)는 전후 독일에 보낸 방송담화를 정리한 책이다. 여기서 엘리엇은 국가성장과 생존에 필수적인 핵심 조건을 발표했다. '~에 대한 노트'라는 제목만 봐도 톤이 많이 부드러워졌음을 짐작할 수 있는데, 이는 앞서 나온 두 권의 책이 불러일으킨 두려움을 진정시키는 데 큰 도움이 되었다. 엘리엇은 신앙을 빼놓고는 어떤 문화도 생성되거나 발전할 수 없다는 기존의 주장을 되풀이해 강조했지만 절대적인 권력을 휘두르는 정부라든지 검열 따위의 관행과는 분명히 선을 그었다. 도리어 다양한 시각과 관점을 문화 발전의 건전한 상징으로 높이 평가했다.

세 권의 책 모두 실질적인 방침을 제안하는 걸 회피하는 성향을 보인다. 엘리엇은 메마른 산문들을 통해 "사회적 이상을 추구하는 데 이윤추구 동기가 지나치게 커지는 현상, 자연자원의 활용과 개발의 차이, 노동력 이용과 착취의 구분, 생산자에 비해 과도한 수익을 올리는 중간상들의 불공정한 이윤축적, 금융기관의 그릇된 판단, 고리대금업의 부당성을 비롯해 상업화된 사회들에서 기독교적 원리에 입각해 면밀히 조사해야 할 여러 특성들" 따위의 관심사들을 낱낱이 파헤쳤다. 하지만 구체적 해법을 내놓아야 할 대목에서는 늘 몸을 사렸다. 그랬다가는 "인간 본연의 목표(공동체 안에서 선하고 행복하게 살아가는)를 모두가 인정하고 받아들이는" 기독교 사회의 근원적인 이상에 집중하지 못하게 될 것이라는 게 이 시인의 해명이었다.

엘리엇은 가장 새롭고 현대적인 사상의 흐름에 맞서는 대신, 전통을 따르고 교회와 같은 조직을 신뢰하게 되었다. 빛나는 조어능력을 가졌던 G. K. 체스터턴은 전통을 가리켜 '긴 세월에 걸쳐 폭을 넓혀가는 민주주의'라고 했다. 전통을 떠난 민주주의는 집단광기로 변질되기 쉽다. 엘리엇은 "인간을 전통과 분리하고, 신앙에서 멀어지게 만들며, 집단(다시 말해서 군중)의 의견만 허용하는" 현대 산업주의의 위험성을 간파했다. "잘 먹이고 입히며, 좋은 집에 살게 하고, 충분히 교육시킨다 할지라도 군중은 역시 군중일 뿐이다."

엘리엇은 평범한 남성과 여성에게는 일정한 양식의 신앙규범과 용납할 만한 행동강령이 필요하다고 믿었다. 그리고 대중들을 위해 행동규범을 만드는 일은 사회 지도층, 다시 말해서 도덕적인 소수 엘리트에 속하는 이들의 책임이라고 생각했다. 교육기관이나 정치조직이 문화를 전달하는 매개체가 될 수 있을지 의심스러워했던 엘리엇은 가치체계를 전수하는 주요한 통로로 가족에 주목했다.

어떤 비평가들은 엘리엇이 아일랜드나 프랑스 같은 농업사회에서 추출한 원리를 영국의 산업사회에 적용하려 한다고 비판했다. 정치적 현실주의자들은 어떻게 사사로운 개념인 '가족'을 복잡다단한 사회문제들의 해법으로 내세울 수 있느냐며 비웃었다. 평론가 헤럴드 래스키Harold J. Laski는 이렇게 꼬집었다. "엘리엇 선생이 호기롭게 묘사한 기독교 사회는 대중을 자유롭게 하는 도구가 아니라 광범위한 영역에 걸쳐 나날이 쇠락하는 문명의 모습을 차마 견뎌내지 못하는 몇몇 선택된 영혼들을 위한 도피기술이다. 일단 들어가기만 하면 세상을 등지고 숨어 살 수 있는 수도원이나 광야의 은신처나 다름없다."

엘리엇은 현대 문화의 퇴락은 누구도 부인할 수 없을 만큼 명백한 상황이라고 응수했다. 물론, 어떤 문명도 기독교 사회의 이상과 가치기준을 완벽하게 충족시킬 수 없다는 점을 부인하지는 않았다. 하지만 사회를 아주 작은 단위로 분권화한다든지 교회가 연합해서 세상에 영향을 미치도록 힘을 북돋워야 한다는 식의 대안들이 부패의 속도를 늦추는 데 도움이 되리라고 믿었다.

엘리엇은 도덕적 가치들을 두루 스며들게 하는 일에 가장 큰 관심을 가졌다. 부정적인 물결을 막아내려면 그러는 길밖에 없다고 생각했다. 선, 행복, 공동체, 책임 같은 기독교의 가치기준들이 '실현된' 기독교 사회가 이뤄지길 소망했다. 그리고 기독교 공동체를 이뤄서 그런 가치들을 지켜나가자고 제안했다. 사회 전체의 도덕성을 앞장서 이끌어간다는 목표를 드러내기 위해서는 다양한 분야에서 일하는 지극히 창의적인 이들이 한데 모일 필요가 있다고 판단했던 것이다. 하지만 직접 기독교 공동체에 몸담으면서 스스로 세운 계획의 한계를 확인했다.

엘리엇이 속한 그룹은 좀처럼 실질적인 프로그램에 합의를 보지 못했다. 구체적인 실천방안을 논의하는 게 과연 바람직한지조차 헷갈릴 지경이었다. 한마음으로 그리스도를 좇는 일에 헌신하기는 했지만, 윤리적 이슈에 부딪히면 어떤 형태의 의견일치도 볼 수 없었다 (교황 베네딕토 16세와 제임스 돕슨, 존 셸비 스퐁 주교, 마틴 마티가 모여 만든 크리스천 공동체에서 동성애자의 권리와 낙태문제에 관해 논의한다고 상상해보면 문제의 성격을 분명히 알 수 있을 것이다).

세월이 흘러갈수록, 엘리엇은 서방 크리스천들을 한마음으로 묶는다는 전략에 점점 비관적이게 되었다. 영국 노동당 정부와 미국이 전후 유럽을 지배하게 되면서부터 신앙을 되살려서 연합된 사회를 일궈낸다는 꿈은 점점 멀어지는 듯했다. 결국 야만 국가들의 출현 가능성을 체념하고 받아들일 수밖에 없었다.

기독교적 원리로 균일화된 사회?

크리스천들이 변화되어야 한다는 엘리엇의 외침은 회개를 촉구하는 부흥운동가의 목소리처럼 들릴 수도 있다. 엘리엇은 이렇게 적었다. "크리스천이 단단히 붙들어야 할 신념은 온전히 경건하며 사심이 없는 모든 이들의 삶이 미래를 바꾼다는 믿음이다. … 재물, 마약에 의지해 얻는 쾌락, 권력, 또는 행복을 좇으려는 욕구에서 돌이키라는 뜻이다." 어느 라디오 방송에서는 국가적인 부흥을 요구하기 직전까지 갔다. 전체주의 국가들과 마찬가지로 "크리스천들 역시 갖가지 그릇된 야심과 잘못된 욕구를 좇으며 대중문명 속에 살고 있습니다. … 만일 우리 사회가 하나님께 순종하기를 완전히 포기한다면, 대중이 면죄부를 주는 다른 나라들보다 좋아지기는커녕 더 나빠질 공산이 큽니다."

희한하게도 엘리엇은 이상적인 기독교 사회를 구상하면서도 네덜란드나 크롬웰이 지배하던 영국, 칼뱅이 통치했던 제네바, 뉴잉글랜드의 청교도처럼 비슷한 세상을 만들려고 시도했던 과거의 사례들은 물론, 남아프리카공화국 같은 당대의 사건에도 거의 눈길을 주지 않았다. 이런 사회적 실험들은 특별히 위험한 요인들을 잘 드러내 보여주지만, 엘리엇은 불길한 조짐이 수면 위로 드러나는 상황에서도 그 위험을 가벼이 여기는 경향이 있었다.

엘리엇의 고상한 비전은 다원주의라는 암초에 걸려 좌초했다. 언젠가 이 시인은 스스로 구상한 균질사회가 이르게 될 상황을 넌지시 암시하는 발언을 했다. "[문화적 동일성보다] 오히려 더 중요한 건 신앙적인 배경을 통일하는 일이다. 인종적 이유와 종교적 근거들이 결합해서 자유사상을 가진 허다한 유대인들을 바람직하지 않은 존재로 만들고 있다." 그렇다면 그처럼 불온한 유대인들, 또는 자유사상가들을 어떻게 해야 할까? 검열이 필요할까? 아니면 억압하는 게 좋을까?

교육 분야의 제안도 마찬가지다. 종교가 다른, 심지어 신앙이 없는 수많은 교사들을 감안했다지만, 결국은 누구나 수상쩍은 기독교 공동체가 결정한 공식적인 기독교 가치관에 순응해야 한다는 전제가 깔려 있다. 미국의 경우에는 자녀들이 쓰는 교과서의 수호자를 자처하는 크리스천 부모들의 문학적 취향 때문에 한바탕 홍역을 치른 뼈아픈 경험이 있다. 물론, 엘리엇 자신은 제임스 조이스의《율리시스》가 출간될 수 있도록 로비를 할 만큼 문학적으로 너그러웠다. 그렇지만 하나같이 크리스천 엘리트들이 다원화된 사회를 위해 그처럼 너그러운 결정을 내릴 여지가 있을까? 역사를 돌아보면 그 어디서도 낙관의 근거를 찾을 수 없다.

엘리엇의 구상을 비판하는 대다수 평자들은 사회적 병폐에 대한 진단에는 눈길을 주지 않고 대부분 시인이 제시하는 치유책에 초점을 맞춘다. 시를 통해 웅변적으로, 그리고 산문 형식을 빌려 한층 추상적으로 그려내는 병리현상에 이의를 제기하는 비평가는 거의 없다. 그럼 교회는 그러한 병리현상과 싸워서 사회를 더 생동감 있게 만들 수 있을까? 어느 비평가는 이렇게 대꾸했다. "엘리엇 씨, 선생이 생각하는 것보다 훨씬 훗날에나 가능할 겁니다."

엘리엇과 같은 신앙을 가졌던 한 경제학자(옥스퍼드 대학 경제학 교수였던 데니스 먼비Dennis Munby - 옮긴이)는《세속사회의 개념The Idea of a Secular Society》이라는 한층 직설적인 평론을 썼다. 저자는 이 글에서 유럽과 미국은 엘리엇의 예상보다 훨씬 기독교 사회와 멀어졌다고 결론지으면서, 세속사회와 기독교적 원리로 균일화된 사회 가운데 어느 쪽이 크리스천의 삶과 세계관이 성장하는 데 더 좋은 토양을 제공할 수 있을지 정말 궁금하다고 고백한다. 어쩌면 기독교는 소수 신앙으로서 지극히 순수한 형태를 유지할 때 더욱 활발하게 움직이며 큰 영향을 미칠지도 모른다는 것이다.

반면에 다른 비평가들은 과연 교회가 도덕적 가치의 전달자가 될 만한 잠재력이 있는지 의심스러워 했다. 세상과 달리 위선과 탐욕, 권력욕에 사로잡히지 않았다고 장담할 수 있을까? 엘리엇도 〈하마 The Hippopotamus〉라든지 〈엘리엇 씨의 주일아침 예배Mr. Eliot's Sunday Morning Service〉 같은 초기 시에서 그런 사실을 인정하지 않았던가? 제도권 교회가 그 사이에 달라지기라도 했다는 말인가? 교회가 세상과 다름없이 썩어가고 있다면, 어떻게 고결한 가치를 전하는 통로 노릇을 할 수 있다는 말인가?

오늘날에도 똑같은 이슈를 두고 치열한 토론이 벌어지고 있다. 지금은 해체된 '모럴 머조리티Moral Majority'는 크리스천 공동체를 이루려는 엘리엇의 시도가 실패로 돌아간 걸 의미하는가? 크리스천에겐 스스로 주도해 만든 기독교적 가치를 다원화된 사회에 일괄적으로 요구할 권리가 있는가? 만일 그렇다면 무슬림 사회에도 똑같은 권한을 주어야 마땅하지 않은가? 중국과 일본 같은 나라들은 신앙이 아니라 어디서 가치기준을 찾고 있는가? 종교가 아닌 제3의 가치기준이 등장하기를 기대할 수 있는가?

시인에서 예언자로, 다시 시인으로

엘리엇의 사상뿐만 아니라 경력 역시 매력적인 연구 주제다. 시인이면서도 주로 사회를 관찰하고 공부하는 데 에너지를 쏟아부었기 때문이다. 요즘 학자들은 레프 톨스토이의 사회 정치이론을 대할 때와 비슷한 수준의 진지한 마음가짐으로 엘리엇의 사상을 탐색한다. 지금은 대부분 절판된 이 갖가지 글들은 이 위대한 시인의 삶에 붙은 흥미로운 각주이다.

도대체 무엇이 절정기를 구가하던 대시인을 사로잡아 정치, 경제, 사회이론에 눈을 돌리게 했을까? 엘리엇은 최후심판의 먹구름이 세상에 짙게 드리웠다고 믿었기에 시를 내려놓고 예언자가 되었다. 그의 인생역정은 어떤 동기에서든 전문분야를 바꿔보고 싶어 하는 이들에게 중요한 가르침을 준다. 한편으로는 예술의 가치가 영원함을 보여주는 한 편의 우화이기도 하다.

공공도서관에 가서 좋은 평가를 받고 있는 인기 잡지의 과월호를 구해 보라. 정치, 연예, 또는 현실적인 이슈들을 다룬 기사와 순수하게 '문학적인' 글의 비중을 비교해보라. 그리고 요즘 나온 같은 잡지가 진열된 서가로 가서 내용을 살펴보라. 최신호일수록 문학기사의 비중이 현저히 작음을 금방 알 수 있을 것이다. 경제 위기와 환경 위기에 직면한 세상에서 누가 시와 문학에 시간을 쓰겠는가? 1930년대의 엘리엇도 본질적으로 똑같은 문제로 고심했다. 미쳐 돌아가는 세상에 문학이 깃들일 공간이 과연 남아 있을까? 크리스천이 어떻게 시를 짓고 소설을 쓰는 데 공을 들일 수 있을까? 그보다 더 유용한 일을 해야 하는 게 아닐까?

　엘리엇 문학전집은 다양한 형식의 글에 담긴 힘과 한계에 관해 변치 않는 교훈을 준다. 시인은 자신을 둘러싼 세계에 눈길을 주는 데서부터 출발했다. 그는 시를 쓰는 이들이 현실을 상상 속에나 있음직한 가공의 세계가 아니라 있는 그대로 그려내야 한다고 처음부터 줄기차게 주장했다. "시인의 본질적인 이점은 특별히 다루어야 할 아름다운 세상이 존재하지 않는다는 데 있다. 미추美醜의 밑바닥을 모두 들여다보아야 하고 지루함과 두려움, 그리고 영광스러움을 모조리 직시해야 한다." 실제로 엘리엇은 〈서시Preludes〉에서부터 《황무지》에 이르기까지 줄기차게 지루함과 두려움, 영광을 두루 보여준다.

　《황무지》는 세계의 정치와 경제에 대한 불만이 시인의 내면에 절망적인 감정을 불러일으키던 시기에 나왔다. 엘리엇은 이전까지 그저 웅얼거리고 말던 불만을 마음껏 토로했다. 한 비평가는 이 시를 이렇게 평가했다. "20세기의 황무지는 얼마쯤 엘리엇의 창작품이다. 시인이 가르쳐주지 않았더라면 모두가 '쥐들의 골목'에 있다고 생각지는 않았을 테고, '파편들로 문화적 폐허를 지탱할' 시간이 됐음을 깨닫지도 못했을 것이다." 이렇게 엘리엇은 우리 시대의 세계가 자신을 파악하는 방식을 영구적으로 변화시켰다.

　그러나 제2차 세계대전이 일어나자, 시인의 시선은 정치적이고 경제적인 문제를 향했다. 오든W. H. Auden은 "시는 아무런 일도 일으키지 못한다"고 했다. 엘리엇 역시 세상의 흑암과 맞서는 예술의 능력에 대한 신뢰를 상실하는 경험을 했던 것 같다. 시인은 물었다. "제대로 전달된다 하더라도 극소수에게 전해질 뿐이어서 수고에 비해 그 결과가 하찮아 보이는 판에, 이처럼 리듬과 낱말을 탐색하는 노력, 감정을 실을 정확한 좌표와 이미지를 찾으려는 안간힘이 무슨 소용이란 말인가?" 하지만 그런 정서에는 역사적 아이러니가 담겨 있었다. 그때까지 발표한 작품들이 없었더라면 엘리엇의 평판은 지금과 많이 달랐을 게 틀림없기 때문이다. 무신론에 빠져 지내던 시절에 연마한 예술적 기교 덕분에, 새롭고 낯선 영역으로 외도를 한다고 해도 진지하게 받아들여주는 충성스러운 청중을 확보할 수 있었던 것이다.

엘리엇의 문학잡지 〈크라이테리언〉은 도시화, 미국을 닮아가는 옥스퍼드, 부정확한 언론, 우매한 정치인, 공산주의의 무시무시한 위험성 같은 문제들에 초점을 맞추면서 나날이 문학적 색채가 옅어져갔다. 야생조류 보호, 런던 곳곳에 산재한 공공용지 보존, 도시 교회의 앞날 같은 지역적 이슈들도 에세이의 단골메뉴였다.[1]

기독교 사회를 꿈꾸는 책들은 엘리엇의 사상과 글이 새로운 국면에 접어들었음을 보여준다. 시인의 관심사는 정치에서 신앙으로 옮겨갔다. 본인의 말마따나 "올바른 정치철학은 점점 더 바른 신학을 의미하게 되었으며 옳은 경제학은 온전한 윤리학에 의존하기 때문"이었다. 엘리엇은 정치만으로 사회문제에 해결책을 제시할 수 있다는 발상을 차츰 깊이 회의하게 되었으며, 결국 "정치적 해결책은 암에 파스를 붙이는 정도의 효능이 고작"이라는 결론을 내렸다.

30-40대 시절, 시인은 이른바 사회신용설(낮은 구매력 탓에 공정한 분배가 이뤄지지 않고 그 결과 불황이 온다는, C. H. 더글라스의 경제이론 — 옮긴이)이라는 이론에 근거해 경제적, 사회적 문제에 접근하는 방식을 지지하는 지성인들의 모임인 샨도스Chandos 그룹 멤버들과 자주 어울렸

다. 여러 분야의 전문가들이 한데 모여 엘리엇이 제안했던 기독교 공동체의 기능을 하는 그룹이었다. 전쟁이 지속되는 동안에는 또 다른 그룹[2]을 무대로 도로시 세이어스, 알렉 비들러Alec Vidler, 네빌 코그힐 Nevill Coghill, 니콜라이 베르댜예프Nicholai Berdyaev, 오스틴 파러Austin Farrer, 아이리스 머독Iris Murdoch 같은 인물들과 교제했다. 그룹 멤버들은 한 줌에 불과한 지지자들을 규합하는 데서 출발해 사회를 변화시키는 데 성공한 히틀러와 레닌을 인용해가며 대중운동을 조직해서 자신들의 구상을 실행에 옮길 도약대를 마련할 수 있을지를 두고 장시간 토론을 벌였다. 하지만 엘리엇은 그처럼 다양한 분야의 지성인들이 모여 만든 조그만 그룹들의 머리에서 나온 전국적인 프로그램에 대해 대단히 회의적이었다. 대신에 당시 사회의 핵심 이슈로 보이는 사안들을 다룬 에세이를 쓰는 데 만족했다.

저술 이력의 마지막 장은 오랜 침체기 이후에 찾아왔다. 영국국교회의 부탁을 받은 게 계기가 되었다. 엘리엇은 고백했다. "빈약하기 짝이 없는 재능을 다 소진하고 더 할 말이 없다는 생각이 드는 시점에 청탁이 들어왔다. 좋고 나쁘고를 떠나, 그런 순간에 정해진 날까지 무언가를 써내야 하는 일을 맡는다는 건, 경우에 따라서 배터리가 완전히 방전된 자동차의 크랭크를 힘차게 돌려 시동을 걸어주는 작업과 같은 효과를 낸다." 그렇게 해서 나온 작품[3]이 대중적인 성공을 거두면서 자신감을 회복한 시인은 계속해서 《대성당 살인Murder in the Cathedral》이나 《재의 수요일Ash Wednesday》처럼 신앙적인 주제를 가진 글들을 써냈다.

엘리엇은 드라마 쪽으로 방향을 틀었다. 머릿속의 생각을 마음껏 쏟아내기에는 시보다 대화체가 한결 수월했던 까닭이다. 하지만 바로 그 점 때문에 대다수 평론가들은 이 시인의 드라마를 실패작으로 판단했다. 등장인물들은 하나같이 진부한 데다가 대화 역시 무한정 늘어지고 설교 투였으니 그럴 수밖에 없었다. 그나마 동정적이었던 비평가도 엘리엇을 일컬어 "크리스천 예술가로서 산업재해를 입었다"고 지적할 정도였다. 인간의 어리석음과 교만을 매섭게 몰아치며 냉소적으로 조롱하던 자세가 연민으로 바뀌었다는 것이다. 결과적으로 갈등 구조를 뒷받침하는 서슬 푸른 기세는 사라져버렸다. 스스로 만들어낸 악당을 얼마나 사랑했던지 그 애정이 인물의 이미지에도 영향을 미치곤 했다.

그런 과정을 밟는 중에 어느 대목쯤에선가 엘리엇은 시인의 목소리를 되찾았다. 제2차 세계대전이 정점을 향해 치닫던 시기에 쓴 연작시《네 개의 사중주The Four Quartets》에서, 시인은 음악과 메시지를 잘 섞으려 노력한다. 덕분에 주로 초기 작품에서 볼 수 있었던, 세련되면서도 주도면밀하게 대상을 살피는 시선은 되살아났지만 신앙적인 순례여정에서 얻은 통찰은 적잖이 희석되고 말았다.

세상을 떠난 지 40여 년이 흐른 지금, 엘리엇은 20세기를 통틀어 가장 위대한 작가 가운데 하나로 꼽힌다. 세계 방방곡곡에서 수많은 학생들이 이 시인의 작품을 정독하면서 행간에 끼워 넣은 암시를 찾고 이미지와 상징을 탐색한다. 아주 오래된 시 몇 편을 제외하면, 그런 심상들은 대부분 신앙여정을 가리킨다. 발표 당시에 살았던 세대에 관한 기억은 흐려질지라도 그 이미지에 담긴 힘은 사라지지 않는다.

하지만 엘리엇의 사회평론을 꼼꼼히 챙겨 읽는 학생은 거의 없다.

시인이 공들여 다듬었던 정치적이고 사회적인 관점은 이제 예스러운 말의 성찬처럼 보일 따름이다.

〈램버스에 대한 소견Thoughts after Lambeth〉이라는 에세이에서 엘리엇은 이렇게 말했다. "세상은 문명화된 듯 보이면서도 비기독교적 사고방식을 형성하려는 노력을 멈추지 않는다. 실험은 반드시 실패할 것이다. 크리스천은 문명을 갱신하고 재건하며 세상이 자멸의 길에 들어서는 걸 막아내기 위해 세월을 아껴가면서 그 시도가 무산되기를 악착같이 기다려야 한다. 앞서 살았던 세대들을 보면, 신앙은 암흑기를 거치면서 도리어 더 생생하게 보존되는 게 아닌가 싶다."

시인으로서 화려한 삶을 살았던 엘리엇은 세월을 아끼고 신앙을 지키는 일에 힘을 보탰다. 하지만 주로 시를 통해 그런 성공을 거두었다는 점만큼은 분명해 보인다. 문명을 재편해보려는 열렬한 투쟁은 철저하게 무산됐다. 토론에 토론을 거듭했던 추상적 이론들은 이제 대학도서관 한 귀퉁이에 처박혀 있는 게 고작이다. 끈질기게 살아남은 건 《황무지》의 암울한 절망과 《네 개의 사중주》의 환한 분위기를 모두 아우르는 시뿐이다.

언젠가 T. S. 엘리엇은 산문을 쓰는 일과 시를 짓는 작업의 차이를 이렇게 규정했다. "산문을 쓸 때는 개념들을 신경 쓰지 않고 가득 담을 수 있지만, 시를 짓는 경우에는 사실만을 다룰 수 있다." 실리를 최고로 치는 세대를 사는 이들 모두가 잊지 말아야 할 멋진 정서가 아닌가!

8

선을 위해
위험을 무릅쓰다

1세기 전에 살았던 크리스천들은 신학적 토대뿐만 아니라 세상에서 감당해야 할 역할을 두고도 첨예한 의견 차이를 보였다. 주류 교단들은 빈곤, 문맹, 불의, 보건 따위의 인간적 필요를 강조한 반면, 보수적인 그룹들은 마치 레이저빔을 쏘듯, 오로지 복음전도에 초점을 맞추었다. 지옥으로 가는 영혼을 건져내는 일만큼 시급한 필요는 없을 것이란 입장이었다.

하지만 보수적인 크리스천들도 차츰 예수님의 복음은 영혼에 국한되는 게 아니라 전인적 구원을 추구한다는 사실을 받아들이게 되었다. 무엇보다 예수님 자신도 사역을 시작하시면서 가난한 이들에게 기쁜 소식을 전하고, 억눌린 이들을 풀어주고, 포로가 된 이들을 해방시키며, 보지 못하는 이들을 보게 하려고 왔다고 선포하지 않으셨던가! 이제는 월드비전이나 국제정의선교회International Justice Mission 처럼 복음주의적 뿌리를 가진 단체들도 적십자사나 적신월사, 구세군, 가톨릭구제위원회Catholic Relief Services와 어깨를 나란히 한 채 세계의 수많은 분쟁지역에서 활동하고 있다.

T. S. 엘리엇의 전통을 따르는 지성인들이 사무실에 앉아 이상적인 기독교 사회를 세울 궁리를 하고 있는 사이에도 이루 헤아릴 수 없이 많은 평범한 크리스천들은 '덜 이상적인' 사회에 사는 이들의 고통을 덜어줄 방법을 찾아 온 세상을 누비고 있다. 지진이 아이티를 강타했을 때나 해일과 식량난이 아시아를 휩쓸었을 당시에도 기독교 구호단체들은 앞장서 달려가 절박한 처지에 몰린 이들에게 음식과 쉼터, 의료지원을 제공했다. 파키스탄이나 아프가니스탄 같은 곳에서는 신앙에 관해서는 입도 뻥긋하지 않는다는 조건에 동의해야 했다. 2010년, 아프가니스탄에서는 그런 조항을 어겼다는 이유로 10명의 의료진이 순교하는 사태까지 벌어졌다. 이러한 단체의 구성원들은 가이드북 한 권 없이 아무도 가보지 못한 길을 개척해야 하는 새로운 도전에 직면하고 있다.

20세기가 저물어가던 어느 해엔가 월드컨선World Concern의 초대를 받았다. 국가기능이 마비되다시피 해서 온 국민이 극심한 고통을 당하고 있는 소말리아에서 벌이는 사역을 함께 돌아보자는 제안이었다. 이 단체는 현지에서 30년 넘게 활동해왔지만 무엇 하나 나아지는 구석이 없었다. 내전과 외침, 이슬람 반군의 정권장악 시도가 끝도 없이 되풀이됐다. 소말리아 해안에 거점을 둔 해적들은 유조선이나 화물선을 납치해서 인질극을 벌였다. 2010년에는 이 나라 출신의 극단주의자들이 인근 케냐에서 폭탄을 터트려서 텔레비전으로 축구경기를 시청하던 민간인 76명을 죽게 했다. 두 달 뒤에도 폭탄테러가 일어나서 모가디슈의 한 호텔에 묵고 있던 국회의원 6명을 포함해 투숙객 30명이 목숨을 잃었다.

에티오피아군은 인접국가의 질서를 잡는다는 명분으로 또 다른 폭력행위를 저지르고 있다. 힘 있는 중앙정부가 없는 까닭에, 구호단체들은 서로 앙숙인 조직들이 번갈아 간섭하는 상황을 감수해야 하며 폭력의 위협은 일상이 되다시피 했다. 소말리아는 빈곤퇴치가 가장 어려운 국가에 속한다. 2008년을 기준으로, 고향에서 쫓겨나 난민수용소에서 지내는 소말리아인이 100만 명을 웃도는데, 그 틈바구니에서 생활근거를 잃은 이들을 도우려 애쓰는 구호활동가는 고작 34명에 지나지 않는다.

서글프게도 구난활동은 이미 세계적인 성장사업으로 변모한 탓에, 내게도 위기상황을 현장에서 관찰할 기회가 생기자 언론인 특유의 호기심이 꿈틀거렸다. 그렇게 찾았던 소말리아의 기억은 좀처럼 지워지지 않는 낙인처럼 뇌리에 박혔다. 에티오피아, 소말리아, 방글라데시, 과테말라, 스리랑카, 짐바브웨, 아프가니스탄, 아이티 같은 지명들은 자연과 인간이 합작해 만들어낸 대재앙에 앞다퉈 반응하는 구호단체들의 이름과 겹쳐지게 되었다. 홍수와 산사태가 파키스탄과 라틴아메리카를 휘젓고 지나간 뒤에 세워진 거대한 텐트촌을 텔레비전 카메라가 비출 때마다 소말리아를 돌아보았던 일을 떠올린다. 그곳의 기억은 적대적인 환경에서 실질적인 도움을 주려 애쓸 때 크리스천들이 어떤 도전에 직면하게 되는지 선명하게 보여주는 스냅사진과도 같다.

모가디슈의 기억

수도 모가디슈에서 황량한 소말리아 사막을 가로지르는 다소 생뚱맞아 보이는 외줄기 머캐덤(잘게 부순 돌을 타르와 섞어 바른 도로 – 옮긴이)을 따라 난민캠프를 향했다. 창밖으로는 평탄하고 메마른 풍경이 이어졌다. 가끔씩 불쑥 나타나는 아카시아나무라든지 짓다 만 모래성처럼 거대하게 솟아오른 붉은 개미집 따위가 눈길을 잡아채곤 했다. 짐승 몇 마리가 길을 건넜다. 기린이나 코끼리 같은 짐승들은 진즉에 사라지고 없었다. 남은 녀석들이라곤 사악하게 생긴 엄니로 무장하고 꼬리를 곧추세운 독특한 자세로 이리저리 뛰어다니는 우스꽝스러운 흑멧돼지나 키가 40센티미터에도 못 미치는 영양처럼 못생기고 재빠른 놈들이 전부였다.

길가에 키가 120에서 150센티미터쯤 되는 아프리카황새 10마리 정도가 한쪽 다리를 접어 겹치는 특유의 자세로 서 있었다. 전설에 나오는 아름답고 우아한 모습이 아니라 독수리가 황새로 어설프게 위장한 것 같은 꼴이었다. 마치 대례복을 완전히 갖춰 입은 교황이 군중들에게 축복을 내리듯, 하늘을 바라보며 두 날개를 활짝 벌리는 묘한 자세를 취할 때는 정말 기품 있는 청록색 깃털이 드러난다. 하지만 목을 곱사등이처럼 구부려서 머리를 털 뭉치처럼 보이는 몸뚱이에 바짝 붙이면 불그죽죽하고 주름이 잔뜩 잡힌 목은 물론이고 퉁방울눈과 민머리에다 썩은 고기를 갈가리 찢어내는 데 안성맞춤인 부리까지 영락없는 독수리다.

황새들은 지름이 6미터쯤 되는 물웅덩이 주위에 옹기종기 모여 있었다. 랜드 크루저를 세우고 물가로 다가갔다. 고약스럽고 독한 죽음의 냄새가 코를 찔렀다. 시시각각 물기가 말라가는 웅덩이에는 두 종류의 크고 작은 물고기들이 들어 있었다. 별 특색이 없는 은빛 물고기와 번들거리는 검은색 메기였다. 수천, 수만 마리의 고기가 산더미를 이룬 형국이었다. 얼마나 두텁게 쌓였던지 제일 위층은 물 밖으로 완전히 노출되어 있었다. 수없이 많은 물고기들이 죽었거나 죽어가는 중이었다. 물가의 질척한 수렁에는 뭍에 갇힌 놈들이 떼를 이룬 채, 물로 돌아가려고 절박하게 몸부림쳤다. 수많은 지느러미가 진창을 쉴 새 없이 두드리는 소리는 으스스한 배경음악처럼 죽음의 냄새와 참혹한 장면을 장식하고 있었다. 황새들은 못가에 서서 조용히 때를 기다렸다. 아무 때고 양껏 배를 채웠다. 웅덩이가 완전히 말라붙어서 살아 있는 물고기가 단 한 마리도 남지 않는 순간까지 똑같은 장면이 반복될 것이다.

여덟 시간을 달리는 동안, 우리가 지나친 물웅덩이는 그것 하나뿐이었다. 소말리아의 아프리카인들에게 벌어지고 있는 일들을 볼 때마다 그날 보았던 참상이 떠오른다. 오랜 역사를 간직한 준수한 민족이 하루하루 자원이 고갈돼가는 땅에 고립되어 있다. 지난 수십 년 동안 소말리아에는 장기간에 걸쳐 비가 내리지 않는 재난이 되풀이되어왔다. 물웅덩이와 커다란 호수는 물론이고 주요 하천 두 곳까지 메말라버렸다. 수자원만 위기를 맞은 게 아니다. 나무 역시 무서운 속도로 사라져간다. 남은 나무들 역시 잘려서 불쏘시개가 되고 있으며 새로 자라는 수목은 거의 없다. 코끼리들이 상아를 노린 사냥꾼들의 손에 멸종되다시피 한 뒤로는 종자가 퍼지기도 어려워졌다. 예전에는 녀석들이 초목들을 우적우적 씹어 먹고 배설을 통해 씨앗들을 소말리아 습지 곳곳에 날라주었지만, 이제는 아니다.

형편이 가장 좋았던 시절에도 소말리아 정부는 국민들이 겪는 식량난을 해소해주지 못했다. 경작이 가능한 지역은 고작 국토의 15퍼센트에 지나지 않는다. 그나마도 표토 층이 얇아서 작물을 재배하려면 세심하게 공을 들여야 한다. 반면, 끊이지 않는 가뭄과 기근, 전쟁 따위는 이 나라를 돌이킬 수 없는 비극의 벼랑 끝으로 한없이 몰아가고 있다. 100만 명이 넘는 난민을 먹여 살리는 일은 어느 나라에게나 버거운 숙제지만 소말리아에게는 불가능에 가까운 과제다. 일인당 GDP가 600달러에 지나지 않아 세계에서 여섯 번째로 가난한 국가에 올라 있는 게 이 나라의 현실이기 때문이다.

사방에 위험이 도사리고 있고 말할 수 없이 혼란스러운 현실에도 불구하고 유명한 기독교 기관들을 포함해 50개가 넘는 구호단체가 활동하고 있다. 엄격한 무슬림 국가인 소말리아는 공공연히 신앙을 고백하는 크리스천을 만날 수 있는 지역이 아니다. 어디서도 예배당을 찾아볼 수 없으며 기독교인들은 법적인 보호도 전혀 받지 못한다. 소말리아 이슬람 그룹 쿨란카 쿨리마다Kulanka Culimada의 셰이크 누르 바룻Sheikh Nur Barud 부의장은 공언했다. "소말리아인 기독교도는 이슬람법에 따라 처형될 것이다. 무슬림은 크리스천이 될 수 없다. 그건 배교자나 하는 짓이고 우리는 그런 인간을 절대로 용납지 않을뿐더러 단호히 처단할 것이다." 실제로 소말리아에서는 거의 매년 현지인 크리스천들이 신앙을 포기하지 않는다는 이유로 참수당하는 실정이다.

기독교적 배경을 가진 구호단체들의 등장과 활동상황은 크리스천들의 베푸는 습관이 놀라우리만치 발전했음을 단적으로 보여준다. 예를 들어, 1975년 3천만 달러이던 미국 월드비전의 연간후원 수입은 현재 1억 달러 이상으로 폭증했다. 구호활동이 붐을 이루는 시대가 온 것이다. 다국적기업들이 상대적으로 건전하게 발전하고 있는 국가들에 달려드는 것과 비슷한 열정을 품고 비영리단체들은 소말리아처럼 병들고 약한 나라들로 몰려가고 있다.

　이렇게 새로 물결을 이루어 밀려든 구호단체들은 베트남 전쟁과 함께 인도차이나반도 곳곳에 세워진 난민캠프에서 활약하면서 소중한 경험을 쌓았다. 시사 잡지와 신문에 서글픈 눈을 한 피난민의 사진을 싣고 도움을 호소하는 편지를 보낼 때마다, 베트남에 시달릴 대로 시달리던 미국인들로부터 엄청난 후원금이 쏟아져 들어오는 바람에 모금담당 부서 직원들마저 놀랄 지경이었다. 쪽배 한 척에 의지해 필사적으로 도망치는 보트피플의 끔찍한 드라마가 시작되면서 말레이시아, 필리핀, 싱가포르, 홍콩, 태국 등지에 난민수용소가 속속 들어섰다. 기독교 구호단체의 직원들은 국제연합이나 적십자사의 전문가들 못지않은 정력과 순수한 동기, 섬세한 감성을 가지고 그 현장을 누볐다. 이어서 에티오피아의 대기근이 발생했을 때는 라이브 에이드 콘서트(에티오피아 기아문제 해결을 돕자는 취지로 열린 대규모 공연으로, 위성중계를 통해 100개가 넘는 나라에서 15억 명 이상이 동참했다 — 옮긴이)로 전 세계의 이목을 집중시켰다. 그런 와중에 소말리아가 극도의 혼란 상태에 빠져들자, 국제연합은 기독교 구호단체의 노력에 적극 협력하게 되었다.

초기 소말리아의 형세는 인도차이나 사태의 불안스러운 복제판처럼 보였다. 굶주림에 시달린 끝에 극도의 영양실조에 빠진 인파가 수만 명씩 고향을 버리고 몇 날 며칠을 걸어서 아직 식구를 받아들일 준비조차 갖추지 못한 캠프로 몰려들었다. 하지만 얼마 지나지 않아서 인도차이나와는 달리 소말리아는 대단위 구호활동에 필요한 기본적인 인프라마저 갖추지 못했음이 드러났다. 태국에서라면 방콕에 전화를 몇 통 걸기만 해도 식량수송 트럭 50대쯤은 넉넉히 수배할 수 있다. 하지만 소말리아에서 트럭 50대를 구한다는 건 전국 어디서도 불가능에 가까운 일이며, 설령 차량을 확보한다손 치더라도 가동시킬 연료를 찾기가 하늘의 별따기다. 사방에 논이 있는 것도 아니고, 열매가 열리는 과수도 없으며, 난민캠프로 통하는 도로도 신통치 않고, 건축자재도 없으며, 자동화설비를 갖춘 창고도 없다. 물자란 물자는 죄다 외부에서 들여와야 한다.

소말리아에 긴급 개입하면서 기독교 해외선교에도 본질적인 변화가 찾아왔다. 복음주의적 구호단체 가운데 규모가 가장 큰 월드비전은 본래 어떤 프로그램을 진행하든 그리스도의 메시지를 선포해야 한다는 원칙을 핵심강령에 포함시킬 작정이었다. 하지만 최근에 벌어진 일련의 정치적 사태들을 보면서 리더들은 정책을 수정했다. 지금은 민감한 국가들에서 일하는 대다수 지원그룹들은 인도주의적 단체들의 지원활동을 "특정한 정치적, 종교적 입장을 확장시키기 위해 사용하는 행위"를 엄금하는 국제적십자사/적신월사연맹IFRC의 규정에 따르고 있다. 미국국제개발처(대외원조를 책임지는 국가기관－옮긴이) 역시 신앙을 토대로 한 기관들에 비슷한 원칙을 적용하고 있다. 이들

크리스천에게 식량과 약품을 나누는 활동은 하나이지만, 그 뒤에 깔린 생각은 전혀 다르다.

이런 규정을 받아들인 복음주의적 단체의 책임자들은 두 가지 이유를 내세운다. 우선, 무슬림 세계의 저항을 '완화'시켜서 장차 크리스천들이 쉽게 파고들게 만드는 거시적 전략이라고 속삭이는 이들이 있다. 어느 기관의 수장은 이렇게 말한다. "선교 역사를 통틀어 그 어떤 전략도 통하지 않는 지역과 주민들이 존재합니다. 적어도 우리는 전통적인 개념의 선교사들의 출입을 철저하게 봉쇄하는 국가들에 진입할 수는 있다는 겁니다."

반면에 다른 한편에서는 그러한 활동 자체를 크리스천다운 따뜻한 마음의 표현으로 여기므로 '이면에 감춰둔' 목적 따위는 없다고 고백한다. 월드컨선 직원의 말마따나, "5천 명을 먹이시거나 나병에 걸린 환자를 치료하시면서 예수님은 단 한 번도 어떤 신앙을 가지고 있는지 묻지 않으셨다"는 것이다. 사실, 성경에 기록된 예수님의 행적 가운데 75퍼센트는 신체적이고 물질적인 필요를 채우는 사역이었다. 구호활동은 진보와 보수를 가를 일이 아니라 그리스도가 보여주신 모범에 얼마나 충실하느냐의 문제다.

월드컨선은 일찌감치 소말리아에서 활동하기 시작한 중급규모의 구호단체로 1981년부터 난민들이 겪는 고통에 반응하기 시작했다. 여러 가지 면에서, 이들의 경험은 굵직굵직한 재난이 닥칠 때마다 휘청거리기를 되풀이해온 소말리아 구호활동의 축소판이라고 볼 수 있다.

난민캠프의 구호요원으로 산다는 것

초기에는 혼란스러운 상태에 정신을 차릴 수가 없을 정도였다. 월드컨선은 의료지원 활동만을 펼치고 식량배급은 다른 단체가 맡기로 되어 있었다. 하지만 요청한 지원물품은 몇 달째 감감 무소식인 반면, 식량은 이미 도착해서 닷새 동안이나 배정받은 캠프에 쌓여 있었다. 6만 명에 이르는 난민들은 폭동이라도 일으킬 태세였다. 한 노인은 고래고래 소리를 지르는 것도 모자라 작대기까지 휘둘러가며 7명의 현장 스태프들을 몰아세웠다. "병원 따위는 필요 없어! 당장 급한 건 식량이라고! 네놈들 눈에는 갓난애들이 쫄쫄 굶고 있는 게 안 보인단 말이냐?" 마치 그 말을 뒷받침이라도 하듯 몇몇 아이엄마들은 말없이 가슴을 내보였다. 얼마나 여위고 젖이 말라붙었는지 두 눈으로 확인하라는 시위였다. 미국 국적을 가진 직원들을 붙들고 자기 아이를 다른 나라로 데려가서 목숨을 부지하게 해달라고 통사정하는 여인들도 적지 않았다.

비가 쏟아져서 오랜 가뭄을 거둬 가고 나면 해충이 들끓었다. 파리들이 난민촌 어린이들의 얼굴을 새카맣게 뒤덮었다. 콧구멍을 파고들고 멍하게 뜬 눈동자 위를 이리저리 누비고 다녔지만 기진해서 감각이 무뎌진 아이들은 쫓을 생각조차 하지 않았다. 수용소의 미국인 의사는 상처를 꿰맬 때마다 수술을 하는 사이에 환자의 살갗 밑으로 파리가 얼씬거리지 못하게 막아내느라 그야말로 진땀을 뺐다. 놈들이 극성을 부리는 대낮에는 파리를 한 입씩 같이 씹지 않고는 밥을 먹을 수가 없었다. 의료진은 땅콩크래커를 한 손에 단단히 쥐고 있다가 남은 손으로 셔츠를 머리끝까지 끌어올리면서 옷 틈으로 재빨리 집어삼키곤 했다.

월드컨선이 처음 파견한 7명의 직원들은 6만 명에 이르는 주민들 가운데 70퍼센트 이상이 영양실조에 시달리는 상황에서 의료지원을 제공해야 하는 현실에 낙담했다. 임시변통으로 얼기설기 허술하게 지은 난민촌에서는 하루에 최소한 30명씩 아기들이 죽어나갔다. 보급품이 끊어지기라도 하는 날에는 난민들은 고사하고 구호단원들조차 생사를 장담할 수 없었다. 의학적으로 캠프는 지옥이나 다름없었다. 이질, 백일해, 홍역, 디프테리아, 결핵 같은 질병들이 사방에 넘쳐났다. 대부분 영양실조에 빠진 상태라 증상은 다양하고도 복잡했다. 지원물품은 턱없이 부족하고 터무니없이 부적절했다.

월드컨선 리더들은 힘에 부치는 줄 알면서도 의료지원과 더불어 식량배분과 제2캠프 관리까지 맡아달라는 소말리아 정부의 요청을 받아들였다. 구호식량이 온데간데없이 증발되는 희한한 사태는 금방 해결됐다. 썩어빠진 배급담당자들이 구호식량의 60퍼센트를 빼돌리고 있었던 것이다(가난한 나라에서 일하는 구호단체들이 한결같이 씨름하는 골치 아픈 문제다). 이들은 난민캠프로 가야 할 트럭들을 몰고 고속도로를 빠져나가 식량을 팔아넘겼다. 오랜 시간에 걸쳐 크고 작은 잡음이 끊이지 않자, 유엔특별위원회는 믿을 만한 단체를 지명해서 배급을 감독하고 투명한 분배체계를 회복시킨다는 방안을 내놓았다.

미국 월드컨선 집행부는 의료진 10명으로 긴급구호 팀을 구성했다. 일부는 네덜란드 단체에서 파견을 받았으며 미국인 간호사 둘을 새로 선발했다. 소말리아 입국이 확정된 팀원들은 저마다 450킬로그램 상당의 짐을 꾸렸다. 비행기에 싣기에는 너무 무거웠지만, 목돈이 들더라도 화물이 확실하게 도착하는 게 중요했다. 4주 안에 미국 서부에서부터 소말리아 난민캠프까지 긴요한 물품들을 수송하는 연결망이 구축됐다. 시애틀에 있는 월드컨선 본부에서는 12미터짜리 컨테이너에 의약품과 음식, 냉장고와 스토브를 비롯한 가구, 자동차 따위의 물품들을 챙겼다. 도요타 랜드 크루저 두 대는 지부티 자유항에서 배에 실렸다.

고작 6개월 동안 집중적인 노력을 쏟아부었을 뿐인데도 캠프에는 놀라운 변화가 찾아왔다. 우리 일행이 난민촌을 찾았을 즈음에는 땅바닥에 납작 붙어 조그만 언덕처럼 보이는 이글루 모양의 집들이 사방팔방으로 몇 킬로미터씩 뻗어나가 있었다. 다행스럽게도, 소말리아 난민들은 스스로 집을 지을 줄 안다. 처음부터 작대기를 한 묶음씩 낙타나 나귀 등에 싣고 오는 이들이 적지 않다. 가축이 없는 난민들은 움막을 세울 만한 땅과 막대기를 구할 때까지 여기저기를 쑤시고 다닌다. 일단 터를 잡고 나면 동심원의 중앙을 지나도록 작대기들을 구부려 세운 다음, 그 사이에 덩굴 따위를 횡으로 가로질러 돔 형태를 만든다. 그러곤 유리, 마대, 플라스틱 쪼가리, 종이를 비롯해서 덮개로 쓸 만한 것이면 무엇이든 가져다가 지지대 사이의 여백을 메우고 꼭대기로 집어던져서 비바람을 막는다. 손으로 엉성하게 지은 움집들이지만, 멀리서 보면 마치 규격품 천막들이 늘어선 보이스카우트 야영장처럼 보인다.

먼지기둥은 몇 킬로미터 전에서부터 방문객이 오고 있음을 알려준다. 어떤 종류의 자동차가 도착하든 누더기를 걸친 아이들이 오두막

사이로 구불구불 이어지는 비포장도로를 가득 메운다. 운전기사들은 아무 예고도 없이 불쑥 튀어나오는 어린애들에 주의하면서 조심스럽게 수용소를 누빈다. 행여 누가 다치기라도 하면 폭동이 일어날 수도 있다. 자동차 주위에 몰려든 꼬맹이들은 커다란 소리로 낄낄거리며 꽁무니를 쫓는다. 월드컨선 활동가의 말에 따르면, 이건 놀라운 변화다. 여섯 달 전만 하더라도 영양실조에 걸린 아이들은 무기력하기 짝이 없어서 거의 움직임이 없는 존재에 가까웠다. 하지만 지금은 영양부족의 흔적은 완전히 사라졌다. 선진국 운동장에서 뛰어노는 아이들처럼 캠프의 꼬마들도 활동적이고 생기가 넘친다.

난민촌의 아낙들이 오두막 곁에 서서 부산스럽게 움직이는 자식들을 지켜본다. 눈이 번쩍 뜨이도록 아름답다. 에티오피아나 소말리아를 찾는 이들은 그 땅의 여성들의 아름다움이 세계에서 으뜸이란 평가를 내리곤 한다. 하나같이 훤칠하다. 키가 최소한 180센티미터는 돼 보인다. 날씬한 몸매가 우아하다. 물동이나 나뭇단을 한 짐씩 머리에 이고 균형을 잡아가며 평생을 살아오면서 완벽한 자세가 절로 몸에 배었다. 우유를 많이 마시고 잔가지(칫솔이나 치실과 같은 효능이 있다)를 습관적으로 씹은 덕에 치아도 건강하다. 웃을 때마다 소말리아인 특유의 잘생긴 이목구비와 짙은 살색을 배경으로 환하게 빛난다. 캠프의 여인들은 대부분 옷이 한 벌뿐이다. 밝은 색 천을 한쪽 어깨에 걸쳐 넘긴 뒤에 긴 자락으로 가슴을 감싼다. 여섯 달 전에는 낡아빠진 무채색 옷을 입었다. 의상이 밝아졌다는 건 난민공동체 안에 훔쳐낸 식량을 기반으로 한 암시장이 번성하고 있음을 시사한다.

난민촌 여성들의 일상은 단순하다. 땔감으로 쓸 나뭇가지를 긁어

모으고 물을 긷는 일만으로도 하루해가 진다. 하지만 캠프에서도 며칠에 한 번씩은 미로처럼 얽히고설킨 골목길에서 밤늦게까지 흥청거리는 소리가 새어나온다. 묵직한 북소리가 단조롭게 울리는 사이사이로 날카롭게 부르짖는 여인의 긴 외침(혀를 입천장에 대고 떨면서 아주 높은 음정으로 내는 소리)이 끼어든다. 난민촌에서 들리는 그런 떠들썩한 소란이 결혼식을 의미하는 경우는 지극히 드물다. 상대가 될 남성이 드물기 때문이다. 오히려 여덟 살짜리 계집애가 할례의식을 치르는 소리인 경우가 많다. 캠프 진료소의 의사와 간호사들은 소독하지 않은 칼로 클리토리스를 잘라내다가 치명적인 상처를 입은 소녀들을 자주 치료한다. 다 큰 여성들도 장차 남편이 될 남성에게 순결을 증명해보이기 위해 가시와 실로 성기를 꿰매기 일쑤다. 때로는 너무 단단히 봉합하는 바람에 소변을 제대로 보지 못해서 심각한 감염이 일어나기도 한다. 구호단원들은 그 끔찍한 상황에 개입할 엄두조차 내지 못한다. 기껏해야 일이 터지고 나서 뒤처리를 해주는 게 고작이다.

여성과 아이들은 소말리아 난민 가운데 85퍼센트를 차지한다. 건강한 남성이 그처럼 부족하다는 사실만 봐도 전쟁이 끝없이 이어지고 있음을 뼈저리게 실감할 수 있다. 일부 구호단체 스태프들은 좀처럼 남성들을 볼 수 없는 근본 요인을 아무 때고 불쑥 들이닥쳐서 남자란 남자는 다 잡아다 병사로 써먹는 반군들에게서 찾는다. 잡혀가지 않으려고 인근지역을 떠돌며 유목생활을 하는 까닭이라는 것이다. 그나마 남아 있는 남자들도 치열하게 진행 중인 전쟁에 휩쓸렸던 여실한 증거를 지니고 산다. 바싹 여윈 몸집에 20대 초반답지 않게 교활해 보이는 눈매를 가진 난민촌 관할 사령관만 해도 두 손가락을 잃었다. 참전용사들은 소말리아 차를 한 잔 가득 따라 들고 움막에 모여 무용담을 주고받는 걸로 소일하다시피 한다. 더러는 넓적다리나 팔, 옆구리에 기관총탄을 맞은 상처를 내보이기도 한다. 터번을 두른 곱사등이 할아버지는 예전에 살던 동네에서 벌어진 학살극 이야기를 꺼낸다. 거기서 열다섯, 열일곱 두 아들을 잃었고, 노년의 안연한 삶도 그날 날아가 버렸다. 노인은 짓무르다시피 한 눈에 눈물을 한가득 담은 채 서성이며 큰소리로 탄식한다. "아, 이제 난 어떻게 살아야 할지!" 다들 고개를 가로저을 뿐 특별한 반응을 보이지 않는다.

시간이 흐르면서 이제 캠프에는 일종의 '정상' 상태가 자리 잡았다. 이제는 오렌지색 머리칼을 하고 배가 쏙 나온 아이들도 없다. 살가죽이 뼈에 달라붙은 노인들도 없다. 젖이 마른 가슴에 낙담하는 아이엄마도 없다. 아낙네들은 놀이를 하거나 구불구불한 골목을 뛰어다니는 자식들을 헌신적으로 보살핀다. 제법 머리가 굵은 아이들은 임시 변통으로 만든 가설학교에 가서 코란 교육을 받는다. 어느 활동가는 난민들 가운데는 기본적으로 전쟁이나 가난에 몰려서가 아니라 수용소에서 공짜로 제공하는 안정적인 서비스를 즐기러 제 발로 걸어 들어온 지역 유목민들이 적지 않다고 털어놓았다. 급박한 상황이 지나간 지 이미 오래건만, 구호단체들은 여전히 소말리아와 같은 지역들을 굶주린 난민들이 온갖 질병에 걸려 대량으로 죽어나가는 재난지역으로 소개한다. 희망적인 상황을 내세워서는 돈을 끌어모으지 못한다는 서글픈 현실 탓에 주로 그런 사진과 이미지들을 동원할 뿐만 아니라 지속적으로 사용하는 것이다. 음식과 약품이 원활하게 공급되고 있다는 소식은 지원 국가 국민들을 움직일 수 없으며, 두려움과 죄책감을 자극하는 데는 '위기'를 내세우는 편이 훨씬 낫다. 그래서 구호단체의 활동에 힘입어 사태가 상당히 개선되었다는 따위의 소식은 후원자들에게 잘 전달되지 않는다. 스스로 일궈낸 성공에 도리어 발목을 잡힐 가능성이 크기 때문이다.

소말리아 난민캠프는 지금도 미국과 유럽에서 활동가들을 활발하게 끌어들이고 있다. 생활조건은 향상되었지만, 핀란드나 네덜란드, 미국 같은 나라들에서는 통상적으로 마주하기 어려운 장애요인들이 꼬리를 물고 나타난다. 우선 더위가 문제다. 소말리아에는 우기와 건기(현지에서는 흔히들 '진창' 철과 '먼지' 철이라고 부른다), 두 계절이 있다. 적도에 가까운 지역이라 어느 철이든 끔찍하게 덥기는 마찬가지다. 한쪽이 푹푹 찌는 무더위라면 다른 한편은 모조리 태워버릴 것만 같은 더위다.

우기에는 파리와 모기가 기승을 부린다. 나중에 빗물이 말끔히 바다로 흘러나가고, 숨구멍을 막아버릴 것만 같은 먼지구름을 일으키는 센 바람이 놈들이 번식하는 습지를 완전히 말려버린 뒤에야 간신히 잦아든다. 하지만 건기에는 밤(특히 달이 뜨지 않는 밤)마다 전갈들이 굴에서 기어 나온다. 구호요원들은 가끔 사막의 옅은 밤공기를 찢고 들려오는 으스스한 울음소리를 듣는다. 상처 입은 늑대를 떠올리게 하는 울부짖음은 그 주인공이 가까이 다가올수록 점점 더 커져간다. 전갈에 쏘인 유목민이 진통제를 구하러 캠프로 찾아오고 있는 것이다. 놈의 독침에 팔을 찔린 간호사는 네 시간마다 한 번씩 노보카인(국소마취제 – 옮긴이) 주사를 맞아가며 나흘씩이나 자리보전을 해야 했다. 그녀는 그 고통을 '아이 낳을 때보다 열두 배나' 더한 아픔이었다고 표현했다.

캠프를 찾아갔을 당시, 단 하나뿐이던 의사는 어느 날 밤, 곤히 자다가 얼굴을 쏘였던 사연을 들려주었다. 새끼 전갈 한 마리가 숙소로 쓰는 텐트의 경사진 지붕을 기어오르다 얼굴 위로 뚝 떨어졌다는 것이다. 지독한 통증에 벌떡 일어난 그는 더듬더듬 신발과 손전등만 챙겨들고 뛰쳐나왔다. 스태프를 찾아가서 주사를 맞아야겠다는 생각뿐이었다. 허둥지둥 천막을 나서다 1.5미터짜리 독사를 밟았다. 그러고도 모자라서 간호사의 텐트까지 가는 사이에만 밝은 인광을 내뿜는 전갈을 네 마리나 더 보았다. 의사는 전갈을 거둬다가 병에 담고 포름알데히드를 채워 머리맡에 차곡차곡 쌓아두는 걸로 복수를 삼았다. 하지만 가장 자랑스러워하는 애장품은 웬만한 남자의 손바닥보다 크고 털이 덥수룩한 낙타거미로, 전갈만큼 고통스러운 상처에다 중독성 부작용까지 남기는 무서운 거미다.

구호요원들은 주바 강에 도사리고 있는 사나운 악어도 조심해야 한다. 아프리카의 악어들은 6미터까지 자라고 몸무게도 2톤에 육박하지만 땅에서도 놀라우리만치 기민하고 영악스럽게 움직인다. 배 속에 아기를 가지고 있었던 한 난민 여인은 강에서 몸을 씻다가 목숨을 잃었다. 강가에 있던 목격자들은 딱딱하고 거친 주둥이가 번개처럼 움직이고, 몸서리나는 비명소리가 들리고, 한 줄기 물거품이 속절없이 물속으로 사라지는 장면을 고스란히 지켜볼 수밖에 없었다.

외딴 소말리아에서조차도 난민캠프는 에너지 의존적이다. 등유로 불을 켜고, 프로판 가스로 밥을 짓고, 디젤 펌프로 물을 길어 올린다.

의약품뿐만 아니라 식량도 모두 서방에서 온다. 유목생활을 하는 원주민과 방문자의 일반적인 관계는 완전히 역전됐다. 정상적인 상황에서라면 유목민들은 서구인들보다 현지에서 살아가는 데 훨씬 유리하다. 그렇지만 전쟁과 가뭄에 시달리는 지금은 구호요원들과 그들을 통해 안정적으로 흘러들어오는 구호품에 전폭적으로 의지할 수밖에 없는 실정이다. 서방세계와 연결된 탯줄에 기대어 연명하는 셈이다. 소말리아 난민캠프의 치안을 책임지는 사령관은 말한다. "일주일이나 열흘만 보급이 끊겨져도 당장 주민들이 죽어나가기 시작할 겁니다."

병원과 식량배급소가 오전 7시에 문을 여는 까닭에 구호요원들은 아침 일찍 일과를 시작한다. 정오부터 오후 4시까지는 주민과 구호요원을 가리지 않고 캠프 안에 있는 이들은 너나없이 그늘진 곳이나 집 안으로 들어가 한낮의 폭염을 피한다. 오후 업무는 4시부터 저녁 식사시간인 7시까지 이어진다. 캠프에서 일하는 스태프들에게는 기분전환에 도움이 될 만한 오락거리가 거의 없다. 손때 묻은 책이나 잡지를 뒤적이는 게 고작이다. 그래서 밤이면 자주 모닥불 주위에 둘러앉아 하루 일을 돌아보며 이야기를 나누거나 저마다 고국에서 누렸던 행복한 날들을 되새김질하곤 한다. 대부분은 인도차이나에서도 일해본 경험이 있는 터라 상대적으로 덜 열악했던 당시를 돌아보며 추억에 잠기기도 한다. 그렇게 여섯 달 동안 일하고 나면 세이셸 제도나 나이로비로 나가 유급(어느 정도 금액을 공제한 급여가 나오는) 휴가를 즐길 수 있다.

끝없이 앞을 가로막는 난관들

도대체 무엇이 이들을 끌어들여 현대생활에 필수적인 편의시설조차 변변히 없는 곳에서 적도의 뜨거운 햇살을 견디고 낮은 급여를 받아가며 신산스러운 삶을 살게 만드는 것일까? 노스캐롤라이나 주 블랙마운틴에서 왔다는 은발의 소아과의사 존 윌슨 박사는 부드러운 목소리로 '의무감'을 말한다. "더러 여기서 나가면 요나처럼 될 것 같은 느낌이 들 때가 있어요. 좋고 싫고를 떠나서 마땅히 와야 한다는 생각에서 이곳에 발을 딛었거든요. 아버지 역시 1907년부터 한국에서 의료선교사로 일했던 분이었어요. 500만 명을 보살피는 유일한 의사였죠. 저도 한국전쟁이 끝난 직후에 남한에서 1만 명이 넘는 한센병 환자들을 돌봤습니다. 직업적으로 보자면, 이 일 저 일 닥치는 대로 조금씩 다 했던 셈이죠. 분주하게 돌아다니며 개인 환자들을 살피다가 대학에서 학생들을 가르치고 다시 탄광에서 일하는 광부들을 진료하는 식이었으니까요. 세월이 갈수록 돈뿐만 아니라 시간에 관해서도 하나님께 십일조를 드려야 한다는 믿음이 깊어지더군요. 하지만 아내의 건강이 좋지 않아서 장기간 해외에 나가 봉사하기가 어려웠어요. 그래서 노스캐롤라이나 주에서 일하면서 시간을 내서 단기간에 끝나는 과업들을 맡기로 한 겁니다."

그 밖의 요소로 박사는 의사로서 새 길을 개척하는 작업의 매력을 꼽았다. "기껏해야 코에서 콧물이 나고 목이 좀 아픈 아이들 수백 명 남짓을 일 년 내내 치료하다가 여기 와서 생명을 살리는 일에 힘을 보태게 되니까 얼마나 뿌듯한지 모르겠어요." 박사보다 앞서 일했던 의사는 들이붓듯 폭우가 내리는 날 밤, 손전등 불빛 아래서 테이블스푼 두 개와 마른행주를 견인기(외과의사가 수술하려는 부위를 잘 볼 수 있도록 조직을 붙잡아주는 기구 – 옮긴이)와 스펀지 삼아 맹장을 떼어내는, 역사에 길이 남을 만한 수술을 집도했다. 소말리아에서는 치위생사가 이를 뽑는 건 물론이고 기본적인 구강수술까지 해낸다. 보험료를 내는 법도 없고 의료사고에 휘말려 소송을 당할 걱정도 없다. 구호요원들은 무슬림 부모들의 체념에 가까운 숙명론을 접할 때마다 깜짝깜짝 놀라곤 한다. 설령 치료에 실패한다 하더라도 비난하거나 불평하지 않는다. 아기가 죽어도 알라의 뜻으로 돌리고 만다.

윌슨 박사의 나이는 소말리아 구호 팀 스태프들 가운데 지극히 예외적인 사례에 속한다(박사는 은퇴 후에 소말리아 난민캠프에 합류했다). 절대다수는 봉사단 모집 포스터에나 나옴 직한 앳된 얼굴에 이상주의적인 표정을 담고 있는 20대 초반의 젊은이다. 청바지에 티셔츠는 해외봉사단원들의 유니폼이나 다름없다. 소말리아 여인들처럼 금발 머리를 늘 땋고 지내는 로이스는 스물한 살 아가씨이지만 캠프의 험한 생활쯤은 대수롭지 않게 여기는 눈치다. "제가 안됐다고요? 천만에요. 여섯 달 전에는 저도 나무들이 시원스레 늘어선 일리노이 주 오크 파크에서 간호학을 공부하고 있었어요. 지금쯤 친구들은 어느 병원에선가 3교대 근무를 하면서 정신없이 살고 있겠죠. 불쌍한 건 그 애들이에요. 저는 지금 일생일대의 모험을 즐기고 있거든요. 세상을 보는 눈이 예전과는 결코 같지 않을 거예요."

로이스는 요르단에서 팔레스타인 사람들 틈에 섞여 자랐다. "유목민들은 함께 일하기에 더할 나위 없이 좋아요. 지독하리만치 독립적

이기 때문이죠. 떵떵거리며 호화롭게 살 수 있게 해주겠다고 해도 마음이 흔들리지 않을 정도니까요. 대신 이틀 동안 음식을 먹지 않아도 허기를 느끼지 않고 계속 걸을 능력이 있다는 걸 자랑스럽게 생각해요. 그런데도 그 멋진 라이프스타일을 빼앗기고 수용소로 등 떠밀려 들어가는 서글픈 모습을 요르단에서 목격했어요. 가족과 문화가 해체되기 시작한 거죠. 그때 결심했어요. 아름다운 문화가 붕괴되어가는 과정을 어떻게든 막아내는 데 일생을 바치겠다고요." 이른 나이에 로이스는 고향에서 쫓겨난 이들과 무슬림, 유목민들 사이에서 일하겠다는 꿈을 품었다. 그리고 소말리아에서 그 세 조건에 딱 들어맞는 일을 찾았다. 지금은 다른 구호요원들과 함께 현지인 '보건진료원'들을 교육하고 감독하면서 안팎으로 좋은 평가를 받고 있다.

소말리아 정부는 태국과 방글라데시, 말레이시아, 필리핀 등지의 난민캠프의 보건활동 실태를 돌아보고 스스로 지나치게 서구식 대응 방식에 기울었다는 결론을 내렸다. 그리고 그 후속조처로 캠프에서는 발병빈도가 가장 높은 질병들을 치료할 수 있도록 훈련받은 현지인 자원봉사자가 보건업무 전반을 주도해야 한다는 법령을 발표했다. 공식적으로 20개의 질병을 선정하고 굵은 활자로 인쇄해서 모든 진료소에 우편으로 발송했다. 그 범주를 넘는 질환, 그러니까 스물한 번째 병부터는 '기타'로 분류했다.

6만 명에 이르는 인구가 제한된 구역 안에 산다. 위생 상태는 엉망이고 파리와 모기가 번식하기 좋은 웅덩이가 널렸다. 캠프에서 일하는 한 구호요원은 이 두 가지를 아울러 '전염병 시한폭탄'이라고 부른다. 홍역과 백일해가 시도 때도 없이 밀어닥쳐 허약한 이들의 목숨을 앗아간다. 거의 모든 주민이 잠재적 말라리아 환자다. 외국에서 온 구호요원들은 소말리아인 자원봉사자들에게 스무 가지 흔한 질환의 증상과 치료법을 반복해서 훈련시킨다. 보건진료원들은 보수나 특별대우를 받지 않으며 물과 장작까지 직접 구해 써가면서 동족들의 건강을 보살펴야 한다. 하지만 대다수가 열성적으로 진지하게 훈련을 받고 있어서, 로이스는 다국적 의료진이 전원 철수한다 할지라도 보건업무 가운데 90퍼센트 정도는 단절 없이 지속되리라고 추산한다. "보건진료원들이야말로 우리 팀이 거둔 열매 가운데 최상이라고 할 수 있죠. 언젠가는 다들 떠나겠지만 이분들은 남을 테니까요. 우리가 제대로 훈련을 시켰다면 보건진료원들은 이곳의 문화를 영구적으로 개선시킬 수 있을 겁니다."

구호요원들은 단 6개월 만에 난민수용소를 대재앙의 불씨를 품고 있는 화약고에서 기초식량과 의료혜택을 제공받을 수 있는 질서정연한 공동체로 바꿔놓았다. 긴급한 단기목표들은 달성되었다. 하지만 난민사태가 불러올 장기적인 파장을 처리하는 훨씬 더 큰 도전이 눈앞에 기다리고 있다. 인도차이나 반도의 난민캠프들은 서방국가들이 받아들여줄 때까지 기다리는 임시거류지의 성격이 강했다. 이른바 '수단의 잃어버린 아이들' 조차도 여러 나라에서 따뜻한 환영을 받았다. 케냐의 수용소에 머물다가 뉴욕이나 아이오와 주 같은 지역으로 이민할 수 있었던 것이다. 반면에 소말리아 난민들을 재정착시키려는 노력은 어디서도 찾아볼 수 없다. 이 나라가 삶의 터전을 잃은 백성들을 흡수할 능력이 있는지 관찰하고 검증하는 이도 전무하다. 폭력사태가 계속되는 한, 난민들은 고향으로 돌아갈 길이 없다.

소말리아 정부가 수많은 구호단체들에 손을 내밀어 난민사태를 진정시키는 데 장족의 발전을 이루기는 했지만, 외부의 혼선은 여전해서 장기적인 폐해를 불러왔다. 예를 들어, 난민캠프가 설치되면서 목초지가 황폐해졌다. 본래 유목민족인 소말리아인들은 초지에 돌이킬 수 없는 피해를 입힐 만큼 오랫동안 한곳에 머무는 법이 없다. 하지만 시추공을 뚫고 정착시설인 수용소에 물을 공급하면서 가축과 염소들이 한정된 공간을 수없이 짓밟게 되었으며, 식물의 뿌리체계가 망가지고 사막이 확장되는 결과를 가져왔다. '개선'인 줄 알았던 우물이 실제로는 '파괴'였던 셈이다.

너나없이 땔감으로 쓸 나무를 찾아다니는 행태 또한 환경에 풍경이 바뀔 만큼 심각한 타격을 입혔다. 우리가 찾아갔던 수용소 주변은 본래 울창한 숲으로, 소말리아 난민캠프를 통틀어 유례를 찾을 수 없을 정도로 윤택한 환경이었다. 하지만 난민촌에 들어와 살게 된 주민들이 규정을 무시하고 나무들을 닥치는 대로 베어내면서 한 달이 멀다하고 숲의 면적이 줄어들었다. 얼마 뒤에는 불쏘시개를 구하러 13킬로미터나 걸어가야 했고 그 거리는 16킬로미터에 이어 20킬로미터로 늘어났다. 게다가 염소와 나귀들이 나무의 새순까지 뜯어먹는 바람에 숲은 영원히 사라지고 그 자리는 고스란히 사막으로 변하고 말았다.

한번은 수용소 관리책임자가 기발한 생각을 해냈다. 아이들에게 주바 강에서 낚시하는 법을 가르치자는 것이다. 캠프의 소말리아인들은 물고기를 먹어본 적이 없었다. 수많은 이들이 주려 죽어가면서도 물속에 버글거리는 생선을 그냥 지켜보기만 했던 것이다. 아이들은 새로운 아이디어를 당장 실천에 옮겼지만, 돌아온 건 부모들의 멸시뿐이었다. 농사는 더 큰 저항을 받았다. 미국으로 돌아가기 전, 아마추어 정원사였던 윌슨 박사는 초보적인 수준의 관개시스템을 구상하고 대충 얼개를 잡았다. 하지만 현지인들이 그 설비를 이용할지는 미지수였다. 정착농경생활을 혐오하는 의식의 뿌리는 깊고도 질겼다. 캠프 주민들 가운데 어느 누구도 농장에 관심을 보이지 않았다.

윌슨 박사는 말한다. "물은 이 캠프가 가진 장점이기도 하지만 동시에 건강을 해치는 치명적 요인이기도 합니다. 주민들에게 강물을 바로 떠 마시지 않도록 가르칠 수만 있다면 수용소에 도는 질병 가운데 적어도 절반은 막을 수 있을 겁니다. 캠프에는 강물을 펌프로 끌어올려 수조 세 군데를 거치며 처리하는 독일제 정수시스템이 설치되어 있습니다. 하지만 유해물질을 완벽하게 여과하지는 않습니다. 백 퍼센트 걸러내면 어린아이들이 맑은 물에 익숙해지게 될 테고 그랬다가는 나중에 캠프를 나가 살게 되었을 때 마실 물에 담겨 있는 각종 세균에 대한 저항력을 기를 수 없기 때문입니다. 벼랑 끝에 몰린 난민들은 어려운 선택을 해야 합니다. 우리들이 조언하는 대로 3-8킬로미터를 걸어가서 정수한 물을 통에 채워 짊어지고 움막까지 끙끙거리며 지고 올 것인가, 아니면 평소에 늘 하던 것처럼, 몇백 미터쯤 떨어진 강에 가서 물을 길어다 먹을 것인가 결정해야 한다는 말씀입니다. 여태까지 캠프의 난민들에게 강물을 마시지 못하도록 주의를 주고 재미를 보았던 소말리아 보건관리는 거의 없었습니다."

고국에 돌아간 현장 책임자들에게는 장기적으로 그 무엇보다 큰 문제로 여겨지지만 구호요원들은 자주 입에 올리지 않는 또 다른 이슈가 있다. 스태프들의 봉급은 물론이고 생명줄이나 다름없는 구호품까지 보내주는 미국의 변덕스러운 기부자들이 점점 소말리아의 상황에 피로감을 느끼게 되지는 않을까? 현지의 위기가 상당 부분 해소되었다는 소식이 머지않아 후원자들에게 알려지고 모금액이 곤두박질치게 되면 어떻게 해야 하는가? 구호단체들은 이렇게 모금이라는 가혹한 현실문제에 휘둘린다. 관심을 유지하기 위해서는 절박한 분위기를 이어가는 게 필수적이다.

어떻게 모아서 어디에 쓸 것인가?

모금기법은 대륙에 따라 다양하다. 전문가들은 오스트레일리아와 뉴질랜드의 후원자들이 제일 까다롭다고 입을 모은다. 어떤 프로젝트든 명확하고 분석적인 정보를 요구하기 때문이다. 하지만 미국인들은 정서적인 공감을 원한다. 죽어가는 아기를 팔에 안고 눈물이 그렁그렁한 눈으로 무언가를 호소하듯 카메라를 바라보는 백인 '나리'들의 사진이 필요한 까닭이 거기에 있다. 미국 구호단체의 모금담당자들은 유럽의 사진가들을 마뜩지 않아 한다. 한 폭의 풍경화처럼 지나치게 '어여쁜' 결과물을 내놓는 탓에 후원자들의 감성을 단박에 사로잡지 못한다는 것이다.

수십억 달러가 오가는 사업들이 다 그렇듯, 모금 역시 철저하게 계산된 원칙에 따라 진행된다. 할리우드의 시사회 비슷한 프로그램이 후원자 모집활동의 성패를 가름할 수도 있다. 엄선된 손님 450명 정도가 커다란 홀에 나란히 앉아 영상을 보면서 '무관심'부터 '높은 관심'까지 감동의 다이얼을 돌리고 있는 장면을 생각해보라. 옆방에서는 컴퓨터로 청중들의 반응 데이터를 통합하고 인구통계학적 정보와 결합해서 다양한 범주의 예비후원자들을 모두 사로잡을 포인트를 찾아낸 뒤에 곧바로 현장에 적용한다. 어린이는 호소력이 가장 큰 소재다. 모금 관련 웹사이트나 잡지마다 아이들이 정면을 뚫어져라 바라보는 사례가 흔한 이유가 거기에 있다. 연예인이 연사로 나서는 것도 도움이 된다. 강당에서 청중들에게 전달되는 광고도 드라마나 텔레비전 퀴즈쇼처럼 평가를 받는다. 미국의 모금전문가들은 후원행사를 열 때마다 소망에 토대를 둔 개발계획과 향상된 라이프스타일이 아니라 죄책감에 뿌리박은 정서적 호소가 더 잘 먹힌다는 엄연한 현실을 확인하고 또 확인한다. 어느 메이저 후원단체의 상무이사는 이름을 밝히지 말아달라면서 부대끼는 속마음을 털어놓았다.

솔직히 말해서, 필요와 상관없이 일단 입양 프로그램을 시작하고 싶은 마음이 굴뚝같습니다. 관료주의적 발상이기는 합니다만, 아이들을 새 식구로 맞아들이게 하는 사업을 벌이기만 하면 후원금이 밀려들어오기 때문입니다. 몇 년 전부터 정부가 그런 프로그램을 돌리는 단체들을 조사하기 시작했는데, 그중에는 대상 아동을 등록하고 후원자들에게 구체적 인적사항을 알리는 데만 후원수입의 75퍼센트 이상을 사용하는 단체들도 있었습니다. 이건 어떤 말로도 합리화할 수 없는 일입니다.
한번은 다른 구호단체 관계자로부터 어느 라틴아메리카 국가에 관해 차라리 모르는 게 나았을 법한 이야기를 들었습니다. 지진이 휩쓸고 간

뒤로 너무 많은 식량이 쏟아져 들어오는 바람에 현지의 상인들이 가게 문을 닫을 지경이라는 겁니다. 저는 앰뷸런스 꽁무니를 쫓아다니지 않기로 작정했습니다. 저절로 따라붙는 후원금을 싹쓸이할 손쉬운 방법이라 해도, 어느 날 갑자기 뉴스 헤드라인을 장식하는 지역에는 들어가지 말아야겠다고 결심한 거죠. 그래도 중요한 개발 사업을 펼치자면 소말리아 같은 지역의 위기상황을 부각시킬 수밖에 없습니다. 그래요, 인정합니다. 우리가 쓰는 자료 화면은 6개월 전에 찍은 거죠. 그래도 후원자들은 언제 것이든 정서를 자극하는 호소에 지갑을 여니까요. 약정서를 보면, '긴급한 식량 및 의약품 지원'으로 사용목적을 제한하는 경우가 절반입니다. 나머지 절반은 '필요한 곳에 사용'이란 항목에 체크가 되어 있는데, 개발다운 개발활동에 쓸 수 있는 돈은 그게 전부입니다.

공공의료 분야는 구호활동의 난제를 가장 또렷하게 보여주는 사례다. 후원자들은 질병을 고치고 억제하는 일이라면 기꺼이 약품과 의료장비를 기증한다. 선교병원만 하더라도 상대적으로 쉽게 기부를 받을 수 있다. 그러나 지혜로운 보건전문가들이 지적하듯, 그런 식으로 반응해서는 질병의 근본원인을 처리하지 못한다. 문명국가들에서는 잘 듣는 면역예방주사나 치료법이 개발되기 훨씬 전부터 기관지염, 폐렴, 인플루엔자, 결핵, 백일해, 홍역, 성홍열 따위의 발병률이 급격히 감소했다. 이런 질병들을 무력화시키는 데는 영양과 위생 상태를 개선하는 쪽이 의학 연구를 통해 돌파구를 찾는 것보다 한층 효과적이었던 것이다. 병원 백 곳보다 솜씨 좋은 요리사가 훨씬 유용한 셈이다. 세계보건기구는 제3세계에서 발생하는 보건문제 가운데 80

퍼센트는 오염된 식수원과 관련이 있으리라고 추산한다. 하지만 강물을 더럽히는 오염원을 차단하고 상하수도 체계를 구축하는 비용을 모금하기 위한 운동을 편다면, 우표 값도 건지지 못할 공산이 크다.

한 구호활동가는 혼잣말처럼 중얼거린다. "수많은 이들이 나그네쥐(떼를 지어 높은 데서 뛰어내려 자살한다는 속설이 있다 - 옮긴이)처럼 벼랑에 몰려 추락하고 있습니다. 숨이 붙어 있는 친구들을 모아다가 간호해서 건강을 되찾아주는 일이라면 어렵잖게 돈을 모을 수 있습니다. 하지만 절벽 끝에 울타리를 만들고 경보 시스템을 만드는 일에는 모금이 여간 어려운 게 아닙니다." 현재로서는 소말리아나 아이티, 파키스탄같이 긴급지원이 절실하리만치 극도의 위기상황을 겪고 있는 곳들이 구호기관들에게 대단히 긴요해 보인다. 그런 지역에서 맞닥뜨리는 경험들은 구호활동을 옳고 그름의 문제로 단순화시킨다. 구호단체들은 단기간에 기적을 일으킨다. 수많은 이들의 생명을 지키고, 음식을 먹이고, 아픈 데를 싸매준다. 하지만 지극히 짧은 시간 동안뿐이다. 그렇다고 구호에서 개발로 활동의 초점을 바꾸었을 때 어떤 일이 일어날지는 아무도 예측할 수 없다. 돈이 있다고 해서 반드시 성공을 거둘 수 있는 건 아니다. 10만 인구와 가축 2천만 마리의 목숨을 앗아간 사헬 지역(사하라 사막 주위의 사바나 - 옮긴이)의 큰 가뭄이야말로 아프리카를 위협하는 가장 큰 위기 가운데 하나다. 유럽 구호단체들이 컨소시엄을 구성해서 9조 6천억 원을 쏟아부었다. 하지만 여전히 나아질 기미가 보이지 않는다는 게 현실주의자들의 판단이다.

부실관리에 생태적 복잡성까지 겹쳐서 견실한 변화의 가능성을 떨어트리고 있다. 사헬의 사막은 지금도 비옥한 땅을 계속해서 침식해 들어오고 있다. 앞으로 10–20년만 지나면 단 한 그루의 살아 있는 나무도 찾아볼 수 없게 될 것이라고 내다보는 활동가도 있다. 일부 회의론자들은 개발에 수조 원을 쏟아부은들 과연 장기적인 관점에서 아프리카에 유익이 되겠느냐며 고개를 가로젓는다.

소말리아 정부는 팔레스타인 정착촌처럼 전국에 퍼져 있는 천막도시, 즉 난민캠프가 불결하고 누추한 영구거주지가 될 수 있다는 사실에 어느 정도 적응이 된 듯하다.[1] 하지만 그들의 국토는 그 같은 대규모 집단수용시설을 지탱해낼 힘이 없다. 물과 장작을 구할 수 있는 지역이 한정되어 있기 때문이다. 그렇다면 유목민들은 대대로 이어온 문화를 깡그리 내버리고 농업이나 공업, 어업을 새로 받아들여야 할 것인가? 서구 세계는 그처럼 변화해가는 데 필요한 엄청난 자원을 끊임없이 투입해줄 것인가?

여러 해 동안 헌신적으로 봉사한 소말리아의 활동가들은 귀국 후에도 고국의 관계자들에게 이처럼 까다로운 문제들을 끊임없이 상기시키며 해결을 촉구한다. 30년 이상 봉사했던 이들의 경험은 전쟁이 그러하듯, 구호활동 또한 시작하기는 쉬워도 마무리하기는 어렵다는 만고의 진리를 생생하게 보여준다. 미국인 간호사 로이스는 구호활동이 얼마나 벅찬 도전인지 누구보다 잘 알고 있는 인물이다.

간호대학 동기들이 생각납니다. 졸업을 앞두고 캐나다에 있는 신설 병원이다, 그리스 공군이다, 샌디에이고의 유명한 대학병원이다, 미니애폴리스의 사립학교다 호들갑을 떨며 새로 가게 될 임지를 서로 견주어보고 있었어요. 제가 월드컨선 소속으로 소말리아에 가서 구호활동을 하겠다고 했을 때, 친구들의 얼굴에 떠오르던 어리둥절한 표정이 지금도 생각나요. 다들 합창하듯 외치더군요. "소말리아? 거기가 어딘데?" 전쟁을 겪고 있는 아프리카 북동부의 이슬람 국가라고 설명해주자 더 기가 차다는 반응이 돌아왔어요. "지금 무슨 정신 나간 짓을 하려는 거니?"

종종 유월의 어느 날 밤을 생각해요. 접이식 의자에 앉아서 하늘을 바라보고 있었죠. 한 점 오염되지 않은 창공에 은하수가 빛으로 놓은 고속도로처럼 온 하늘을 밝게 수놓고 있었어요. 혼자 앉아서 주바 강이 콸콸거리며 흘러가는 소리를 들으며 고향에 두고 온 친구들을 떠올렸어요. 문득 낯선 감정이 들었어요. 솔직히 말해서, 그처럼 만족스럽고 충만한 느낌을 가져본 적이 단 한 번도 없었어요. 별이 빛나는 하늘 아래 앉아서 삶을 돌아보면서 하나님께 기도드렸어요. 여기에 오게 해주셔서 참 감사하다고요.

예전에는 어린아이의 천진한 웃음, 어머니들의 되살아난 자부심, 구호요원들의 느긋한 얼굴에 소망이 그토록 생생하게 어려 있는 걸 보지 못했어요. 소말리아는 여전히 산더미 같은 문젯거리들과 마주하고 있죠. 미국인들은 이런 생활환경 속에서는 잠시도 못 살 거예요. 하지만 이제 소망의 정신이 주민들에게 두루 전염되고 있어요. 서구의 후원자들과 여기서 일하는 활동가들이 자신을 희생해가며 열심히 일한 덕분이죠. 소망은 부활의 전주곡이잖아요, 그렇죠? 소망의 불씨가 살아 있는 한, 완전히 짓눌리는 순간은 없을 거예요.

소말리아에서는 그 소망의 근원을 대놓고 이야기할 수가 없어요. 정부가 기독교 신앙에 관한 이야기를 입에 올리지 못하게 엄격히 통제하고 있거든요. 하지만 삶으로, 그리고 영혼으로 소망이 있음을 보여주려고요. 숙명론에 찌든 무슬림들로서는 이해하기 어려운 개념일 수도 있겠지만 포기하지 않을 겁니다. 월드컨선 같은 기독교 구호단체들이 이 무슬림 국가의 아픔을 치유하는 일에 희생적으로 헌신하고 있다는 사실 정도는 소리 높여 얘기할 수 있을 테니까요.

언젠가는 평범한 간호사로 돌아가서 미국의 쾌적한 병원에서 야간근무를 서게 될지도 모르겠어요. 그때는 '어떻게 하면 이 풍요로운 나라에서 이기심을 버리고 감사하는 삶을 살 수 있을까?' 따위의 문제와 씨름하게 되겠죠. 하지만 삶과 죽음을 가르는 자리에 설 수밖에 없는 이곳에서 간호사 생활을 시작한 걸 늘 고마워하게 될 겁니다. 사실은 저처럼 하나님을 섬길 기회가 없었던 이들에게 도리어 미안해요. "목숨을 얻으려는 사람은 목숨을 잃을 것이요, 나를 위하여 자기 목숨을 잃는 사람은 목숨을 얻을 것"(마 10:39, 새번역)이란 예수님 말씀의 참뜻을 이제 막 배워가기 시작했거든요.

9

복음주의자는
누구인가?

약물중독에 시달리거나 집 없이 떠도는 이들을 위해 도심에 쉼터를 운영하는 지인이 있다. 신학적인 지도상에 정확한 위치를 정하기가 애매한 신앙을 가진 이 친구가 해준 말이 생각난다. "복음주의자들이 너무 좋아. 물불을 가리지 않거든. 하지만 유념해야 할 게 있어. 정죄하는 태도를 누그러뜨려야 한다는 점이지. 걷잡을 수 없는 상태가 되기 전에 말이야." 주로 복음주의 진영에서 저널리스트 노릇을 하다 보니, 친구의 지적이 사실임을 뒷받침하는 장면들과 자주 마주친다.

그렇다. 소말리아 난민캠프의 구호요원들이 확실하게 증명해 보인 것처럼, 복음주의자들은 무슨 일을 맡기든 물불을 가리지 않는다. 달력을 넘기면서 한 해 동안 여러 대륙을 돌아다니며 만났던 복음주의자들을 더듬어본다. 남아프리카공화국에서는 레이 맥컬리와 시간을 보냈다. 한창때는 미스터 유니버스 대회에 출전해서 아놀드 슈워제네거와 경쟁을 벌이기도 했던 영웅적인 면모가 엿보이는 인물이다. 레이는 "목표를 분명히 정하고 과감히 간구하라"는 캐치프레이즈를 내세우고 요하네스버그에서 오순절 계열의 교회를 개척해서 무려 3만 5천 명의 신도를 거느린 남아프리카공화국 최대의 교회로 키워냈다. 아파르트헤이트 정부가 무너지기 시작하자, 완강했던 레이의 태도와 정치적 성향, 신학도 차츰 부드러워지기 시작했다. 백인 교인들은 몹시 불만스러워했지만 교인들의 구성 역시 국민의 인종적 다양성을 반영하는 방향으로 점차 변해갔다.[1] 오늘날 레마교회Rhema Ministries는 에이즈환자 선교, 주택건설, 약물 중독자들을 위한 재활농장 등 다양한 프로그램을 운용하고 있다.

요하네스버그 반대편 케이프타운에서는 역동적이고 매력적인 혼혈여성, 조애나 플랜더스 토머스를 만났다. 학생 시절에는 아파르트헤이트에 반대하는 운동을 펼치다가 전국적인 승리를 거둔 뒤에는 지역의 현안을 해결하는 쪽으로 눈을 돌렸다. 조애나는 용서와 화해를 전하는 단순한 복음을 들고 날마다 교도소를 찾아갔다. 넬슨 만델라가 8년 동안 수감되었던 곳으로, 남아프리카공화국을 통틀어 가장 폭력적인 감옥이었다. 차츰 신뢰가 쌓였다. 재소자들은 학대를 받으며 자랐던 어린 시절 이야기까지 서슴없이 털어놓았다. 조애나는 갈등을 해소하는 더 나은 방법들을 가르쳤다. 교도소를 찾아다니기 전해에는 279건에 이르던 폭력행위가 1년 만에 2건으로 줄었다.

몇 주 뒤에는 카스트제도가 아직도 남아 있는 세계 유일의 힌두교 왕국인 동시에 최빈국 가운데 하나인 네팔로 날아가서 한센병 환자들을 보살피는 봉사자들을 만났다. 유럽을 중심으로 한 15개국 출신들로, 한센병 환자 사역을 전문으로 하는 선교단체 소속이었다. 역사적으로 한센병 치료의 커다란 진보라고 할 만한 업적들 가운데 상당 부분은 기독교 선교사들에게서 나왔다. 친구의 말마따나 '물불을 가리지 않기 때문'이다. 숙련된 외과의사, 간호사, 물리치료사를 만났는데, 하나같이 한센병에 희생된 환자들(대부분 불가촉천민들이다)을 돌보는 일에 삶을 바친 이들이었다.

매년 선교대회가 열릴 때면, 이들은 임시로 오케스트라를 결성해서 함께 찬양하고 기도하며 마오이스트들에 대처하는 비결을 나누기도 한다. 여가를 즐기는 법도 다양해서 네팔이 자랑하는 높은 산에 오르는 이들이 있는가 하면 더러는 새들의 생태를 관찰한다. 히말라야나방을 연구하는 프랑스인 의사도 있다. 몇몇은 모터사이클을 타고 산과 강을 건너 이웃나라 티베트까지 다녀오는 험난한 트래킹을 즐긴다. 만나본 선교사들 가운데는 '외골수 우익 복음주의자'라는 틀에 들어맞는 이가 단 한 명도 없었지만 정작 본인들은 다들 복음주의자를 자처한다. 무엇보다 말뜻 그대로 복음을 널리 퍼트리기 위해 네팔에 왔다는 것이다.

이어서 베이징으로 넘어가서 60개국에서 온 교인 2천여 명이 출석하는 국제교회 예배에 참석했다. 그날은 아프리카 무용단이 찬양을 인도했는데, 임대해서 쓰는 호텔의 회의실이 온통 들썩거릴 정도였다. 거기서 외교관과 경영인, 옥스퍼드 대학 철학교수, 영어를 가르치면서 중국인들에게 복음을 전하려고 건너온 한 무리의 젊은 복음주의자들을 만났다. 정부당국이 중국 국적을 가진 이들의 교회 출입을 엄격하게 금지하고 있으므로 안내 담당자가 문 앞에서 일일이 여권을 검사했다. 하지만 저녁 늦게 중국 지하교회의 대표들도 만날 수 있었다. 지난 30년 동안 주기적으로 강력한 단속을 벌여서 지도자들에게 중형을 선고했음에도 불구하고 가정교회 운동은 역사상 가장 큰 규모의 크리스천 각성운동으로 급성장했다. 전문가들은 공식적으로 무신론을 표방하는 이 나라에서 무려 7천만 명에 이르는 중국인들이 전국에 흩어져 있는 가정교회에서 예배를 드리고 있을 것으로 추산한다.

몇 주 뒤에는 위스콘신에서 열린 집회에 참석했다. 세계 30개국 대표들이 모여 성매매 여성들을 돕는 사역에 관해 논의하는 모임이었다. 세계적으로 수십 개의 복음주의 단체들이 불법 성매매에 맞서 싸워가며 매춘시스템에 묶여 있는 여성들(가난한 나라일수록 현대판 노예로 비참한 삶을 사는 경우가 많다)을 해방시키는 활동을 벌이고 있다. 집회에 참석한 기관의 대표들 가운데는 학대를 받으며 고통스러워하다가 선교단체를 만나서 자유를 찾고 새로운 인생을 살게 된 사연을 들려줄 이른바 '수혜자'들을 동반한 경우도 적지 않았다.

하지만 여행에서 돌아와 〈타임〉이나 〈뉴스위크〉 같은 잡지들에 소개되는 복음주의자의 초상을 읽으면 서글픈 마음을 지울 수가 없다. 미국에서는 만사가 결국은 정치로 수렴하게 되어 있으며, 그건 일반적으로 어느 한쪽에 치우칠 수밖에 없다는 얘기다. 적잖은 미국인들이 복음주의자들을 몇 가지 도덕률에 집착하는 획일적인 유권자집단쯤으로 본다. 그들이 가진 활력과 열정, 세계 곳곳에 말씀을 전파하는 선교적 역할 따위는 안중에도 없다. 아프리카의 복음주의자들은 재소자들에게 음식을 넣어주고, 에이즈 걸린 고아들을 보살피며, 미션스쿨을 통해 대륙을 이끌어갈 지도자들을 길러내고 있다. 아시아와 라틴아메리카에서는 사업자금 소액대출 프로그램을 운용해서 빈곤 가정들이 재봉틀을 장만하거나 닭을 키워 자립할 수 있도록 기반을 닦아주고 있다. 지난 50년 사이에 복음주의 진영의 지원을 받는 미국 선교사의 비중은 40퍼센트에서 90퍼센트로 증가했다. 현재 세계의 20억 크리스천 인구 가운데 3분의 1은 '복음주의자'라는 딱지를 붙일 수 있는 범주에 속하며, 북미와 유럽을 제외한 지역에서는 절대다수를 차지한다.

어느 미국인이 브라질 상파울루 외곽을 찾았다. 마약판매상 밑에서 일하는 '똘마니'들이 자동소총을 들고 주위를 어슬렁거리고 있었다. 불안했다. 도로가 좁아지더니 흙길이 나타났다. 플라스틱 수도관들이 허공에 매달려 위태롭게 달랑거렸다. 고압선에서 전기를 빼내쓰는 전선들이 어지러웠다. 어디를 가든 시궁창 냄새가 감돌았다. 양철지붕을 얹은 판잣집 안에서 주민들이 노려보고 있음을 감지하는 순간, 두려움은 곱절이 됐다. 수상쩍은 미국 놈이 본거지에 기어든 게 몹시 불쾌하다는 듯 눈길이 예사롭지 않았다. '마약단속반인가? 아니면 비밀경찰?' 그때 지역을 주름잡는 마약판매조직의 우두머리가 미국인의 티셔츠 등짝에서 동네 오순절교회의 로고를 발견했다. 보스는 함박웃음을 지으며 외쳤다. "오, 이반젤리꼬!" 사납던 눈초리가 부드러운 미소로 바뀌었다. 벌써 몇 년째 지역에 실질적인 도움을 주고 있는 교회였던 까닭에 함께 온 외국 손님까지 반갑게 맞아주었던 것이다.

주류 개신교회의 하락세가 뚜렷한 미국에서도 복음주의 교회들은 번영을 거듭하고 있다. 제2차 세계대전 이후에 사회문제에 대처하기 위해 출범한 500여 기독교 단체들 가운데 상당수는 복음주의적인 직원들의 힘으로 움직인다. 주요 도시의 초대형교회들은 시카고 인근의 윌로우크릭 커뮤니티 교회라든지 남부 캘리포니아의 새들백교회가 제시하는 모델을 고스란히 복제해내고 있다. 아울러 포스트모던 세대에 복음을 전하고 양육하기 위해 '이머징 교회'라는, 딱히 어느 쪽으로 분류하기 어려운 형태의 새로운 공동체가 등장했다. 최근에 나온 연구조사에 따르면, 미국에서 급속히 성장하는 교회 100군데 가운데 93곳이 '복음주의적'인 자기정체감을 가지고 있다.

복음주의자는 정치적 보수주의자?

실제로 복음주의자들은 무슨 일을 맡기든 물불을 가리지 않는다. 친구는 거기서 그치지 않고 토를 달았다. "하지만 유념해야 할 게 있어. 정죄하는 태도를 누그러뜨려야 한다는 점이지. 걷잡을 수 없는 상태가 되기 전에 말이야."

《놀라운 하나님의 은혜What's So Amazing about Grace?》를 쓰면서 비행기 옆 좌석 손님을 비롯한 낯선 이들을 대상으로 비공식적인 여론조사를 해보았다. 누구든 붙잡고 "'복음주의자'라는 소리를 들으면 어떤 이미지가 떠오르시나요?"라고 물었다. 그때마다 '반대하는'이라는 표현이 되풀이되는 대답이 돌아왔다. 낙태에 반대하고, 포르노그래피에 반대하고, 동성애자 권익보호에 반대한다는 것이다. 그렇지 않으면 팻 로버트슨Pat Robertson이나 제임스 돕슨James Dobson처럼 대중에 널리 노출되어 있고 정치적인, 그래서 마치 복음주의 진영의 대표 주자로 보이는 이들의 이름이 등장했다. 어쨌든 대화를 나눠본 이들 가운데 상당수는 복음주의자란 다원화된 사회에 자신들의 뜻을 억지로 심으려 하는 두려운 세력이나 도학자 패거리쯤 되는 것으로 여기고 있었다.

뉴욕의 언론매체에서 일하는 어느 저널리스트에게서 흥미로운 얘길 들었다. 미디어의 편집자들은 서슴없이 유대인에게 유대인 이야기를, 불교도에게 불교 관련 기사를, 가톨릭 신자에게 가톨릭 원고를 청탁하지만 복음주의자들에게는 절대로 복음주의에 관한 글을 맡기지 않는다는 것이다. 왜 그럴까? 대답이 걸작이다. "다들 똑같은 소리만 하잖아." 결국 그 저널리스트의 고정관념 속에서 복음주의자는 스스로 가진 사상을 선전하고 상대를 개종시키려는 부류인 셈이다.

조지 바나George Barna의 조사에 따르면, 미국인 가운데 22퍼센트는 복음주의자들에게 호의적인 인상을 가진 반면, 그보다 약간 더 많은 이들은 마뜩지 않게 여기는 편이다. 이런 분포를 보이게 된 원인은 상당부분 다채로운 역사를 거치면서 복음주의를 정치적 세력으로 보는 의식이 자리 잡았기 때문이다.

1960년대까지 복음주의자들은 공화당은 물론 민주당과도 보조를 같이했다. 예를 들어, 20세기 초엽의 저명한 복음주의자 윌리엄 제닝스 브라이언William Jennings Bryan은 대통령 선거에 출마했다 연속 낙선한 후에 우드로 윌슨 정부의 각료로 일하다가 미국이 제1차 세계대전에 참전하는 쪽으로 기우는 걸 보고 물러났다. 복음주의자들은 여성의 참정권 보장과 노예제 폐지를 위한 싸움에 앞장섰다. 물론 정반대로 행동하는 이들도 있었다.[2] 때로는 유럽의 가톨릭교도들이 밀려오는 걸 막기 위해 이민정책에 반대하기도 했다.

금주를 규정하는 수정헌법[3]을 관철시키기 위한 투쟁을 벌이면서 복음주의자들의 정치개입은 최고조에 이르렀다. 흑인 목회자들(상당수는 복음주의자들이었다)이 시민권행진을 이끄는 사이에 다른 한편에서는 백인 복음주의자들이 그 흐름을 거스르는 활동을 폈다. 1980년대의 복음주의자 제리 폴웰Jerry Falwell 목사는 미국의 크리스천들에게 크루거란드(남아프리카공화국의 1온스짜리 금화 ─ 옮긴이)를 사들이고 정부가 재투자에 나서도록 압력을 가해서 남아프리카공화국의 백인정권에 힘을 보태주자고 호소했다. 사형 제도를 옹호하고, 낙태반대 운동을 후원하며, 전통적 결혼관을 지키는 운동에 앞장서기도 했다. 간단히 말해서, 복음주의자들은 때로는 돈키호테 같고 때로는 영웅적이지만 대부분은 보수적인 정치적 입장을 취해왔다.

오늘날 미국의 복음주의자들은 점점 더 보수정치 세력 쪽으로 기우는 추세다. 임기 중에도 줄곧 침례교회에 다니면서 주일학교 학생들을 가르칠 만큼 독실한 신앙인이었던 지미 카터에게는 불신에 찬 눈길을 보냈던 반면, 미국 역사상 최초의 이혼 전력을 가진 대통령으로 가끔 교회에 출석하고 자선활동에 무관심하다시피 했던 로널드 레이건을 적극 지원했다. 텔레비전 전도자이자 설교가인 팻 로버트슨은 대통령 선거에 출마했다. 복음주의적 배경을 가진 가족연구위원회(제임스 돕슨이 세운 보수주의적 기독교기관 ─ 옮긴이)의 대표였던 게리 바우어Gary Bauer도 그 뒤를 따랐다. 1995년에 〈타임〉지의 표지를 장식하기도 했던 크리스천 연합Christian Coalition의 랠프 리드Ralph Reed 는 2004년 대선에서 부시-체니 선거캠프의 종교분과위원장으로 뛰 었다.

판단을 한층 더 어렵게 만드는 점은 영국이나 뉴질랜드 같은 나라의 복음주의자들 가운데는 크리스천이라면 당연히 가난한 이들을 돕고 전쟁에 반대하는 정부를 세우고 뒷받침해야 한다고 믿고 진보적정당들과 행동을 함께하는 이들이 다수를 차지한다는 사실이다. 뿐만 아니라, 중국의 허다한 지하교회들은 세계를 통틀어 최대 규모를자랑하는 공산당 정부를 스스럼없이 지지한다.

복음주의의 문화적 영향력

작가 랜덜 반더메이Randall VanderMey는 "복음주의자들은 교회를 거대한 선박이 아니라 수많은 조각배나 뗏목들로 구성된 선단쯤으로보는 성향이 있다"고 지적한다. 개인적으로 하나님을 진실하게 경험하기를 추구하는 개인들의 집합체로 여긴다는 것이다. 앞에서 살펴보았지만, 정치 성향으로 '복음주의자'라는 딱지를 붙이는 건 부적절하다. 그렇다면 어떤 요소를 갖추어야 그 꼬리표를 달아줄 수있을까?

수십 년이 흐르는 사이에 복음주의자들의 강조점도 조금씩 변화를거듭했다. 20세기 초의 복음주의자들은 신앙의 근본을 강조하면서

('근본주의'라는 말이 여기서 나왔다) 자유주의 신학에 맞서는 교리에서 스스로의 정체성을 찾았다. 제2차 세계대전 기간에는 활동에 중점을 두었다. 성경학교와 대학을 세우고, 선교사들을 세계 곳곳에 파견하며, 십대선교회Youth for Christ, 영 라이프Young Life, CCC 같은 단체들을 통해 젊은 세대에 복음을 전했다. 이때는 교리보다 행동과 생활방식을 구별의 기준으로 삼았다. "술을 마시지 않고, 담배를 피우거나 씹지 않고, 춤추러 다니지 않으며 이런 일들을 즐기는 여자와 사귀지도 않습니다." 하지만 이처럼 특별한 라이프스타일은 20세기 말에 대부분 깨지고 초점이 정치로 옮겨가게 되었다.

전국적인 언론매체들은 몇 년마다 한 번씩 이런 문화적 현상을 인식하는 기사를 내보냈다. 〈타임〉지는 지미 카터가 대통령에 당선된 1976년을 '복음주의자의 해'라고 불렀다. 워터게이트 사건이 터지고 난 직후에는 찰스 콜슨의 극적인 회심이 큰 관심을 끌었다. 2003년, 니콜라스 크리스토프Nicholas Kristof는 〈뉴욕타임스〉에 실린 기명기사에서 "뉴스비즈니스에 종사하는 이들 거의 전부가 미국인의 46퍼센트를 아우르는 집단, 즉 갤럽의 여론조사에서 스스로를 복음주의자, 또는 거듭난 크리스천이라고 묘사하는 이들 사이에서 어떤 일이 벌어지고 있는지 전혀 모르고" 있음을 인정했다.

미국의 복음주의는 날이 갈수록 다원화되어가는 문화 속에서도 꾸준히 번창하는 거대한 하위문화로 자리 잡았다. 2003년, 복음주의적인 목회자 릭 워렌이 쓴 《목적이 이끄는 삶The Purpose Driven Life》은 출판 역사상 이전에 출간되었던 그 어떤 논픽션 서적보다 더 많은 부수가 단 한 해만에 팔려나갔다. 그리스도의 재림을 다룬 《레프트 비하인드*Left Behind*》시리즈는 7천만 부를 돌파했다. 《야베스의 기도*The Prayer of Jabez*》와 그 이전에 나온 《대 유성 지구의 종말*The Late Great Planet Earth*》은 블록버스터 복음주의 서적들이 우연의 산물이 아님을 여실히 보여주었다. 아울러 멜 깁슨의 영화 〈패션 오브 크라이스트 The Passion of the Christ〉는 복음주의자들의 전폭적 지원에 힘입어 대성 공을 거두면서 할리우드 스튜디오 관계자들을 놀라게 했다.

〈GQ〉지의 문학파트 에디터인 워터 컨Water Kirn은 〈예수라면 어떻게 하실까?〉라는 풍자 글에서 일주일 동안 복음주의 하위문화에 젖어 살아본 이야기를 들려준다. 컨은 《레프트 비하인드》시리즈를 읽고, 《예수라면 무엇을 드실까?*What Would Jesus Eat?*》라는 책에서 추천하는 음식을 먹고, 기독교방송을 틀어놓거나 CD플레이어로 성가를 듣고, 복음주의적 서점에 들르고, 바이블맨Bibleman 비디오를 보고, 기독교 텔레비전과 웹사이트에서 뉴스를 시청하고 최신정보를 얻었다. 심지어 마우스패드까지도 기독교용품점에서 '빛의 화가'로 알려진 토머스 킨케이드Thomas Kinkade가 디자인한 제품을 사서 썼다. 컨은 세속문화에서 얼마쯤 벗어날 수 있었음을 인정했지만 복음주의 하위문화가 대단하단 생각은 들지 않았다고 했다. "방주 문화는 명백히 구별되는 별개의 성과물이 아니라 주류문화의 저질 복사판에 지나지 않는다. 과감하게 앞장서 이끌어가는 게 아니라 무감각하게 좇아갈 따름이다. 메이저 미디어의 단편들을 긁어모아다 한데 뭉뚱그린 다음, 꼭대기에 십자가를 붙이는 식이다." 하지만 컨 자신이 그 '방주 문화' 속에서 일주일을 보낼 수 있었다는 사실 자체가 그 문화가 가진 침투력을 여실히 보여준다.

크리스천, 세상에 사는 하나님나라의 대표

영국의 역사학자 데이비드 베빙턴David Bebbington은 복음주의의 보편적인 특성을 이렇게 압축해서 정리했다.

- 회심주의: '거듭나는' 체험을 바탕으로 변화된 삶을 살아야 한다고 믿는다.
- 행동주의: 선교나 사회개혁을 추구하는 노력을 통해 복음을 드러낸다.
- 성경주의: 궁극적인 권위를 성경에서 찾는다.
- 십자가 중심주의: 인류가 구원받을 길을 여시기 위해 예수 그리스도가 십자가에서 스스로 희생제물이 되셨음을 강조한다.

이처럼 중요한 요소들을 중심으로 가톨릭이든, 주류 개신교든, 정교회이든, 교단의 성격상 그 표현을 꺼릴지 모르지만 본질적으로는 복음주의적이 될 수 있다. 미국복음주의협회National Association of Evangelicals(1942년에 결성된 복음주의적 교단, 단체, 교회, 크리스천들의 협의체)는 회원들이 진보적인 성향을 보이는 교회협의회NCC, National Council of Churches와 교류하는 걸 불편하게 여기지만 사실상 NCC에 소속된 적지 않은 교단들이 스스로 복음주의적임을 서슴없이 고백하고 있다.

독자들의 이해를 돕기 위해 나부터가 복음주의자임을 고백해야겠다. 《목적이 이끄는 삶》을 발행한 출판사에서 여러 번 책을 냈으며 복음주의 진영의 선도적인 잡지인 〈크리스채너티 투데이〉에 글을 쓰고 있다. '복음주의라는 하위문화'에 몸담고 그 안에서 경력의 상당 부분을 쌓았고, 저널리스트로서 여기저기를 들쑤셔 보았으며, 그 약점과 허물을 파헤치고 도전했다. 미국 남부의 근본주의적 풍토 속에서 자란 크리스천의 협소한 시야에 비친 복음주의는 놀라우리만치 광범위하고도 다양했다. 잡지사나 출판사의 편집자들이 그런 시각에 검열의 칼을 들이대려 했던 게 한두 번이 아니다.

조금 더 내 이야기를 하자면 휘튼 칼리지 대학원에서 우수논문으로 장학금을 받으며 공부했다. 십대선교회에서 발행하는 잡지 〈캠퍼스 라이프〉의 편집자로 언론계에 첫발을 디뎠으며 그 이후에는 주로 〈크리스채너티 투데이〉에서 일했다. 세 곳 모두 복음주의자의 라이프스타일을 보여주는 가장 탁월한 샘플이자 휘튼 칼리지에서 공부하고 나머지 두 단체를 설립한 인물, 곧 빌리 그레이엄 목사에게서 뿌리를 찾았다. 그리고 세 곳 모두 하위문화의 한계에 몰려 심각하게 회의하게 방황하던 시절을 포함해 신앙성장에 중요한 못자리판이 되어주었다. 빌리 그레이엄의 영향은 그야말로 끝이 없어서 주류 개신교단은 물론이고 가톨릭과 오순절 계열의 크리스천까지 받아들였으며, 인종적 장벽을 무너뜨리는 동시에 시민권, 낙태, 빈곤, 핵 경쟁 따위의 이슈들을 거론해서 복음주의자들을 조심스럽게 광장으로 이끌어냈다.

《놀라운 하나님의 은혜》 초고를 출판사에 보내고 나서 아내에게 이야기했다. "책이 나오면 복음주의 진영에서 왕따를 당하게 될 거야." 복음주의자들에게 칭송받을 만한 인물이 아닌 빌 클린턴과 누구 못지않게 복음주의적인 신학을 고수하고 있으면서도 게이임을 공개적으로 밝히고 동성애자 인권운동가로 나선 멜 화이트Mel White에 관한 내용을 담고 있으니 그럴 수밖에 없으리라고 생각했다. 착각이었다. 날이면 날마다 찬사와 격려가 담긴 복음주의 성향 독자들의 편지가 날아들었고 100만 부 이상의 판매고를 기록했다.

베빙턴의 네 가지 특성, 그 가운데서도 특히 성경말씀을 단단히 붙잡는 마음가짐을 유지하기만 하면 작가로서 폭넓은 자유를 누릴 수 있다는 사실을 깨달았다. 성경은 복음주의 신학과 그 사상이 실현되는 현장에서 맞닥뜨리는 일탈이나 변동을 바로잡을 수 있는 가장 확실한 자가수정 도구다. 독자들이 불만을 토로해올 때마다 "작가가 아니라 예수님이 급진적"이라는 답변을 보냈다. 주님은 당대의 신앙적 기득권층의 핍박을 받으면서도 '창녀와 죄인들'을 찾아다니셨다. 타락한 세상의 한복판에서 사회를 죄에 물들게 한 당사자들에게 사랑과 은혜를 베푸심으로써 개인적 '거룩'의 기준을 확고하게 세우셨다. 하늘로 올라가시면서 제자들에게 세상을 등지고 숨지 말고 평화와 사랑과 정의의 터에 세운 '대안 왕국'의 대표로서 그 안에 살며 빛과 소금이 되라는 사명을 주셨다.

복음주의의 핵심을 짚는 세 문장

복음주의 진영에서 수십 년을 일해온 경험을 토대로 그 핵심 교의를 정리하면 다음 세 문장으로 수렴하지 않을까 싶다.

| 세상은 아버지 하나님의 소유다

하나님이 세상을 창조하시고 세심하게 보살피신다고 복음주의자들은 믿는다. 지구상에 남아 있는 선한 요소들은 주님을 믿는 이들과 그렇지 않은 이들에게 똑같이 햇살을 비추시고 비를 내려주시는 하나님의 '보편적인 은혜'를 드러낸다. 아름다움, 성, 예술, 일 따위는 모두 그분이 인간에게 주시는 선물이다. 따라서 주님의 계시에서 인간의 욕구를 가장 질서정연하게 담아내는 틀을 구해야 하며 그 안에 있을 때 속박이 아닌 완성을 맛볼 수 있다.

신학자 랭던 길키Langdon Gilkey는 복음주의 기독교에 이단적 요소가 있다면, 우주의 창조주이시고 수호자이시며 한 사람 한 사람의 영혼과 운명을 가름하는 독생자 예수의 편에서 인간의 역사와 사회 전반을 통치하시는 하나님 아버지가 누락되어 있다는 점일 것이라고 했다. 그가 이단을 거론하며 불만을 토로하고 있지만, 실상은 강조가 부족한 정도라고 생각한다. 사려 깊은 복음주의자들의 수호성인인 C. S. 루이스가 언젠가 썼던 것처럼, "처음 것을 가장 앞세우면 두 번째 것은 억눌리는 게 아니라 도리어 늘어난다."

| 하나님은 세상을 지극히 사랑하셔서 인류의 역사 속에

친히 들어오셨으며(성육신) 독생자의 생명을 중보의 제물로 삼으셨다(대속)

예수님과 십자가를 강조하는 교리는 그 어떤 종교에서도 볼 수 없는 독특한 특성이며 복음주의자들은 그 가르침을 늘 심중에 간직한다. 삼위일체의 하나님은 "세상을 그리스도 안에서 자기와 화해하게"(바울의 표현, 고후 5:19) 하셨다. 복음주의자들은 세상에 악이 스며

들었음을 인정하는 한편, 그리스도가 이미 회복시키는 작업을 시작했으며, 그 과정에서 교회가 중요한 역할을 할 것이고, 마침내 승리를 거두게 되리라고 믿는다.

카를 바르트가 유니언 신학교를 방문했을 때, 혹시 아돌프 히틀러를 만나면 무슨 말을 해주겠느냐고 누군가가 물었다. 독일에서 온 신학자는 점잖게 대꾸했다. "예수 그리스도는 댁의 죄를 지고 돌아가셨습니다." 이처럼 회심을 강조하는 교의는 바울의 고백처럼 "그리스도 예수께서 죄인을 구원하시려고 세상에 오셨다. … 나는 죄인의 우두머리"(딤전 1:15)라는 의식에서 비롯되었다. 복음전도자였던 빌리 그레이엄은 메시지를 전할 때마다 이 주제를 중심에 두었다. 그러면서도 하나님 앞에서 의로워진다는 게 "하늘에만 마음을 두고 세상에선 아무것도 하지 않는" 태도와는 다른 차원의 신앙임을 강조했다. 사실은 정반대에 가깝다. 영국의 복음주의자 윌버포스, 존 뉴턴, 찰스 시므온Charles Simeon 같은 이들은 사회개혁을 주도했으며 지금도 수많은 후배들이 그 뒤를 따르고 있다.

라틴아메리카의 사회학자들은 '회심'이라는 개인적 행위가 사회의 주요한 변화를 유도하는 과정을 관찰하고 기록했다.[4] 어느 전도 집회에서 한 남자가 강단 앞에 나와 그리스도를 영접했다. 곧바로 가까운 교회에 출석하기 시작했으며 주말에 과음하지 않는 게 좋겠다는 권면을 받았다. 주위의 도움을 받아가며 노력한 결과 술에 취하지 않게 됐고, 그 덕에 월요일 아침에도 차질 없이 일터에 나갈 수 있었으며 머지않아 감독으로 승진했다. 새로운 신앙과 세계관을 받아들인 사내는 더 이상 아내에게 손찌검을 하지 않았으며 자녀들에게도 한결 나은 아버지가 되었다. 아내도 기운을 차려서 일거리를 구했고 그 돈으로 아이들을 학교에 보냈다. 수십 명의 회심한 주민들의 전도에 힘입어 이런 사례들이 크게 늘어나기 시작하면서 지역 경제가 전반적으로 살아났다.

| 예수님의 제자들은 성령님의 능력에 기대어 세상에 하나님나라를 확장해간다

카를 바르트는 "기도하기 위해 두 손을 모으는 행위야말로 세상의 무질서에 대항해 일어서는 시발점"이라고 했다. 어김없는 사실이다. 하지만 최근 몇 년 사이에 복음주의자들은 모았던 손을 내리고 무질서에 맞서 활발하게 싸워야 할 때가 적지 않음을 점점 더 실감하게 되었다.

국제정의선교회 같은 복음주의 단체들은 강제로 성매매에 내몰린 현대판 노예들을 구해내기 위한 싸움을 벌이고 있으며 그 희생자들을 보살피는 기관도 있다. 국제교도소선교협의회Prison Fellowship International는 재소자들을 찾아가서 사회에 복귀할 준비를 갖추도록 돕는다. 머시쉽Mercy Ships은 의사를 모집해서 가난한 나라의 환자들에게 무료로 수술을 해준다. 해비타트Habitat for Humanity는 누구든 집이 없는 이들에게 안락한 보금자리를 마련해주겠다는 원대한 목표를 추구한다. 월드비전, 월드 릴리프World Relief, 오퍼튜너티 인터내셔널 Opportunity International, 사마리탄스 퍼스Samaritan's Purse, 국제기아대책기구, 월드컨선 같은 단체들은 전염병과 기근 따위의 재해에 기민하게 대처하는 한편, 똑같은 재난이 되풀이되는 걸 방지하는 데 투입될 후원금을 모으는 프로젝트를 진행한다. 마치 100여 년 전에 일어났던 세틀먼트 운동(지식인들이 자발적으로 미개발 지역에 들어가서 주민들을 계몽하고 지원해서 복지 수준을 끌어올리는 운동 - 옮긴이)을 재현하기라도 하듯, 주요한 도시들에 들어가 터를 잡고 공동체를 기반으로 한 프로그램들을 기획하고 추진하는 복음주의자들도 있다. 노숙자 쉼터와 약물 중독자 재활프로그램, 원치 않는 임신으로 어려움을 겪는 이들이 임신중절수술 말고 다른 대안을 찾도록 돕는 사업 따위를 펼치고 있는데, 그러한 활동이 궁극적으로는 하나님나라를 세상에 널리 확장해가며 "뜻이 하늘에서 이루어진 것같이 땅에서도 이루어지게 하소서"라는 예수님의 기도를 이루는 가장 실제적인 길이라고 믿기 때문이다.

나는 여러 나라의 복음주의자들과 교제하는 특권을 누려왔다. 한국과 필리핀, 콜롬비아와 브라질, 중국의 크리스천들은 저마다 다른 뉘앙스로 하위문화를 해석했다. 거룩하면서도 동시에 별난 이들도 많았다. 가슴 벅찬 상황뿐만 아니라 불화와 알력이 드러나는 순간도 있었다. 복음주의 역사는 지극히 변덕스러운 인간 됨됨이의 역사이기도 하다. 복음주의의 토양에 뿌리를 내리고 싱장해온 크리스천으로서, 이 운동이 두 다리로 굳게 서 흔들리지 않으며, 스스로 오류를 수정해갈 준비가 되어 있으며, 무엇보다도 "부요하나 그의 가난으로 우리를 부요하게 하시려고 스스로 가난하게 되셨으며, 자기의 발자취를 따르게 하시려고 본을 남겨놓으신"(고후 8:9; 벧전 2:21) 예수님을 전심으로 좇고 있다고 본다. 마지막 항목은 복음주의자들이 간절히 도달하고 싶어 하는 목표지만 실패와 좌절을 거듭하며 간신히 따라가는 표적이기도 하다. 예수님은 두말할 필요 없이 급진적인 분이시기 때문이다.

3부
—

예술

10

채찍과 못,
땅에 쓴 글씨

신앙적 이슈를 주로 다루는 작가에게 성경은 교범이다. 시, 역사, 애가, 설교, 기도, 드라마, 진솔한 사상을 모두 담고 있을 뿐 아니라 영웅의 이야기와 메시지를 한데 아우른다. 아직까지도 나는 성경에서 줄거리를 잡고, 인물을 연구하고, 이면에 감춰진 인간의 갈망을 만난다.

실존주의에 잠시 기울었던 젊은 시절에는 전도서라는 신비로운 책이 보여주는 모호한 표현과 삶의 리듬을 짚어가는 섬세하고 아름다운 감각을 사랑했다. 실존적 절망을 잘 딛고 일어선 뒤에도 줄곧 리얼리즘의 진수를 가공하지 않은 상태로 거룩한 책 가운데 넣어주기로 결정해주신 하나님께 중얼중얼 감사의 기도를 드리곤 했다. 유대인들은 장막절 기간 동안 이 책을 큰 소리로 읽었다. 행복한 표정을 짓고 있는 크리스천들에게 꼭 추천해주고 싶은 관습이다.

전도서는 일종의 기준이 되었다. 그리고 그 마지막 장에 나와 비슷한 일을 하는 이들을 겨냥한 말씀이 들어 있다는 사실을 금방 알아챘다. "전도자는 지혜로운 사람이기에, 백성에게 자기가 아는 지식을 가르쳤다. 그는 많은 잠언을 찾아내서, 연구하고 정리하였다. 전도자는 기쁨을 주는 말을 찾으려고 힘썼으며, 참되게 사는 길을 가르치는 말을 찾으면 그것을 바르게 적어놓았다"(전 12:9-10, 새번역). 옛 스승들은 오늘날 이른바 작가들이 컴퓨터에 앉아 글을 쓰거나 표현을 다듬을 때마다 짊어져야 하는 무거운 부담을 꿰뚫어보았음에 틀림없다. 현자는 갖가지 은유들을 끌어다가 한마디로 매조지 한다. "지혜로운 사람의 말은 찌르는 채찍 같고, 수집된 잠언은 잘 박힌 못과 같다. 이 모든 것은 모두 한 목자가 준 것이다." 하지만 거기서 끝나지 않고 한 걸음 더 나가서 전형적인 대위법 스타일로 글의 흐름을 비틀어놓는다. "한 마디만 더 하마. 나의 아이들아, 조심하여라. 책은 아무리 읽어도 끝이 없고, 공부만 하는 것은 몸을 피곤하게 한다"(전 12:11-12, 새번역).

지혜자는 한 치 어김없는 진리를 설파하고 있다. 작가를 비롯해서 창조적인 작업을 하는 이들을 면밀히 살펴보면, 채찍일 때가 있고 잘 박힌 못인 시기가 있음을 분명히 알 수 있다.

농부가 소를 부리고 말을 몰듯, 채찍은 행동을 자극한다. 동물(또는 사람)에게 적절한 불편함을 끼쳐서 그러지 않았으면 엄두조차 내지 않았을 일을 하게 만든다. 장구한 인류 역사에는 창조적인 예술 작업의 결과물이 채찍으로 사용된 사례가 수두룩하며 권력을 겁먹게 만들었던 경우도 허다하다. 지금은 세상을 떠난 러시아 반체제 인사 안

드레이 시냐프스키Andrei Sinyavsky의 말에 따르자면, "자존심이 살아 있는 작가다운 작가는 파괴공작원이며, 글감을 찾아 사방을 살피다가 종종 금지된 주제를 선택하곤 한다."

피노체트 장군이 칠레의 통치권을 장악하자 그 수하들은 몇 가닥 기타 줄을 튕겨서 가난한 이들에게 소망을 불러일으켜주었던 빅토르 하라Victor Jara의 손가락 마디를 부러뜨렸다. 한 예술가의 채찍질을 견딜 수 없었던 권위주의 정부는 결국 기관총세례를 퍼붓고 말았다. 피카소의 〈게르니카〉 같은 그림들도 독재정권을 괴롭히긴 마찬가지였다.[1]

성경의 선지자들은 채찍 역할에 충실했다. 이들의 수많은 시가와 노래, 예언을 한 줄로 압축하면 "회개하고 행실을 바로잡으라. 그렇지 않으면 심판을 받게 될 것"이란 메시지였다.

해리엇 스토Harriet Beecher Stowe는 독실한 크리스천으로 설교와 탄식 따위에는 아랑곳하지 않는 수많은 대중들에게 노예해방의 메시지를 전달할 길을 찾던 끝에, 《톰 아저씨의 오두막Uncle Tom's Cabin》을 썼다. 소설은 발간 첫 해에만 20만 권이 넘게 팔려나갔으며 그 어떤 세력보다 강하게 국가를 채찍질해서 변화를 이끌어냈다. 전하는 이야기에 따르면, 1862년 스토 부인을 만난 에이브러햄 링컨 대통령은 이렇게 외쳤다고 한다. "이렇게 거대한 전쟁을 시작하게 만든 책을 쓴 이가 이처럼 조그만 여인이었다니!"

현대인들은 그리 오래지 않은 과거에, 인류사를 통틀어 가장 기념비적이라고 할 만한 변화를 경험했다. 불과 1년 남짓한 기간에 6억에 이르는 인구가 단 한 발의 총성도 없이 자유를 얻었다. 어떻게 그런 일이 일어났을까? 역사학자들로서도 공산주의가 붕괴된 이유를 파악하자면 긴 세월이 필요할 것이다. 파리의 대로에 바리케이드가 쳐지고, 우익이 아니라 좌익들이 미국의 공공건물에 폭탄을 투척하고, 대학의 지성인들이 마르크스주의를 스펀지처럼 빨아들이던 1960년 대를 살았던 입장에서, 나는 그 단층선을 되짚어 올라가면 그 끝에서 외로운 러시아인 하나와 마주치게 되리라고 믿는다. 집단수용소 굴락에서 강철같이 단련된 용기를 갖게 된 그는 "공산주의는 사기!"라고 과감하게 선언했다. 솔제니친은 감춰진 진실을 드러내는 생생한 증거들을 낱낱이 수집해서 폭로했고 유럽의 지성인들은 하나둘씩 마르크스주의적 유토피아의 환상을 포기하기 시작했다. 지금도 예술 분야의 창의적인 크리스천들이 사회의 옆구리를 후려갈기는 채찍 노릇을 하고 있다. 그런 이들에게 갈채를 보내며 더러는 나 역시 그 대열에 합류하곤 한다. 여태 이야기한 것처럼 예술가는 채찍의 역할을 해야 할 때가 있으며, 우리는 변화를 자극하는 데 예술이 미치는 영향을 과소평가하지 말아야 한다.

그러나 한편으로는 점점 예술이 가진 채찍 기능의 한계가 눈에 들어왔다. 선지서가 구약성경 가운데 상당부분을 차지하고 있다는 것은 몇 가지 특수한 사례를 제외하곤 대부분 효력이 없었음을 반증하는 것이기도 하다. 물론 나단은 순전히 이야기의 힘만으로 다윗의 중심을 통렬하게 찔렀다. 주저주저 휘두른 채찍에 니느웨가 발칵 뒤집어지는 바람에 크게 낙담했던 요나도 있다. 하지만 그 밖에는 지대한 영향을 미쳤다고 할 만한 선지자가 거의 없다. 예레미야 36장을 보면 지극히 전형적인 반응을 볼 수 있다. 죄를 범한 왕은 회개하기는커녕 두루마리를 칼로 잘라 불태워버렸다.

　알렉산드르 솔제니친은 굴락에서 숨을 거둔 이름 모를 동료 작가들에게 헌사를 바치곤 했다. 한 줄 한 줄 암기해 머릿속에 저장하거나 감시의 눈길을 피해가며 쪽지에 휘갈겨 쓴 작품들은 주인의 죽음과 함께 소실되거나 아무도 찾을 수 없는 툰드라 어디쯤 묻혀버렸다. 1989년, 그렇게 해서라도 한 줌의 자유를 찾은 6억의 인구는 그나마 나은 편이었다. 10억에 이르는 중국인들은 같은 해에 일어난 천안문 사건을 계기로 처절한 탄압을 받았다. 채찍도 힘을 쓰지 못할 때가 있다.

　과연 오늘날 크리스천들은 예술을 통해 주목할 만한 변화를 이끌어내고 있는지 의심스럽다. 예를 들어, 책과 잡지에 차려내는 말의 성찬은 문화 전반에 가시적인 영향을 주고 있는가? 크리스천끼리만 서로 채찍질하는 수준에 그치고 있는 건 아닌가?

　변화를 주도하지 못하는 까닭은 마치 정부처럼 교회도 채찍보다 선전을 더 선호하기 때문이라고 본다. 미켈란젤로에게 성당 벽화를 그려달라고 주문했던 바로 그 교회가 나중에는 이른바 '바지쟁이the Trouserer'를 고용해서 누드로 등장하는 인물들에 옷을 입혔다. 요즘에도 여전히 예술가들을 제한함으로써 기독교 하위문화를 에워싸는 담장을 쌓으려 한다. 기독교 내부에서도 정치적 올바름을 주장하는 움직임이 멈출 줄 모르는 탓에, 요즘 같으면 30년 전 〈크리스채너티 투데이〉에 게재됐던 부류의 낙태 관련 기사는 실릴 수 없다. 판타지 소설에 손을 댄 작가에는 당장 '뉴에이지'라는 꼬리표가 붙는다. 미국의 기독교 의학·치의학회는 물 건너 영국 학회의 경건한 회원이 쓴

논문을 감히 게재하지 못한다. 버락 오바마를 우호적으로 언급하는 기독교 지도층 인사들은 경력에 타격을 받는다. 토니 캄폴로Tony Campolo는 동성애를 보는 아내의 관점에 문제가 있다는 이유로 강사 초대가 뚝 끊어졌다.

솔제니친의 자전적 작품 《졸참나무와 송아지The Oak and the Calf》의 한 대목이 생생하게 떠오른다. 비록 잠시이기는 했지만 소련 공산당 정권도 솔제니친의 작품에서 번득이는 천재성을 인식하고 채찍이 될 가능성(그들에게는 불운하게도 현실이 되었지만)을 통제하려 들었다. 당국 에서는 '비관주의, 명예훼손, 은근한 일침' 따위를 모조리 빼버리고 시종일관 윤리적이며 희망을 불어넣는 글을 쓰라고 압력을 가했다. 이 책의 첫 줄을 읽다가 큰 소리로 웃음을 터트렸다. 공산당 정부가 솔제니친에게 들이민 지침은, 뾰족하고 날카롭지 않은 채찍은 무용 지물에 불과하다는 걸 간파하지 못한 복음주의 성향의 출판사들이 간혹 내게 내미는 요구사항과 판박이처럼 비슷했기 때문이다.

예술이 항상 교육적이고 힘을 북돋워야 하는 건 아니다. 엘린 페이 튼Alan Paton의 말마따나, 문학은 "길을 밝히지만 등불을 밝혀 들고 앞 장서 인도하지는 않는다. 크레바스를 드러내지만 다리를 놓아주진 않는다. 종기를 터트리지만 피를 깨끗이 걸러주지는 않는다. 그 이상 을 기대해선 안 된다. 더 많은 걸 바란다면 지나치게 큰 걸 요구하는 셈이다."

존 키츠John Keats는 문학에는 부정적 수용력Negative Capability, 다시 말해서 다양성과 신비로움, 확실성과 사실이 주는 가상의 위안에 손 을 내밀 줄 모르는 회의 따위를 받아들이는 능력이 필요하다고 했다.

신앙에도 부정적 수용력이 필수다. '기독교 예술'을 퍼트리거나 소비하는 이들과 원만한 조화를 이루지 못할 수도 있다는 뜻이다. 그래서 꼭 필요한 채찍인데도 표적을 찾지 못한 채 사라지는 사례가 있다. 솔제니친의 이름 모를 동지들이 쓴 작품들처럼 동토에 묻혀버리고 마는 것이다.

채찍과 단단히 박힌 못

예술이 채찍 노릇을 할 때가 있고 단단히 박힌 못이 되어야 할 시기가 있다. 채찍은 즉각적인 반응을 촉구하지만 단단히 박힌 못은 T. S. 엘리엇이 '영원한 것'이라고 불렀던 그 무언가처럼 더 깊숙이 파고들어 지울 수 없는 자국을 남긴다.

인생의 마지막 순간을 얼마쯤 앞두고, 폴 고갱은 예술적인 표현역량을 총동원해서 세 폭짜리 대작을 그렸다. 거동이 몹시 불편한 몸을 이끌고 작업을 마무리하고 나서, 화가는 한쪽 구석에 이렇게 적었다. "인간은 어떤 존재인가? 왜 여기에 있는가? 어디로 가는가?" 지금은 보스턴 미술관에 걸려 있는 이 그림은 고갱의 미술세계를 종합 정리하는 작품인 동시에 모더니티가 답하지 못하는 질문들의 정수이기도 하다. 작품을 완성하고 얼마 지나지 않아, 고갱은 자살을 기도했다.

드물게도 과학과 예술을 아우르는 탁월한 재능을 가졌던 인물 로렌 아이슬리Loren Eiseley는 과학적 인식을 토대로 고갱의 질문에 답한다.

지구란 별이 광막한 밤하늘을 떠도는 한 점 먼지에 불과하리만큼 상상을 초월하는 거대한 우주에서, 인간은 이루 말할 수 없을 정도로 고독하게 성장해왔다. 우리는 시간을 계측하고 생명 자체의 메커니즘을 더듬으면서 보이지 않는 존재의 징후와 표지를 찾아 헤맨다. 의식이라는 짐은 지구에서(아니, 어쩌면 우주의 모든 항성을 통틀어) 유일하게 사고능력을 갖춘 포유동물을 나날이 무겁게 짓누른다. 별을 뚫어져라 바라보지만 징조는 불확실하기만 하다.

빛은 밤하늘에서 명멸한다. 스스로 구축한 것들 탓에 골치를 썩는 인간들은 하늘 높이 별똥별들이 생생하게 소곤거리는 사이에도 뒤척거리며 쉬 잠들지 못하거나, 나쁜 꿈을 꾸거나, 말똥말똥 맨 정신으로 누워 있을 따름이다. 하지만 우주 전체를 통틀어, 또는 수천 개의 행성 어디에도 외로움을 나눌 상대는 없다. 지혜가 있을 수도 있다. 힘이 있을지도 모른다. 우주 공간 건너 어딘가에 온갖 기관으로 조종되는 낯선 장치가 무심히 떠도는 구름 조각을 관찰하고 있으며, 인간이 그러하듯 그 주인들도 무언가를 갈망하고 있을지 모른다. 그럼에도 불구하고 우리는 생명의 본성과 진화의 원리에서 해답을 찾아왔다. 어딘가 다른 곳, 세상 저편에 사는 인간에 관한 한, 영원히 아무도 존재하지 않는다.

인간은 늪에서 개골개골 시끄럽게 구는 개구리를 닮았다. "우리 여기 있어요! 여기요! 여기요!" 왜 그토록 꺽꺽거리며 소리를 질러대는지, 누가 들어주기는 하는지 알지도 못하면서 개구리처럼 다만 맹목적인 본능에 이끌려 울어댈 뿐이라고 아이슬리는 지적한다.

과거의 문명들은 예술을 한 세대에서 다음 세대로 지혜를 전달하는 도구라고 보았다. 특히 글을 쓰는 행위는 신성한 지식을 전수하기 위한 발명품이었다. 영원한 내용은 영원한 도구를 통해 전달되어야 하므로, 이집트인들은 무덤에 상형문자를 새겼다. 그러나 더 이상 영원한 존재를 믿지 않으며 객관적 진리를 인정하지 않는 문명은 건설이 아니라 해체에 의존한다.

〈뉴요커〉의 편집장 데이비드 렘닉David Remnick은 러시아의 현대작가들을 톨스토이나 고골Gogol, 가까이는 총명하면서도 관념적인 것으로 첫손에 꼽히는 솔제니친까지 여러 대문호들의 전통에 비추어 분석하면서, 아무 제한 없이 현대의 퇴폐적인 조류에 합류한 요즘 작가들은 전통을 하나하나 해체해가고 있다고 주장한다. 그러곤 할아버지가 어린 사내아이에게 나치가 레닌그라드를 포위했을 당시의 상황을 설명하는, 러시아인이라면 누구에게나 익숙한 장면으로 시작하는 작품 한 편을 인용한다. 도입부와 달리, 이 소설은 노인이 아이를 능욕하는 걸로 끝난다. 어떠한 관습이나 기억도 이런 공격을 피해 가지 못한다.

T. S. 엘리엇, 워커 퍼시, 플래너리 오코너 같은 작가들의 목소리는 단단히 박힌 못이 필요하다는 사실을 꿰뚫어보고 있는(더 나아가 믿고 있는) 거의 유일한 집단인 크리스천들에 주목해야 한다는 메시지를 현대 세계에 끊임없이 전달해왔다. 서구 문명이 걷잡을 수 없이 퇴락해가는 상황에서도 크리스천들은 여전히 한 사람 한 사람의 의미와 가치를 중요하게 여기는 시각을 잃지 않고 있다. 소설가 레이놀즈 프라이스Reynolds Price는 작품을 읽으면서 독자들이 무엇보다 갈망하는 한 마디가 있다고 했다. 만물을 창조하신 분이 자신을 사랑하며 간절

히 원한다는 소릴 듣고 싶어 한다는 것이다. 크리스천들은 지금도 변함없이 그 얘길 믿고 있다.

플래너리 오코너는 말했다. "교회를 염두에 두고 있는 한, 가톨릭 작가들은 기독교의 신비로운 핵심을 딛고 서서 세상을 보는 것 같은 느낌을 갖게 될 것이다. 영광스럽게도, 하나님이 기꺼이 죽음을 무릅쓰실 만큼 가치 있는 존재로 봐주신다는 깨달음에 근거한 시각을 갖게 된다는 뜻이다." 현대인들은 세상을 '주님이 목숨을 내어주실 정도로 소중한' 대상으로 인식하지 않는다. 따라서 크리스천들이 그 사실을 온몸으로 보여주어야 한다.

예술의 존재의미(본래의 창조세계를 복제하는 수준을 넘어 그 안에 내재하는 영속적 가치)는 아마 우주를 통틀어 가장 위대한 예술가를 가리키는 화살표, 또는 초월자에 관한 소문을 퍼트리는 전령 노릇에 있을 것이다. 500여 년 전, 르네상스 시대의 학자 피코 델라 미란돌라Pico Della Mirandola는 창조역사 속에서 인간에게 부여된 역할을 규정하는 《인간 존엄성에 관한 연설Oration on the Dignity of Man》이라는 책을 썼다. 온갖 짐승들을 지으시고 핵심적인 역할을 낱낱이 나누어주신 뒤에도 "거룩하신 창조주께서는 그토록 어마어마한 역사의 의미를 이해할 수 있는, 다시 말해서 더할 나위 없이 아름다운 사랑에 감격하고 그 광대함을 경외할 능력을 갖춘 피조물을 간절히 소망하셨다." 다른 모든 피조물들을 묵상하고 감사하며, 그 의미를 성찰하고, 창조의 능력과 탁월함을 공유하며 경배하고, 하나님께 영광을 돌리는 것. 이것이 그분의 형상대로 지음받은 피조물에게 주어진 사명이란 얘기다.

과거 어떤 시기보다 혼란스러웠던 20세기의 역사를 되돌아볼 때,

크리스천 예술가들은 몇 개의 못을 단단히 두드려 박는 망치질을 감내해야 할 것만 같은 예감이 든다. 오늘의 세계는 천재의 면모와 파멸의 얼룩, 회복의 약속을 동시에 지니고 있다. 기독교 신앙에 담긴 삼위일체 하나님 의식은 고갱의 질문들에 최소한 답을 찾아보려 시도한다는 게 무얼 의미하는지 본보기를 제공한다. 그 밖에 누가 의미의 표본을 제시하고 있는가?

스페인이 황금기를 구가하던 시절의 대표적 문사인 프라이 루이스 폰세 데 레온Fray Luis Ponce de León은 가혹한 종교재판에서 간신히 살아남았다. 아가서를 스페인어로 번역하고 라틴어로 쓰인 불가타 성서를 비판해서 권력자들의 눈밖에 났던 프라이 루이스는 살라망카에 있는 대학에서 강의를 하던 도중에 끌려 나갔다. 그리고 무려 4년 동안이나 감옥에 갇혀 온갖 고문을 받았다. 시대의 광기가 사라지고 난 뒤, 허리가 굽어서 거의 부러지다시피 한 교수에게 강단으로 돌아가도 좋다는 허가가 떨어졌다. 발을 질질 끌며 강의실로 들어선 프라이 루이스는 스페인에서 전설이 된 한 마디로 강의를 시작했다. "어제 얘기한 것처럼!" 그러곤 지난날 무참히 중단되었던 자리부터 수업을 이어나갔다.

오늘날 러시아에서도 그런 이야기를 들을 수 있다. 다른 어느 때보다 더 극심하게 하나님 의식을 말살하려 안간힘을 썼던 정권은 도리어 자살로 삶을 마감했다. 미래의 어느 때쯤, 죽어가는 별처럼 문명이 내부붕괴를 거듭해서 지적, 도덕적 진공상태에 이르게 되면, 다른 목소리들이 프라이 루이스의 말을 가져다 쓰게 될 것이라고 믿는다. "코모 데시아모스 아예르Como decíamos ayer." 어제 얘기한 것처럼!

우리 시대의 작품들 가운데 어떤 게 살아남을까? 기독교적 감수성으로 널리 알려진 T. S. 엘리엇과 W. H. 오든은 명단에 이름을 올릴 게 분명하다. 기교보다 글이 가진 힘 자체가 뛰어난 솔제니친도 확실히 남을 것이다. 또 하나의 가상세계를 만들어서 지금까지도 이 세상에 빛을 던지고 있는 J. R. R. 톨킨은 다음 세상에서도 변함없이 사랑받을 공산이 크다.[2]

앞에서 한 번 이야기했지만, 그런 예술가들 가운데 하나인 T. S. 엘리엇은 흥미로운 공부를 했다. 공산주의와 나치가 몰고 온 정치적 위기상황에 대처하는 20여 년 동안, 그는 시를 거의 쓰지 않았다. 대신 정치와 경제, 사회를 개선하는 데 필요한 실질적인 제도 따위의 더 '시급한' 과제들에 관심을 가졌다. 단단히 박힌 못과 채찍 노릇을 한동안 접어두었던 것이다. 하지만 오늘날 도대체 누가 그런 글을 읽겠는가? 엘리엇의 시는 선한 의도를 가지고 잘 가다듬은 아이디어들보다 훨씬 강한 생명력을 가졌다. 이 시인에게서 어떤 교훈을 얻을 수 있을까? 스스로 지지하는 가치를 실현시키려면 쉴 새 없이 떠들거나 실천방안을 찾는다든지 법률을 제정하기보다 단단히 박힌 못의 구실을 할 수 있는 영역에서 문학과 예술작품을 만들어내는 게 낫다는 가르침이 아닐까 싶다.

책은 아무리 읽어도 끝이 없고

예술이 채찍 노릇을 할 때가 있고 단단히 박힌 못이 되어야 할 시기가 있다. 하지만 작가 지망생들이 자신의 가치를 지나치게 부풀려 생각지 않도록 전도서의 저자는 깊은 숨을 몰아쉬어가며 덧붙인다. "한 마디만 더 하마. 나의 아이들아, 조심하여라. 책은 아무리 읽어도 끝이 없고, 공부만 하는 것은 몸을 피곤하게 한다"(전 12:12, 새번역).

결국, 제아무리 매서운 채찍과 더할 나위 없이 단단히 박힌 못이라 할지라도 산더미 같은 창작물 더미에 또 한 권을 보태는 데 불과하다. 서점에 들어가서 지난주에 새로 나온 신간들을 훑어볼 때마다 그러한 사실을 실감하게 된다. '자기계발서' 코너에는 행복한 결혼생활과 날씬한 허벅지, 사업성공을 보장하는 수백 가지 방법을 소개하는 책들이 넘쳐난다. 그게 정말 잘 통하는 비방이라면 어째서 세상에 이혼과 통나무처럼 굵은 허벅지와 사업실패가 이토록 흔하디흔하단 말인가?

책을 쓰고 찍어내자면 한도 끝도 없다. 글을 써서 먹고사는 입장인 나로서는 주기적으로(5분 남짓마다 한 번씩) 교만과 싸운다. 따지고 보면 예술은 죄다 오만한 행위다. 한 줄 문장을 완성할 때마다 '이쯤이면 누구나 기꺼이 시간을 들여 읽어볼 가치가 있을 것'이란 자만이 스며든다. 절대다수의 독자들과 일면식도 없는 작가는 관심을 강요한다. '주목! 귀를 기울이세요. 내 말과 생각을 무조건 받아들이세요. 물론 댁의 의중을 들어볼 길은 없지만.'

이렇게 권좌에 오르고 표지를 장식하기 위해 출판사에서 만들어낸 화려한 필자소개를 사실로 믿기 시작하는 순간, 전도서 지혜자의 한마디는 현실감각을 되살려준다. 도서관과 서점의 서가가 무게를 못 이기고 휘어질 정도로 많은 책 위에 또 한 권의 책을 얹는 수벌, 그게 바로 나다.

노벨문학상을 수상한 아일랜드 시인 셰이머스 히니Seamus Heaney는 요한복음 8장에 관한 눈길을 끄는 논평에서 예술을 설명하는 세 번째 은유를 제시한다. 본문에서 예수님은 땅바닥에 글씨를 쓰셨다. 예수님은 글을 거의 남기지 않으셨다(언제 어디다 글을 쓰셨는지 누구나 외울 수 있을 정도다). 뿐만 아니라 말씀 또한 너나없이 채찍이냐 못이냐를 구분할 수 있을 만큼 간결하고 명료하게 하셨다. 성경의 기록에 따르자면, 예수님은 딱 한 번 글을 쓰셨다. 바리새인들이 간음 현장에서 잡힌 여인을 끌고 와서 사형선고를 내려주시길 요구하는 긴박한 상황에서였다. 예수님은 웅크리고 앉아 손가락으로 흙바닥에 무언가를 끄적이셨다.

히니는 이 장면을 해석하면서 시의 본질과 속성을 설명할 수 있는 상징을 보았다.

[모래에] 주인공들에 관해 적으신 내용은 통상적인 삶의 흐름을 끊고 거기서 벗어나게 만드는 일종의 시라고 할 수 있다. 글이 다 그렇듯, 시는 틀이 없으며 상황을 대하며 떠오르는 온갖 감정과 지각 속에 잠시 머물 따름이다. 주님이 쓰신 글도 고발하는 군중이나 속수무책 처분만 기다리는 여인에게 주는 '여기 해결책이 있으니 이렇게 저렇게 해라' 하는 식의 메시지가 아니었다. 중요하거나 도움이 될 만한 내용을 제시하지도 않는다. 대신에 막 일어나려고 하는 사건과 무엇이든 벌어지길 기대하는 일 사이의 여백으로 시선을 유도한다. 관심을 분산시키는 게 아니라 온전히 집중하게 하는 기능을 한다. 주의력이 자신에게 집중되는 지점에 초점을

맞추게 하는 것이다.

시든 산문이든, 행동을 촉구하거나 지혜를 설파할 때가 있는가 하면, 그저 관심의 여백을 채우는 시점이 있다.

예수님은 50만 종에 이르는 딱정벌레에서부터 세렝게티에 사는 이국적인 동물들에 이르기까지 온갖 피조물들을 디자인하는 일에 빠짐없이 참여하셨지만, 지상에 머무는 내내 뭇 사람들이 찬양할 만한 불후의 명작을 단 한 편도 남기지 않으셨다. 주님은 금판이나 파피루스 두루마리 대신, 팔레스타인의 흙을 팔레트로 선택하셨다. 이윽고 불어온 비바람과 함께, 주님이 친히 쓰신 유일한 작품은 흔적도 없이 스러지고 말았다.

예수님은 무엇보다도 삶을 변화시키기 위해, 그 가르침을 좇는 이들의 중심에 하나님의 마음을 기록하기 위해 세상에 오셨다. 훗날 사도 바울은 그리스도의 뜻을 살려 고린도교회 교인들에게 말했다. "너희는 우리의 편지라, 우리 마음에 썼고 뭇 사람이 알고 읽는 바라"(고후 3:2). 세상에서 영원토록 사라지지 않는 게 있다면, 한 사람 한 사람의 영혼뿐임을 예수님과 바울은 잘 알고 있었다. '불멸의 예술' 따위의 번드르르한 표현은 기만이나 다름없다. 고대세계의 일곱 가지 불가사의 가운데 여섯은 중세시대까지도 살아남지 못했다.

체코의 소설가 밀란 쿤데라Milan Kundera는 '인생은 한편의 예술작품' 어쩌고저쩌고하는 상투적인 소리에 늘 거부감을 느꼈노라고 했다. 예술에는 내재적인 질서가 있어서 전혀 그렇지 못한 삶과는 판이하다는 것이다. 하지만 단 한 명, 반체제 작가로 활동하다가 나중에 체코슬로바키아의 대통령이 된 바츨라프 하벨의 인생만큼은 예외로 보았다. 예술작품만큼 정연하고 틀이 잡힌 삶을 살았다는 것이다. 생각해보면, 세상 모든 크리스천이 그런 평가를 받을 수 있는 삶을 살아야 한다.

작가랍시고 내가 집에 앉아서 형용사와 부사를 붙들고 한바탕 씨름을 벌이는 동안, 아내는 호스피스 병동의 원목으로 밤새워 일한다. 오늘 밤에도 누군가 세상을 떠나는 현장을 지켜볼 것이다. 식구들에게 임종 순간이 왔음을 알리고, 비통한 심정에 귀를 기울이고, 위로의 말을 건넬 것이다. 심령을 어루만질 것이다. 나로서는 부끄러운 마음으로 겸손하게 고백할 수밖에 없다. 거기에 비하면 글을 쓴다는 건 얼마나 하찮은 일인가! 셰이머스 히니의 말마따나, 맨땅에 잠시 남았다가 사라질 글씨를 끼적일 따름이니 말이다.

예술은 영혼을 놀랍도록 풍요롭게 하는, 어쩌면 인간다움의 핵심을 이루는 부분일지 모르지만 더 고상한 예배의 제단에 드려지는 제물 가운데 하나일 따름이다. 현대인들은 그 밖의 다른 것들을 하도 많이 퇴위시킨 탓에 예술을 높이 떠받든다.

오든은 깊은 절망감에 사로잡힌 채 자신이 쓴 작품을 두고 한없이 우울한 평가를 내렸다. "단테나 미켈란젤로, 바이런이 없었어도 정치 사회사는 전혀 달라지지 않았을 것이다. 나 또한 히틀러를 매섭게 비판하는 시를 썼지만 죽어가는 유대인의 목숨을 단 하나도 살려내지 못했다. 예술이라는 게 이처럼 보잘것없다." 20세기를 주름잡을 만큼 뛰어났던 이 시인의 말에는 다소 부풀려진 구석이 있는 게 사실이지만, 예술의 통상적인 오만함을 바로잡으려는 자세만큼은 곧이곧대로 받아들여야 한다. 예술은 채찍일 때가 있고 단단히 박힌 못이 되어야 할 시기가 있지만 그게 전부는 아니다. 예술가들은 맨땅에 글을 쓰고 있음을 인식할 필요가 있다. 삶의 작은 틈을 메우고 있을 따름이며 공들여 만들어낸 작품들이라 할지라도 그 또한 발에 밟히고 빗방울에 쓸려나가리라는 사실을 잊지 말아야 한다.

예술의 한계가 이처럼 명확하기는 하지만, 우리는 그 어느 때보다도 예술, 그것도 겸허히 삶의 여백을 채우는 예술이 절실한 시기에 살고 있다. 영화와 텔레비전, 비디오게임 따위의, 예전보다 한층 악하고 한결 끔찍한 이미지가 시대를 장악하고 있다. 현대인들은 역사를 통틀어 가장 높은 톤으로 서로를 향해 악을 쓰고 소리를 지른다. 아무 차트든 골라서 40위권에 드는 음악들을 들어보라. 현대미술관을 돌아보라. 오늘의 세계에는 은근함도, 침묵도, 여백도 없다. 볼리비아에서 활동할 당시, 헨리 나우웬은 〈스턴트맨Stuntman〉이란 영화를 보았다. 장면 장면에 압도되다시피 한 신부는 고백했다. "탐욕과 욕정, 조작과 착취, 두렵고 고통스러운 감정이 담긴 이미지가 허공을 가득 채우고 넘실거리는 바람에 대강절의 축복을 만끽할 수 없을 정도였다."

예술을 업으로 삼고 그 초월성을 믿는 이들이 명심해야 할 출발점이 있다. 예술가들 가운데는 예언자적인 채찍으로 부름받는 이들이 있는가 하면, 망치를 휘둘러 시대에 못을 단단히 두들겨 박는 위대한 장인들도 있다. 그러나 이도저도 아니라면 한 점 부끄러움 없이 땅에 글씨를 끼적이는 역할을 받아들여야 한다. 세상에는 아직도 채워야 할 여백이 너무나 많기 때문이다.

첼리스트 요요마의 아버지는 프랑스 파리에서 제2차 세계대전을 맞았다. 그리고 독일 점령기간 내내 어두컴컴한 다락방에서 외로이 지냈다. 미쳐 돌아가는 세상에서 온전한 세계관을 지키기 위해 밤낮 없이 바흐의 바이올린 연주곡들을 외웠으며 정전으로 불이 나가면 캄캄한 방에 앉아 그 곡을 연주했다. 현에서 울려나오는 아름다운 선율은 끊임없이 질서와 소망, 아름다움을 약속하는 속삭임이나 다름 없었다. 훗날 요요마는 아버지의 권유를 받아들여서, 어린 시절 잠자리에 들기 전까지 귀에 못이 박이도록 들었던 울림의 기억을 더듬어 가며 바흐 모음곡을 연주했다. 지금도 요요마는 말하곤 한다. "이건 연습이라기보다 홀로 자신의 영혼과 마주하는 묵상입니다."

예술, 돌이켜 하나님을 바라보는 틀

예술의 놀라운 힘과 정면으로 맞닥뜨렸던 기억을 앞으로 영원히 잊을 수 없을 것이다. 로마를 둘러보러 갔을 때였다. 하루하루 위대한 도시 곳곳에 자리 잡은 예배당과 박물관에 숨은 보물들을 돌아보며 지낼 작정이었다. 첫날, 동이 트기도 전에 벌떡 일어나서 버스를 타고 바티칸시티를 끼고 흐르는 테베레 강가로 나갔다. 베르니니 Bernini가 조각한 천사상들이 늘어선 다리에 서서, 떠오르는 태양이 잔잔한 수면을 오렌지 빛으로 물들여가는 걸 한참이나 바라보았다. 그러곤 침묵 속에 느릿느릿 몇 블록을 걸어 성 베드로 대성당으로 갔다. 다른 관광객들이 밀려오기 전에 넓디넓은 공간을 서서히 걸었다.

사위가 고요했다. 한 발짝 내딛을 때마다 발소리가 우아하게 장식된 네 벽에 메아리쳤다. 기도 중인 신실한 수녀 몇몇 말고는 아무도 눈에 띄지 않았다.

조금 있다가 계단을 기어올라 조각상들을 차근차근 살피고 아래를 굽어볼 수 있는 지붕으로 나갔다. 광장에 수많은 이들이 뱀처럼 길게 줄지어 선 게 보였다. 관광객일 성싶었다. 벌떼같이 몰려드는 구경꾼들을 물리치고 호젓한 자리를 차지한 걸 자축했다. 하지만 실은 관광객이 아니라 독일에서 온 200명이 넘는 합창단이었다. 단원들이 차례차례 성당에 입장하는 걸 지켜보다가 돔 안쪽으로 들어가 미켈란젤로가 설계한 발코니에 섰다. 까마득한 아래쪽에서 합창단원들이 커다란 원을 그리고 아카펠라를 부르기 시작했다. 라틴어로 된 성가도 있고 독일어 가사도 들렸지만 그런 건 문제가 되지 않았다. 완벽한 음향장치 구실을 하는 돔 바로 아래여서였을까? 문자 그대로 음악에 취했다. 두 팔을 높이 쳐들면 아름다운 멜로디가 떠받쳐줄 것만 같았다.

여태껏 생존한 예술가 가운데 단연 으뜸이라고 해야 할 미켈란젤로는 훗날, 자신의 신앙은 작품에 밀려 설 자리를 잃었노라고 고백했다. 세상과 고별하기 얼마 전, 거장은 이런 기록을 남겼다.

아, 이제야
예술을 가져다 우상과 왕으로 삼았던 광기 어린 열정이
얼마나 무거운 오류를 불러왔는지 깊이 깨달았다.
세상의 부질없는 짓을 하느라

하나님을 돌아볼 시간을 모두 빼앗기고 말았구나.

어쩌면 사실일지도 모른다. 하지만 미켈란젤로를 비롯한 예술가들이 수고하고 애쓴 덕에(때로는 채찍으로, 때로는 못으로, 경우에 따라서는 맨땅에 쓴 글씨로) 나머지 인류는 '세상의 부질없는 짓'에서 돌이켜 '하나님을 돌아볼 시간'을 가질 수 있게 되었다. 이탈리아를 떠올리면 대기오염, 긴 줄, 교통정체, 으르렁거리는 오토바이 따위가 줄지어 생각난다. 하지만 성 베드로 성당에서만큼은 지상에 속하지 않은 영광스러운 공간에, 시간에 제한을 받지 않는 특별한 시간 속에 머물 수 있었다. 예술이 제 몫을 다한 순간이었다.

11

예술과
선전 사이

크리스천 작가들, 특히 문화를 폭넓게 다루는 이들이 해결해야 할 가장 중요한 과제를 꼽는다면 예술과 선전 사이에서 적절한 균형을 잡는 문제가 아닐까 싶다. 논픽션을 쓰는 '글쟁이'들은 예술적 충실성을 만족시키는 구조와 스타일에 기독교의 메시지를 표현해야 한다. 소설가들은 그럴듯한 내러티브 안에 거슬리지 않고 전후관계에 일관성이 뚜렷한 주제를 담아내려 최선을 다할 필요가 있다.

크리스천들의 예술작품은 지나치다 싶을 만큼 선전에 기우는 것으로 정평이 나 있다. 덕분에 기독교적 주제를 공개적으로 표방하는 소설이나 영화(이쪽이 더 심하다)는 외부 인사들로부터 은근한 비웃음을 사는 건 그나마 다행이고 아예 노골적인 조롱을 받기 일쑤다. 하지만 세상이 갖는 이런 저항감의 상당 부분은 위선적이다. 크리스천만 선전원 노릇을 하는 게 아니기 때문이다. 특히 과학과 정치 분야에서 벌어지고 있는 명백한 선전활동을 수없이 지목할 수 있다. 마이클 무어Michael Moore 감독은 뻔뻔스러우리만치 특정한 의도를 배경에 둔 다큐멘터리들을 꾸준히 내놓고 있으며, 사상 최대의 성적을 거둔 영화 〈아바타〉 역시 속내를 감추지 않는다. 특정한 부류의 선전활동이 상대적으로 더 널리 용납되고 있다는 데는 재론의 여지가 없어 보인다.

교회는 한때 예술가들의 표현 욕구를 북돋는 가장 큰 후원세력이었지만 예술과 선전 사이에서 균형을 잡지 못한 까닭에 지금은 한참 뒤처진 소집단으로 추락하고 말았다.

> 스스로 옳다고 믿는 어떤 관점을 가지고 온갖 사회문제를 설명하는 소설을 쓰라고 한다면 나는 채 두 시간을 넘기지 못하고 말 게 틀림없다. 그러나 한창 자라고 있는 아이들이 20년 뒤에 내가 지금 쓰고 있는 글을 읽으면서 웃고, 울고, 글에 적힌 대로 삶을 사랑하는 법을 배운다면, 나는 거기에 삶과 에너지를 모두 바칠 것이다.

이런 고백을 남겼던 레프 톨스토이는 예술과 선전 사이에서 자주 흔들렸다. 작가가 세상을 떠난 지 20년을 지나 100년이 넘은 지금까지도 그의 책을 읽으면서 웃고, 울고, 삶을 사랑할 길을 배우는 이들이 수두룩하지만, 다른 한편에서는 똑같은 작품을 두고 사회적·윤리적·신앙적 사안들을 보는 지은이의 독특한 시각들을 성찰하거나, 시비를 가리거나, 반발하는 독자들도 적지 않다.

인용문에서 톨스토이는 예술 편에 확실히 기운 것처럼 주장하고 있지만 실제로는 선전의 맥락이 소설 전반에 고루 뻗쳐 있어서, 독자들 가운데 더러는 힘을 얻는 축이 있는가 하면 머리끝까지 분통을 터트리는 쪽도 있다. 특히 《예술이란 무엇인가What is Art?》 같은 논픽션에 이르면 이 위대한 소설가는 어김없이 선전 취향을 드러낸다.

말굽자석 사이에 선 것처럼, 크리스천 작가들은 양쪽에서 인력을 느낀다. 삶에 의미를 부여하는 주제를 전달하려는 욕구와 어떠한 '메시지'도 끼어들지 않은 자기만의 표현과 형태, 구조를 구현해내려는 예술적 추구가 팽팽히 맞서는 탓이다. 결국 예술도 아니고 선전도 아닌 채로 질질 끌려가는 데 그친다. '선전'이라는 말은 불공정한 조작이나 특수한 목표를 달성하기 위해 의미를 왜곡한다는 분위기를 풍기므로, 나로서는 기독교 신앙을 구석구석 퍼트리기 위해 포교성성대학College of Propaganda(교황 우르바노 8세 때 로마 가톨릭교회의 선교를 관장하는 포교성성Sacra Congregatio de Propaganda Fide에서 세운 대학. 선전을 의미하는 영어 단어 'propaganda'는 이 이름에서 나왔다 - 옮긴이)을 만들었을 당시, 교회가 염두에 두었던 원의原義를 더 살리려 노력하는 편이다. 나는 크리스천 작가로서 이런 의미에서 선전을 위해 최선을 다하고 있음을 솔직히 인정한다. 즉, 나는 내가 진실이라고 믿는 관점을 독자들이 신중하게 검토해주길 기대하며 글을 쓴다.

그런데 가만히 보면, 지나치리만치 쉬 예술을 버리고 선전에 기우는 크리스천들이 허다하다. 그런 작가들은 인류의 사회적 문제들을 (종교적 이슈는 어쩔 수 없다 해도) 해결하는 실마리를 줄 논문들을 제쳐놓은 채 즐거움을 선사하며 삶을 사랑하는 마음을 키워주는 소설을 선택한다는 톨스토이의 이야기에 곱지 않은 시선을 보낼 것이다. 불의가 판치고 타락한 세상이 파멸을 향해 돌진해가는 형국인데, 어떻게 오로지 심미적인 요소들(감미로운 음악, 보기 좋은 미술품, 생생한 묘사가 빛나는 문학작품)을 감상하는 데만 시간을 쓸 수 있는가! 강 건너 불 보듯 할 일이 아니지 않은가! 특히 복음주의 진영의 작가들이 쓴 소설들은 예술에 등을 돌리고 선전에 치우치는 경향이 있다.

크리스천 작가와 영화 관계자, 화가와 음악가들은 예술과 선전의 자장이 작용하는 어디쯤에서 활동할 수밖에 없다. 이쪽에서는 예술의 수위를 낮추고 가공하지 않은 메시지를 전하라고 유혹하는 반면, 저쪽에서는 목소리를 낮추거나 달리해서 예술적 감수성을 최대한 끌어올리라고 꼬드긴다. 이런 긴장 속에서 수십 년을 살면서 나는 그 자기장을 전반적으로 건전한 인력으로 평가하게 되었다. 성공하려면 양극단에 서는 편이 유리하다. 가령, 크리스천 작가는 선전 쪽에 확고하게 자리를 잡아야 기독교 문화권에서 일가를 이룰 공산이 커진다. 하지만 거룩한 세계와 세속적인 세상 사이의 실금은 점점 아가리를 크게 벌리게 마련이어서, 자칫하다가는 열심히 글을 써봐야 읽어줄 이가 없는 상황에 맞닥뜨릴 수도 있다. 그렇다고 신앙적인 표현을 조금도 용납하고 싶어 하지 않는 세상의 요구를 마냥 받아들일 수도 없다.

C. S. 루이스는 독일의 런던공습을 지연시키려 유럽 각지의 참호에서 치열한 전투를 벌이고 있는 친구들과 달리 공부에만 전념하고 있는 옥스퍼드 대학생들에게 '전시의 학습'이라는 강연을 하면서 양극성을 분석하고 설명했다. 루이스는 한 순간 한 순간 천국이나 지옥으로 다가가는 인간들이 어떻게 문학이나 예술, 수학, 생물학 같은(루이

스 자신의 전공 분야인 중세문학은 말할 것도 없고) 상대적으로 사소한 사안을 붙들고 시간을 보낼 수 있느냐는 질문을 던졌다.

가장 확실한 답은 하나님 스스로 자연계에 엄청난 에너지를 쏟아부으셨다는 데서 찾을 수 있다. 구약성경을 보면, 창조주께서는 뚜렷이 구별되는 문화를 지으시고, 주님을 좇는 이른바 '말씀의 백성들'을 격려해서 다양한 방식들을 사용하여 오래 살아남을 걸작들을 만들어내게 하셨다. 생물학과 물리학 분야에서 인간이 축적한 지식 또한 예외 없이 하나님이 처음 지으신 창조의 실마리를 애써 더듬어 얻어낸 것들이다.

루이스는 우수하고 유익한 예술과 학문의 필요를 단언하면서도 기독교는 문화가 오만을 떠는 것을 용납하지 않음을 시인했다. 그는 한 영혼을 구원하는 게 이제까지 나온 시와 드라마, 연극을 다 합친 것보다 소중하다고 말한다. 크리스천으로 나 역시 이러한 본질적인 가치를 인정한다. 그렇다면 어째서 나는 무너진 건물 잔해에 깔려 목숨을 잃은 수많은 이름 모를 민간인들에 대해서는 특별한 관심을 기울이지 않으면서도 불타버린 알렉산드리아 도서관, 십자군 원정으로 파괴된 파르테논 신전, 제2차 세계대전 당시 폭격으로 붕괴된 대성당 따위에 그토록 강렬하게 반응하는 것일까?

인류는 지금 거룩하게 창조되었지만 죄에 빠진 세상에서 살고 있다. 인간에게는 사방에 흘러넘치는 아름다움을 추구하고 재생산해낼 권리가 있다. 하지만 비극과 절망 또한 곳곳에 도사리고 있는 게 현실이므로 그 조건 또한 온전히 그려내고 면밀히 다루어야 한다.

오랜 세월, 예술과 선전 틈바구니에 끼어 긴장 속에 사는 사이에 내게는 둘을 통합시키는 데 필요한 몇 가지 가이드라인이 생겼다. 그 가운데 어느 하나라도 깨트릴 때마다 극단으로 급격히 쏠리는 걸 실감할 수 있었다. 현학적인 의사 전달을 시도하든 공허한 이야기를 장황하게 늘어놓든, 메시지는 어김없이 실종되곤 했다. 개인적으로는 오늘날의 크리스천 작가들이 예술이 아니라 선전 쪽에 치우치는 경우가 대다수라고 판단하는 터라, 다음의 지침들은 주로 그 오류를 겨냥한 것들이다.

청중의 인지능력을 감안하라

신앙이 없는 대중을 상대로 의사소통하려는 크리스천 작가(또는 강사)들이라면 명심하고 또 명심해야 할 지침이다. 사실상 전혀 다른 두 범주의 어휘체계를 가지고 있어야 한다는 뜻이다. 그리스도인들이 의사소통하는 데 흔히 사용하는 단어가 세속적인 청중에게는 전혀 다른, 심지어 정반대의 의미를 가질 수도 있다. 몇 가지 예를 들어보자. '연민'에 해당하는 영어 단어 'pity'는 경건을 뜻하는 'piety'에서 나왔다. 가난하고 어려운 처지에 몰린 이들을 돌아봄으로써 하나님을 드러내는, 그래서 행동거지에서 거룩함이 묻어나고 긍휼히 여기는 마음이 가득한 사람을 염두에 둔 표현이다. '자선'을 말하는 'charity'라는 단어도 마찬가지다. 결혼식장에서 흔히 낭독되는 고린도전서 13장에서 보듯, 본래는 하나님의 은혜를 보여주는 실례로 '사랑'과 동의어였다(킹제임스 성경을 보면 한눈에 알 수 있다). 그런데 세월이 흐르면서 두 단어의 바닥에 깔린 신학적 배경은 퇴색되고 의미가 변질되었다. 지금은 힘겨운 삶을 꾸려가는 이들이 "동정pity 따위는 집어치워요!"라든지 "자선charity은 사양하겠어요!"라며 손을 내젓는 장면을 어렵잖게 볼 수 있게 됐다.

이처럼 요즘 신앙을 표현하는 데 쓰는 용어들 가운데 상당수가 소통보다는 불통을 일으킬 가능성이 높다. '하나님', 또는 '우리 아버지'처럼 간단한 어구도 크리스천들이 그 본뜻을 구구절절 설명하지 않으면 온갖 부적절한 이미지들과 연관 짓기 일쑤다. 신학의 주제인 '사랑love'은 이미 참뜻을 적잖이 잃어버리고 유행가 가사에 단골로 등장하는 말로 자리를 잡았다. '구속redemption'이라는 단어에서는 재활용센터를 떠올릴 뿐(미국의 일부 주에서는 병이나 캔처럼 재활용할 수 있는 물품 가격에 덧붙였다가 도로 가져오면 돌려주는 제도를 시행하고 있는데, 그 환경부담금을 'Redemption Value'라고 부른다 – 옮긴이), 그 핵심 개념이 제대로 전달되는 문화는 찾아보기 어렵다. 나 역시 '복음주의'라는 말을 아직도 사용하고 있지만, 청중들에게 보수종파나 근본주의자를 연상시킨다는 이유로 좀처럼 입에 올리지 않으려 한다.

크리스천 커뮤니케이터들은 달라진 의미에 적응해서 그 문화에 적합한 단어와 은유들을 선택해야 한다. 세 살짜리 아이가 위험한 행동을 하려는 걸 봤다면 꼬맹이가 알아들을 수 있는 말로 말려야 한다. 손가락을 입에 넣고 빨다가 콘센트에 쑤셔 넣으려는 판에 《가정생활 대백과사전》을 뒤적거리면서 '암페어', '볼트', '전기저항' 따위의 용어를 써가며 전문적인 해설을 하는 건 어리석은 짓이다. 오히려 녀석의 손을 잡아채며 엄한 표정으로 가르칠 것이다. "에비! 이 속에 불이

들었어. 얼마나 뜨거운 줄 알아? 손이 다 타면 어떡할 거야?" 실제로 콘센트 속에 불이 활활 타오르고 있는 게 아님에도 그런 표현을 사용하는 건 세 살배기가 이해할 수 있는 수준에서 의미를 전달하기 위해서다.

앤드루 영Andrew Young은 시민권운동을 둘러싼 갈등의 시대를 살면서 대단히 중요한 교훈 하나를 얻었다. "자신의 기준으로 적을 판단하지 말고, 적처럼 사고하는 법을 배우라"는 것이었다. 이란 인질사태가 벌어졌을 당시, 언론매체들은 '넋 나간, 미친, 악마 같은' 따위의 원색적인 표현을 써가며 상대 국가의 지도자들을 비난했다. 그러나 영의 설명에 따르면 왕정을 무너뜨린 군인들에게 샤(과거 이란의 왕 –옮긴이)는 아돌프 히틀러처럼 잔인하고 사악한 인물이었다. 따라서 망명을 허락한 미국에 거부감을 드러내는 건 당연한 노릇이었다. 히틀러에게 피난처를 제공하는 국가가 있다면 미국도 당연히 반발했을 것이다.

예수를 믿지 않는 이들과의 의사소통도 같은 맥락에서 보아야 한다. 상대방의 입장과 생각을 면밀히 검토하고 이편에서 전하려는 메시지를 어떻게 받아들일지 상상해보는 게 중요하다. 그런 과정을 거치면 어휘와 전달 형식, 특히 내용을 선택하는 방식이 적잖이 달라질 것이다. 크리스천들이 자주 그러하듯이, 지나치게 내용에 중점을 두면 마치 아무 이야기도 하지 않는 것이나 별 차이가 없어질 것이다.

알렉산드르 솔제니친은 강제수용소에서 풀려난 직후에 이 원리를 배웠다. 어렵게 쓴 작품들이 마침내 소비에트 문학잡지에 실리기 시작할 무렵이었다.《졸참나무와 송아지》에서 작가는 당시를 회상하며 이렇게 말한다. "훗날, 지하세계에서 나와서 외부세계를 위해 작품을 가볍게 만들기 시작하면서, 그러니까 동포들 가운데 누구도 즉각 받아들이리라 기대하지 못했을 정도로 무게를 덜어냈을 때, 마지막에 남은 글을 보고 깜짝 놀랐다. 사나운 톤을 가라앉힌 만큼 영향력이 커졌다는 사실을 깨달았던 것이다."

솔제니친은 예술과 선전 사이에서 줄타기를 계속했다. 지나치게 가볍고 부드럽게 만들다 보면 메시지가 희석되기 쉽다. 소비에트의 검열관은 솔제니친을 윽박질렀다. "하나님을 의미하는 이 'God'이란 단어를 꼭 대문자로 시작할 이유가 뭐요? 그건 구시대의 잔재란 말이오. 그리고 이반 데니소비치에 관한 이 멋진 소설을 꼭 출간하고 싶으면 문제가 되는 이 구절만 지워버리시오." 솔제니친은 압박을 물리치고 대문자를 고집했을 뿐만 아니라 논란이 되는 문구도 그대로 남겨두었다. "성호를 긋고 고백했다. '하늘에 계신 창조주 하나님, 오래 참으시고 노하기를 더디 하시는 하나님.'" 검열관의 압력에 굴복하는 건 그런 하나님이 주신 메시지를 모두 말살하는 일이기에 솔제니친은 마음을 단단히 먹었던 것이다.

그리스도를 믿지 않는 청중에게 이야기할 때마다 크리스천은 주님의 음성을 온전히 전달하는 의무와 듣는 이들에게 맞추는 유연한 태도 사이에서 균형을 지켜야 한다. 신앙인들은 곳곳에서 하나님과 맞닥뜨린다. 하루하루 벌어지는 일들을 죄다 주님의 역사로 본다. 자연과 성경 속에서 그분의 손길을 느낀다. 하나님의 임재는 명명백백하다. 하지만 세속적 사고방식을 가진 이들로서는 우울하기가 그지없는 지구를 배경으로 늘어서서 저마다 관심을 끌려고 아우성치는 갖가지 종교와 이단, 그리고 미디어 협잡꾼들의 미로를 뚫고 하나님을 발견한다는 게 과연 가능한지 의문을 품게 마련이다. 크리스천들이 진정으로 그 입장을 이해하고 상대가 이해할 수 있는 용어로 전달하지 않으면 이편의 이야기는 난생처음 듣는 외국어나 다름없을 것이다.

합리화보다는 정확한 추론을 사용하라

심리학자들은 마음에 내재된 본능적 합리화 과정을 발견하고 '인지부조화'라는 이름표를 붙였다. 통상적인 조건 아래서 인간의 심리는 긴장과 불화가 지배하는 상황에 저항해서 합리화라는 자기 확증 과정을 통해서 부조화를 수습하려 노력한다는 것이다.

어느 출판 관계자와 점심식사를 하는 자리에 늦는다. 절대로 내 탓은 아니다. 교통체증이나 아내, 또는 회의에 제 시간에 도착한 다른 이들 때문이다.

출판사 쪽에서 원고에 퇴짜를 놓는다. 즉시 '오늘 하루만 해도 수백 편의 글이 거부되었을 것'이라며 자신을 위로하기 시작한다. 편집자가 아침을 굶고 나왔을지 모른다. 어쩌면 아무도 내 원고를 읽지 않았을 수도 있다. 거절을 설명할 수 있는 온갖 요인들, 쉽게 말해서 심기를 거스르는 통보에서 비롯된 불협화음을 가라앉히는 오만가지 심리적인 방법들이 떠오른다.

나는 합리화 과정을 대단히 단순하게 정의하는 편이어서, 최종결과와 근본원인을 이미 알고 있을 때 나타나는 심리작용으로 본다. 결론은 진즉에 났고 그 결말을 지지할 방도를 찾고 싶을 따름이다.

몇 해 전, 위클리프성경번역선교회Wycliffe Bible Translators에 관한 기사를 검색하다가 합리화의 전형적인 사례와 마주쳤다. 때마침 위클리프가 CIA와 연관되어 있다는 설이 확산되고 있었으므로 그 소문의 발원지를 찾아내고 진위를 알아보는 게 중요하다고 생각해서 전국 각지의 노골적인 비판자들에게 전화를 걸었다. 그중에는 "위클리프는 명백하게 CIA의 보조금을 받고 있다"고 주장하는 뉴욕 대학 교수도 있었다. "연간 3천만 달러에 이르는 예산을 근본주의 성향의 교회들이 보내주는 후원금으로 충당한다더군요. 하지만 그런 교단에서 그만한 거액이 나올 수 없다는 건 삼척동자도 다 알 거예요. 그렇다면 다른 돈줄이 있다는 뜻이 아니겠어요?" 교수가 조금만 조사를 해봤더라면, 다섯 손가락 안에 드는 텔레비전 복음전도자들에게 신앙적인 동조자들이 기부하는 돈이 연간 5천만 달러를 넘는다는 사실을 파악하기는 어려운 일이 아니었을 것이다. 미국 내 자금원의 규모만으로도 위클리프의 모금액을 설명하기에는 부족함이 없다. 그럼에도 불구하고 교수는 미리 결론을 내려놓고 거꾸로 합리화하는 과정을 좇았다.

솔제니친은 소비에트 편집자 레베데프Lebedev의 합리화에 기가 막혔다. "톨스토이가 지금 살아 있고 그런〔체제에 반발하고 도전하는〕 식으로 글을 썼다면, 결단코 톨스토이가 될 수 없었을 거요." 이른바 '국가관'이 확고했던 레베데프로서는 조금이라도 정부에 위협이 될 만한 글을 용납할 수 없었던 까닭에, 톨스토이가 새로운 체제하에서 활동했더라면 아주 다른 인간이자 사상가가 되었을 거란 말로 합리화하려 들었다.

서글프게도 그동안 내가 읽어본 크리스천의 글 가운데도 합리화하려는 의도가 역력한 글이 적지 않다. 지은이가 확고하게 정해둔 결론에서 출발해서 거꾸로 그 주장을 뒷받침하는 논리를 만들어가고 있는 게 아닌가 싶다. 우울증과 자살, 동성애에 관한 글이나 책을 읽어보면, 대다수는 우울증이나 자살, 동성애 문제로 갈등 중인 한 인간에게 다가서는 고뇌에 찬 길을 한 발짝도 걸어보지 않은 채 교리적인 결론만 앞세우는 이들이 썼다는 느낌을 지울 수가 없다. 그러니 '~하기 위한 100가지 방법' 따위의 글이나 책이 심금을 울릴 리가 있겠는가!

독자들이 차근차근 예비단계를 밟아서 지은이가 제시하는 최종판단과 마주하게 될 때 그 결론은 영향력을 갖는다. 따라서 결말은 꾸준히 추구해온 논리의 종착점일 뿐, 출발점이 될 수 없다.

C. S. 루이스나 찰스 윌리엄스, J. R. R. 톨킨 같은 작가들은 기독교 세계관을 바닥에 깐 소설을 쓰면서 이런 이슈들을 붙들고 씨름했다. 루이스와 톨킨은 작품을 뒤져가며 자잘한 상징들까지 모두 찾아내려고 애쓰는 소위 '신실한' 크리스천 독자들을 아예 무시해버렸다. 일대일로 대비시킬 만한 요소가 확실함에도 불구하고 두 작가는 입을 모아 특별한 의도 같은 건 없다고 부인했다. 등장인물들은 기독교의 진리를 가리키고 있을지 모르지만, 전반적으로는 바닥 깊숙이 깔린 우주적인 진리를 은근히 예시하는 선을 넘지 않는다. 그러므로 배경을 논증한다든지 아슬란과 간달프를 단순히 상징적 표현으로 간주한다

든지 해선 안 된다. 그랬다가는 인물들의 특성과 문학적 영향력이 산산조각 나버리기 때문이다.

가톨릭 작가인 워커 퍼시는 이렇게 말했다. "소설은 아무도 모르는 소리를 하지 않는다. 알고 있지만 안다는 사실조차 모르는 이야기를 할 뿐이다."

그리스도인의 올바른 글쓰기는 은신처를 마련하는 작업과도 같다. 크리스천 커뮤니케이터들이 효과적으로 메시지를 전하려면 독자들이 알아채기 전에 그 내면에 터를 잡아야 한다.

'진심'을 품어라

'진심'이라는 말에 작은따옴표를 붙였다. 본래부터 이 단어에 담겨있는 고유한 뜻으로 사용했음을 밝혀두고 싶어서다. 오늘날의 상업주의에 물들어 정반대의 의미를 갖게 된 단어들이 수두룩한데, '진심'도 마찬가지다.

예를 들어보자. 소심해서 파티에 가도 다른 이들과 잘 어울리지 못하고 공격적으로 전화영업을 펼치지도 못하는 세일즈맨이 있다 치자. 상사는 부하직원의 자신감을 키워주기 위해 '데일 카네기 코스'에 보낸다. "진심으로 다가가야 세일즈에 성공할 수 있다"를 주제로 강의와 다양한 테크닉 훈련이 이어진다. "악수하는 법부터 공부합시다. 강하고 자신 있게, 그리고 안정되게 손을 잡아야 합니다. 자, 몇 번씩 연습해보세요. 거기, 아래를 내려다보고 계신 분! 눈길을 맞추

서야죠. 손을 흔들면서 상대방의 눈동자를 마주보세요. 먼 데를 쳐다보거나 시선이 흔들리면 안 됩니다. 똑바로 본다는 건 진심의 상징입니다. 고객의 입장에서는 정말로 배려를 받고 있다고 느낄 겁니다."

우리 시대의 세일즈맨들은 수십만에서 수백만 원까지 값을 치르고 '진심'을 품는 기법을 배운다. 다음부터는 만나는 고객마다 영업직원의 성실성과 판매상품에 대한 자신감, 자신을 염려해주는 따뜻한 마음에 깊은 감명을 받는다. 이 모두가 새로운 보디랭귀지를 익힌 덕분이다.

가지고 있지 않은 무언가를 전달하기 위해 테크닉을 익힌다는 건 사실상 '진심'이란 말의 속뜻과 전혀 부합되지 않는다. 언어학자들에 따르면, '진심'을 가리키는 영어단어 'sincere'는 '~없이'를 의미하는 라틴어 'sine'와 '밀랍'을 지칭하는 'cera'가 합쳐진 합성어다. 제아무리 탁월한 조각가라도 더러 끝을 미끄러트려서 보기 흉한 자국을 남길 때가 있다. 대리석을 만지는 장인들은 밀랍을 섞어서 석재와 명도를 맞추면 조각품에 난 홈을 감쪽같이 감출 수 있다는 사실을 잘 알고 있었다. 하지만 진정으로 완벽하다는 평가를 받으려면 왁스로 메우는 따위의 인위적인 가공이 없어야 한다. 꾸미거나 포장하지 않아서 있는 그대로가 전부인 마음, 그것이 진심이다.

작가가 작품에 왁스칠을 하는 순간, 선전의 질은 급격히 떨어진다. 진심을 품고 사실을 있는 그대로 그려낸다면 구체적인 내용들이 중심 메시지를 단단히 붙들어 지탱하게 마련이다. 그렇지 않으면, 독자들은 홈을 찾아내어 그것을 기준으로 작품을 평가하게 될 것이다. 소비에트 검열관이 솔제니친에게 조언하는 대목을 읽으면서 크게 웃을 수밖에 없었던 건 복음주의적인 잡지사의 기자들 역시 그와 비슷한 부류의 원고를 써낼 공산이 크기 때문이다. 관리는 솔제니친에게 비판의 수위를 낮추라고 했다. 사회 전반에 미칠 파장을 감안해서 공산주의의 오류를 사실적으로 들춰내는 부분을 편집하길 주문했다. 권력(기독교 세계든, 세상이든)은 윤리적이며 독자들에게 행복감을 주는 문학작품을 기대한다. 다만, 제 입맛에 맞는 윤리와 행복이기를 요구하는 게 문제다.

복음주의자들이 쓴 글들에서도 뚜렷한 결함을 가리려고 왁스를 마구 처바른 흔적이 보인다. 선전하려는 메시지에 딱 들어맞지 않는 현실과 온갖 갈등을 섬세하게 묘사하는 내용은 주저 없이 빼버린다. 핵심을 강조하기 위해 사실과 동떨어진 장면을 포함시키기도 한다. 특별한 훈련을 받지 않은 이들도 긁히고 파인 자리를 짚어낼 수 있으며, 여기저기에 가볍게 덧대는 것만으로도 예술작품은 완전히 망쳐버리고 만다.

창조주의 발자취에서 완벽한 모범을 찾다

사로잡히다시피 우호적인 청중들을 앞에 두고 있을 때, 선전의 유혹은 더욱 강렬해진다. 이편의 관점을 굳이 설득할 필요가 없다면 사실여부를 따지는 건 귀찮은 장애물로 전락한다. 크리스천들은 무엇이든 구하는 대로 주시며 모든 질병이 나을 수 있다고 가르치는 책들을 반기지만, 이런 것들이 어느 정도 현실을 반영하지 못하면 하나님을 믿지 않는 청중들에게는 아무런 영향도 주지 못하는 무용지물에 지나지 않는다. 바깥세계에서 복음주의 문학이 마치 사이언톨로지가 낸 소책자나 〈데일리워커Daily Worker〉(1924년에 창간된 미국과 영국의 공산당 기관지-옮긴이)처럼 이상하고 믿을 수 없는 문서 취급을 받는 일이 얼마나 잦은지 모른다.

노련한 커뮤니케이션에 필요한 세 가지 가이드라인을 긍정적으로 보여주는 본보기가 필요하다면, 창조주 하나님을 따라가는 게 가장 빠른 길이다. 하나님은 신성을 버리고 말씀이 되어 인류 가운데 오셔서 더불어 살며 육신의 한계를 고스란히 경험하시기까지 청중들의 인지능력을 고려하셨다. 창조, 독생자 예수, 성경을 비롯해 굵직굵직한 계시들을 통해서 믿음과 소망을 가지고 진리를 좇기에 부족함이 없는 증거를 주셨지만, 결단코 인간의 자유의지를 억압하지 않으셨다. 진심에 관해 이야기하자면, 성경보다 더 현실적이고 사실적으로 기록된 책이 또 있었는지 묻고 싶다.

친구 중에 손 수술을 전문으로 하는 외과의사가 있다. 미세수술에 일가견이 있어서 머리칼보다 더 가는 신경과 혈관을 다시 잇는 수술을 하는데, 한번 시작하면 잠시도 쉬지 않고 열두 시간씩 정밀한 작업을 계속해야 한다. 어느 날, 친구는 새벽 3시에 걸려온 전화를 받고 병원 응급실로 달려갔다. 까부라지는 몸을 추스르려고 안간힘을 쓰던 참에 문득 마라톤 수술의 부담을 이겨낼 만한 특별한 동기가 있으면 좋겠다는 마음이 들었다. 충동적으로 전화를 걸어 단잠에 빠졌던 목회자를 깨우고는 다짜고짜 말했다. "조금 있다가, 집중하고 또 집중해야 하는 고된 수술을 시작합니다. 이 수술을 목사님께 바치고 싶습니다. 메스를 잡고 일하다가 그 생각이 나면 견디기가 한결 수월할 것 같습니다."

크리스천 예술가들도 하나님께 이렇게 반응해야 하는 게 아닐까? 온갖 재주를 선물로 주신 하늘 아버지께 작품 전체를 헌정해야 마땅하지 않을까? 그런 자세를 갖는다면, 어떻게 감히 예술을 버리고 선전에 치우치거나 의미를 잃어버린 예술에 매달릴 수 있겠는가?

예술적으로 탁월한 위치에 올라서 본보기로 삼을 만한 작가들에게는 그리스도의 메시지가 영원히 빛나는 의미를 갖게 된다. 러셀 커크 Russell Kirk는 T. S. 엘리엇의 삶을 돌아보며 말했다. "그는 시인의 목소리에 다시 귀를 기울이게 만들었으며 그로 말미암아 승리를 거두었다. 인간 공동체를 꿰뚫어보고 다른 이들을 시간과 외로운 자아의 감옥에서 풀어냈으며, 교리의 바람에 맞서 영원한 것들을 증언했다. 시인은 생활의 언어를 초월해서 불의 혀로 뜻을 전했다."

12

하나님의
음악

어떻게 신앙을 가지게 되었느냐고 물으면, 크리스천들은 감동적인 설교, 가족의 기도, 선교집회, 쉽게 접할 수 있었던 성경말씀을 자주 거론한다. 내게는 자연과 클래식 음악이 영적인 생명을 일깨우는 데 중요한 요소로 작용했다. 어려서부터 기독교인들이 쓰는 상투적인 어구, 전도지, 반드시 참석해야 하는 이런저런 활동들이 가득한 분위기에서 성장했다. 나중에는 진정한 간구와 형식적인 기도, 진심 어린 행동과 위선적인 행위를 구분하지 못할 지경에 이르렀다.

일찌감치 영적인 진리를 차단하는 백신을 맞아서 무슨 소릴 해도 귀에 들어오지 않았다고까지 말할 수 있는 상태였다. 그러다 대학에 들어가면서 무언가 새로운 게 마음에 꿈틀거리기 시작했다. 아름다움을 즐기고 누릴 줄 알게 된 것이다. 캐롤라이나의 소나무 숲을 종일 걸어 다니거나, 나비를 좇아 벌판을 이리저리 누비거나, 하늘을 수놓은 은하수를 넋 놓고 지켜보았다. 늦은 밤에는 대학 구내의 예배당에 몰래 숨어들어가 스타인웨이 그랜드피아노로 쇼팽과 슈베르트, 베토벤의 작품들을 연주했다.

감사하지만 감사할 상대가 없고 경외감이 드는데 예배할 대상이 없다는 건 정말 끔찍한 일이었다. 점점, 아주 서서히 어린 시절에 팽개쳐버렸던 신앙으로 되돌아갔다. C. S. 루이스가 "보지 못했던 꽃의 향기, 들어본 적이 없는 선율의 울림, 가보지 못한 나라에서 온 소식"이라고 평했던 갈망에 끌려갔다는 편이 더 정확할 것이다.

안다. 음악과 자연을 감상하는 건 주관적인 경험이고, 일본의 신도神道는 자연에서 다른 결론을 끌어내고 있으며, 꿈결 같은 사랑에 빠진 연인은 그리스도가 아니라 제 짝을 생각하며 바흐의 〈웨딩 칸타타〉를(아니면 사랑을 노래하는 랩을? 그건 좀 겁난다 싶지만 아무튼) 듣는다. 하지만 그래도 자연과 예술은 또한 하나님의 은혜가 임하는 통로로 단단히 한몫한다. 개인적으로는 그 둘이 없었더라면 경외감, 영광, 기쁨 따위를 전혀 맛보지 못했을 게 틀림없다. 덕분에 소외와 대속, 부활과 같은 관념들도 더 잘 이해할 수 있었다.

하나님을 못 믿겠으면 브람스라도

사람들이 푹신한 의자에 기대어 앉아, 강사의 빤한 얘기에 귀를 기울인다. "우리는 한 분이신 하나님을 믿습니다. 전능하신 아버지, 하늘과 땅과 보이는 것과 보이지 않는 것들을 모두 창조하신 창조주를 믿습니다. 또 한 분이신 주 예수 그리스도, 하나님의 독생자, 만세 전에 하늘 아버지에게서 나신 분을 믿습니다. 하나님에게서 나신 하나님, 빛에서 나신 빛, 참 하나님에게서 나신 참 하나님, 창조되지 않고 나셨으며, 성부와 본질적으로 하나이시고…" 웅얼웅얼 익숙하다 못해 진부하기까지 한 메시지를 되풀이해가면서 말은 계속된다. 공의회에서 뜨겁고도 치열한 논쟁을 벌인 끝에 탄생한 니케아 신경은 이제 세월의 각질을 뒤집어쓴 채 하품을 참아가며 중얼거리는 예배의식의 한 자리를 간신히 차지하는 게 고작이다.

그런데 어찌 된 셈인지 강연이 끝나자 청중들이 우르르 일어나 요란하게 갈채를 보낸다. 더러는 발을 구르며 소리친다. "브라보!" 입에 손가락을 넣고 휘파람을 부는 이도 있다. 주위를 둘러본다. 예언이 줄을 잇는 '심령대부흥회' 자리는 분명히 아니다. 주식 중개인, 변호사, 경영자 같은 사회인들이 큰돈을 지불하고 니케아 신경을 들으러 온 것이다. 다른 이들에게는 어떨지 모르지만 적어도 내게는 아이러니하게 보이는 점이 있다. 좌석의 절반도 차지 않고 예배 내내 열광적인 환호는 고사하고 "아멘!" 소리 한번 듣기 어려운 교회가 시카고 전역에 널렸는데, 종교라면 치를 떠는 이른바 교양인들이 오케스트라 홀에 빼곡하게 들어앉아서 베토벤의 〈장엄 미사곡*Missa Solemnis*〉을 듣고 있다는 사실이다.

아직 눈치 채지 못했을까 싶어 이야기해두자면, '강사'는 시카고 심포니 오케스트라, 그리고 함께 협연한 솔리스트들이다. 하지만 이들은 325년, 니케아 공의회에서 공표된 가르침을 충실하게 표현해내고 있다. 뿐만 아니라 모차르트나 하이든이 해석한 것, 또는 브람스와 베를리오즈가 번안한 것이 전 세계 주요 도시에서 탁월한 전문가들을 통해 거듭 공연되고 있다.

나는 몇몇 음악가들과 알고 지내는데, 그이들이 특별한 의미를 알고 연주에 나선다고는 생각하지 않는다. 아직 그리스도를 믿지 않는 합창단원들에게는 참으로 다행스럽게도, 은혜를 선포하는 강력한 가사들은 혀를 멈췄다가 매끄럽게 굴리면서 발음해야 하는 라틴어 어구에 담겨 있다. 그런데도 가만히 보면 기적에 가까운 일들이 벌어진다. 맨해튼 출신 셋과 함께 셋째 줄에 서서 꼿꼿한 자세로 노래하는 유대인 테너를 보자. 급하게 면도를 하다가 난 상처에 지혈제를 바른 자국이 보이고 옷깃에는 얼룩이 졌다. "하나님의 독생자" 같은 가사에도 흔들리지 않는 사람이다. 그런데 이 테너의 표정이 달라진다. 근엄한 기운이 빠져나가고 있다. 무대 바깥세상에서 벌어지는 일 따위는 잊어버리고 소망을 한 숨 가득 들이마신 다음 뜨거운 노래로 내뱉는다. "아뉴스 데이, 아뉴스 데이! 세상 죄를 지고 가는 하나님의 어린양이여, 우리에게 자비를 베푸소서." 평생 이처럼 절실하게 간구했던 적이 또 있었을까? 지극히 짧은 순간이기는 하지만, 지금은 정말 진심을 담았을지 모른다.

죽음 앞에 무너질 날을 앞두었을 무렵, 괴팍한 노인네가 된 베토벤은 천둥번개가 요란한 하늘을 향해 주먹질을 했다고 한다. 어쩌면 고요한 마음에 떠오르는 이야기들을 새기고 또 되새기면서 그 말들을 소리로 옮기는 더할 나위 없이 오묘한 방법을 찾고 있었던 건 아닐까? 한없이 세미하고 고상한 생각의 수레인 음악은 막강한 힘으로 작곡가와 지휘자, 연주자와 청중을 사로잡는다. 음악이 지배하는 몇

시간 동안은 내일까지 출판사에 보내야 할 원고라든지 하루 종일 시
도 때도 없이 울려댈 독촉전화 따위는 다 잊어버린다. 오케스트라 단
원들 역시 불가사의한 세계를 헤매는 숭고한 여정에 깊이 빠져 노동
조합이 제시한 임금 가이드라인이나 연주를 마치고 한데 모여 가볍
게 한잔하기로 한 약속 같은 건 기억조차 하지 못한다.

쌀쌀맞기가 얼음장 같은 비평가조차도 말랑말랑해진다. 〈샌프란시
스코 크로니클San Francisco Chronicle〉의 음악평론가는 시카고 심포니
오케스트라가 연주한 브람스의 〈독일 레퀴엠German Requiem〉을 평하
면서 이렇게 썼다. "몇 가지 점에서 '거룩하다'고까지 말할 수 있는
연주였다. 테크닉으로는 물론이고 스타일 면에서도 완벽했던 짜릿한
경험에서 일종의 종교적 감동을 받게 되는 건 무슨 연유일까? 코러
스가 '살아 계신 그리스도'를 합창할 때는 무신론자들마저도 예수를
믿고 신뢰할 수 있었다."

비평가가 극찬했던 바로 그 코러스의 리허설 자리에 있었던 나는
지휘자 마거릿 힐리스Margaret Hillis가 성에 차지 않아 하며 단원들을
질책하는 소릴 들었다. 고음부의 한 대목을 부르고 난 직후였다. "다
른 교향악단이 이쯤 하면 괜찮은 거죠." 지휘자는 두 박자쯤 쉬고 나
서 덧붙였다. "하지만 여러분은 시카고 심포니 오케스트라 단원들이
잖아요." 그러곤 일침을 가하듯, 한자리에 모여 선 뛰어난 음악가들
에게 애원조로 말했다. "하나님을 못 믿겠으면 최소한 브람스라도 믿
어야 할 거 아닙니까!"

음악, 신앙고백 또는 저항의 상징

컴퓨터 디스크, 플라스틱, 내연기관을 만들어낸 산업혁명과 아울러, 베토벤과 모차르트를 지원했던 서구 문명과 불공정한 경제구조를 매섭게 몰아치는 기사를 읽으면서(맞다, 몇 편쯤 쓰기도 했다), 다른한편으로는 누구나 그 혜택을 누릴 수 있게 해준 테크놀로지에 진심으로 감사한다. 한때는 귀족들의 전유물로 특권층의 귀를 즐겁게 해주던 수준 높은 작품들을 내 사무실에서도 마음껏 감상할 수 있으니하는 말이다.

트위터라든지 텔레비전을 볼 수 있는 휴대폰 같은 현대 테크놀로지가 낳은 작품들을 회의적으로 바라보는 편이지만 예전의 어떤 세대도 갖지 못했던 능력의 콩고물을 날마다 음미하며 감격한다. 이제는 뮌헨 바흐 합창단이든 콘서트헤보우 오케스트라든 얼마든지 서재로 불러들일 수 있다. 어느 저택의 콘서트홀이나 개인 예배당에서 연주할 목적으로 작품을 주문했던 지난날 유럽의 상류층 인사들이 그랬던 것처럼 스피커 앞에 앉아서 꼼짝 않고 귀를 기울여도 좋고, 볼륨을 줄여서 배경음악으로 써도 그만이다(이 글을 쓰고 있는 지금도 그러고 있다).

오프더레코드로 묻고 싶다. 기독교 방송국의 라디오와 텔레비전의 프로그램을 후원하거나 주일 아침 예배에 참석하면서 투자 대비 수익률을 계산할 때, 역사를 주름잡았던 천재적인 음악가들이 살아 계신 그리스도를 증언하기 위해 세상에 내놓았던 위대한 작품들이 미친 영향을 깜빡 잊고 누적합계에서 빼놓고 있는 건 아닐까?

작품 자체만 놓고 본다면, 그 누구도 모차르트나 헨델, 또는 바흐의 영원히 빛날 종교음악들에 시비를 걸지 않을 것이다. 하지만 작가 하나하나의 신앙생활에는 얼마나 높은 점수를 줄 수 있을까? 과연 깊고 깊은 신앙적 감성을 고백하기 위해 작품을 썼던 것일까?

대답은 작가에 따라 달라질 것이다. 세자르 프랑크César Franck와 안톤 브루크너Anton Bruckner에게서 보듯, 더러는 겸손한 영성으로 절제된 삶을 살았다. 특히 브루크너는 "하나님은 언제나 선하시며 만물은 주께 영광을 돌려야 한다"는 신앙을 드러내기 위해 작품을 썼다. 온 힘을 다해 〈10번 교향곡Tenth Symphony〉을 쓰면서 말러Gustav Mahler에게 말했다. "열심을 낼 수밖에 없다네…. 그러지 않으면 하나님 앞에 서지 못할 거야. 언젠가는 반드시 그 앞을 지나야 할 테니까 말일세. 주님은 말씀하시겠지. '달란트를 주었는데 어째서 나를 찬양하며 영광을 돌리지 않는 거니?'" 대학에서 가르치기 시작할 무렵, 브루크너는 앞뒤 사정을 모르는 학생들의 놀림을 받았다. 커다란 머리와 주름진 얼굴에다가 고향 오스트리아의 촌스러운 재킷을 입고 다녔다. 가까운 교회에서 종을 울리면 수업 도중이라도 교실 바닥에 무릎을 꿇고 기도를 올린 후에 다시 강의를 시작했다. 하지만 하나님을 향한 마음의 진정성과 대성당을 연상시키는 그의 종교음악은 듣는 이들의 마음에 깊이 박혀 좀처럼 사라지지 않는다.

성경의 놀라운 이야기와 주제들을 끌어내서 화려하게 연출된 서사 구조에 담아냈던 걸출한 작곡가 헨델과 멘델스존은 복음전도자나 다름없었다. 헨델은 〈사울Saul〉, 〈이집트의 이스라엘Israel in Egypt〉, 〈입다Jephtha〉, 그리고 세계에서 가장 자주 무대에 오르는 작품 가운데 하나인 〈메시아Messiah〉를 비롯해서 무려 스무 개가 넘는 오라토리오를 작곡했다. 성경에 기록된 사건에 긴장과 극적인 요소를 가미해서 오페라를 만들기도 했다. 〈삼손〉의 첫 공연에서는 주인공이 "칠흑 같은 어둠! 태양마저 사라졌구나! 암흑 속에 비치는 정오의 섬광이여!"라고 울부짖는 순간, 청중들은 흐르는 눈물을 주체하지 못했다. 늙고 병들어 앞을 전혀 보지 못하게 된 헨델이 직접 무대에 서 있었던 것이다.

공산정권이 무너지기 전과 그 이후에 러시아를 방문했던 친구가 있다. 1983년, 씩씩한 청년 관광객 몇은 붉은 광장에서 서구에서 부활주일 아침에 흔히 주고받는 전통적인 인사말("그리스도가 부활하셨습니다!")이 적힌 현수막을 펼쳤다는 이유로 체포되었다. 군인들은 현수막을 찢어버리고 찬송을 부르고 있던 '말썽꾼들'을 체포해서 유치장에 처넣었다. 시민불복종운동이 휩쓸고 지나간 지 정확하게 10년이 되는 1993년 부활절 아침, 친구는 다시 붉은 광장을 찾았다. 수많은 시민들이 오가며 인사를 나누었다. "그리스도가 부활하셨습니다!" "주님이 정말 살아나셨어요!" 볼쇼이 극장은 사상 최초로 헨델의 〈메시아〉를 무대에 올리고 방송을 생중계했다. 크리스마스가 아니라 부활절에 〈메시아〉를 공연하는 건 전례가 없던 일이었다. 프로그램 막바지에 지휘자는 커다란 정교회 십자가를 높이 들어올렸다. 소프라노는 국영텔레비전 시청자들에게 인류의 죄를 짊어지신 구세주가 정녕 살아 계심을 간증했다. 친구를 초대한 러시아 측 관계자들이 속삭였다. "이렇게 아름다운 음악이 또 있을까요?" 무려 70년 동안이나 금지곡으로 묶여 있었던 까닭에 예전에는 단 한 번도 들어볼 기회가 없었던 것이다(역사는 되풀이된다. 2008년, 중국 공산당정부는 〈메시아〉를 비롯한 서구의 종교음악 공연을 금지하는 조처를 단행했다).

펠릭스 멘델스존Felix Mendelssohn은 '다 감사드리세'라는 곡을 중심으로 악상을 전개하는 신앙적인 내용의 교향악 〈찬양의 노래Hymn of Praise〉¹와 종교개혁을 기념하는 웅장한 송가인 〈종교개혁 심포니The Reformation Symphony〉는 물론, 오라토리오 〈성 바울St. Paul〉과 〈엘리야 Elijah〉도 작곡했다. 그럼에도 불구하고 히틀러가 유대인들을 무대에서 몰아내기 위해 구상한 프로그램에 발을 담그는 바람에 20세기의 현대인들에게는 환영받지 못하고 있다. 멘델스존의 할아버지 모제스는 유대교 철학자였고 아버지는 개종한 개신교도였음을 감안하면 역사의 잔인한 아이러니가 아닐 수 없다.

날 때부터 가톨릭 신자였던 모차르트와 하이든은 이루 헤아리기조차 어려울 만큼 방대한 종교음악 작품을 남겼다. 여기에는 신앙적 동기보다 경제적 요인이 더 크게 작용했다. 특정 종교행사를 돋보이게 해주는 곡을 만들어달라는 요청을 자주 받았던 것이다. 두 작곡가 가운데 어느 쪽도 거룩하다고 할 만한 삶을 살지는 않았다. 하지만 모차르트는 〈레퀴엠〉에 깊이 사로잡혀서 숨을 거두는 날까지 붙들고 놓지 않으려 했다. 의사들이 악보를 빼앗아 감추고 환자가 불안 증세를 보이기 전까지는 내주지 않을 정도였다.

누가 봐도 신앙과 동떨어진 게 분명한 작곡가의 펜 끝에서 심오한 종교음악이 흘러나오기도 한다. 만사에 불만이며 편집증을 가진 동성애자였던 차이콥스키Pyotr Tchaikovsky만 해도 그렇다. 술에 절어 살았지만 성 요한 크리소스톰의 성체 의례Divine Liturgy of St. John

Chrysostom와 주기도문에 음을 붙였다. 차이콥스키의 동포인 라흐마니노프Sergei Rakhmaninov 역시 신앙을 갖지 않았지만 크리소스톰의 성체 의례에 맞추어 곡을 썼다. 사창가에서 자랐으며 단 한 번도 개인적인 신앙을 내비친 적이 없었던 요하네스 브람스는《루터역 성경》에서 뽑은 구절들에 음악을 입혀서〈독일 레퀴엠〉이라는 멋진 작품을 내놓았다. 마치 말씀이 그 선율을 위해 존재하기라도 하는 것처럼 어디 하나 나무랄 데 없이 완벽하게 들어맞는다.

베토벤은 신앙적인 작품을 거의 남기지 않았지만 그의 후계자 말러와 마찬가지로 신학적인 주제들을 붙들고 꾸준히 씨름했다. 말러는 답답한 심정을 토로했다. "인간은 어디서 왔는가? 인생길을 따라가면 어디에 이르는가? 감옥에 갇히듯 성품이라는 틀에 묶여 있으면서도 스스로 자유롭다고 느끼는 까닭은 무엇인가? 고생과 슬픔의 목적은 어디에 있는가? 온유하신 하나님이 지으신 피조물들 사이에 잔인하고 적대적인 행위가 차고 넘치는 현실을 어떻게 이해해야 할 것인가? 삶의 진정한 의미는 죽어야만 알 수 있는 것인가?" 음악적으로 베토벤과 말러는 전혀 다른 방식을 빌려 이런 질문들을 던졌다. 베토벤은 하늘을 향해 큼지막한 주먹을 휘둘러댔던 반면, 말러는 절망적인 불안감에 사로잡힌 채 탄식을 거듭했다.

위대한 작곡가들은 끊임없이 종교음악을 통해 예술적으로 가장 큰 업적을 이루고 싶어 했다. 베토벤이 쓴 수백 편의 작품들 가운데 미사곡은 단 둘뿐이다. 하지만 이 거장은 스스로 만들어낸 모든 곡들 가운데〈장엄 미사곡〉을 으뜸으로 쳤다. 벤저민 브리튼Benjamin Britten 은 타고 가던 여객선이 독일 유보트들의 끈질긴 추격을 받는 위험천

만한 상황에서 영국의 옛 시가들에 곡을 붙여 〈캐럴의 축제A Ceremony of Carols〉를 완성했다. 교회에서 보수를 받는 작가들뿐만 아니라 브람스나 슈베르트처럼 신앙에 전혀 관심이 없었던 음악가들 역시 기독교적 테마에서 비할 데 없이 심오한 영감을 얻었다. 목회자의 아들로 태어났으면서도 자타가 공인하는 불가지론자로 살았던 랠프 본 윌리엄스Ralph Vaughan Williams는 더할 나위 없이 멋진 찬양곡집을 펴냈다. 19세기를 풍미했던 마이클 티페트Michael Tippett, 에드워드 엘가Edward Elgar, 니콜라이 림스키코르사코프Nikolai Rimsky-Korsakov 같은 음악가들은 곡을 바치는 대상에 헌신하는 마음이 거의 없었으면서도 걸출한 종교음악 작품들을 내놓았다.

오랫동안 수많은 이들이 시도해왔던 주제를 저만의 독특한 방식으로 연주하기를 추구하는 작곡가들에게는 경쟁의식이 자극제가 되었다. 니케아 신경처럼 문학적 이미지라고는 한 점도 찾아볼 수 없는 텍스트를 소설로 바꿔낼 길을 찾는다고 생각해보라. 팔레스트리나Palestrina는 그런 미사곡을 무려 93편씩이나 쏟아내서 좀처럼 넘기 어려운 표준을 제시했다. 후배들은 마치 올림픽 경기에 출전한 선수들처럼 저마다 대작곡가의 성과를 능가하려는 의지를 불태웠다.

이런 현상의 비밀은 아무래도 기독교적 주제 자체에서 찾아야 할 것 같다. 창설 25주년에 즈음해서 국제연합은 저명한 음악가에게 유엔이 선택할 수 있는 최상의 것이라고 할 만한 '후대에게'라는 제목을 주고 작곡을 맡겼다. 사소한 생각들이 신선한 음악을 낳을 수도 있다. 10대들의 풋사랑을 기리는 유치한 이야기에서도 걸작이 나올 수 있다. 하지만 베토벤 같은 천재에게 "하나님에게서 나신 하나님, 빛에서 나신 빛, 참 하나님에게서 나신 참 하나님"이란 테마를 주거나 헨델에게 요한계시록 5장에 나오는 '죽임을 당하신 어린 양Worthy is the Lamb' 처럼 초현실적인 주제에 어울릴 곡을 맡긴다면 무엇이 그렇게 장구한 세월에 수많은 명곡들이 탄생할 수 있도록 불씨를 지펴주었는지 파악할 수 있을 것이다.

프랜시스 쉐퍼는 기독교적 주제가 내연기관이 되어 에너지를 내지 않았더라면 음악이 서구 문명의 정점에 서는 영광스러운 순간은 결코 오지 않았을 것이라고 주장한다. 이 주장의 옳고 그름을 가리는 일은 이론가들에게 맡겨두고 싶다. 다만, 요한계시록 5장을 읽고 나서 헨델 판으로 해석된 음반에 바늘을 올려놓자마자 온몸에 소름이 돋는 것만큼은 분명하다. 음악은 감성으로 통하는 지름길을 따라 흐르며 감각에 스파크를 일으킨다. 비슷한 개념들을 새롭게 풀어내는 연주를 통해 하나님과 은혜, 대속을 믿는 신앙은 더 아름다운 모습으로 변화된다.

1989년, 체코슬로바키아를 옥죄고 있던 공산주의의 족쇄가 마침내 풀리자, 국민들은 프라하의 성 비투스 대성당에서 콘서트를 열어 자축했다. 기쁨에 겨운 평범한 시민들이 구름처럼 몰려들었다. 감옥에 갇히고 고문을 당했던 희생자들도 끼어 있었다. 반체제 극작가 바츨라프 하벨도 유명한 국회의원들과 더불어 안토닌 드보르자크Antonín Dvořák의 〈미사Mass〉와 〈테 데움Te Deum〉을 감상했다. 체코 필하모닉 오케스트라의 손을 거쳐 옛 예배 의식에 쓰였던 말씀들이 울려 퍼졌다. 자유라는 엄청난 선물을 만끽하기에 그보다 더 나은 길은 없어 보였다. 나치와 공산주의의 압제를 모두 견뎌내고 살아남은 프라하의 아흔 살 노 추기경이 방금 대통령으로 선출된 하벨과 어깨를 나란히 했다.

음악은 단호한 저항의 상징으로 쓰이기도 한다. 베트남 전쟁이 한창이던 1971년, 레너드 번스타인Leonard Bernstein은 〈미사〉를 초연해서 리처드 닉슨 대통령의 진노를 샀다. 미사에 등장하는 라틴어 텍스트를 대부분 옮겨오면서도 사이사이에 지도자와 그 뒤를 좇는 이들 사이의 신뢰가 붕괴된 상황을 묘사하는 서사시를 끼워 넣었기 때문이다. 이태 뒤, 번스타인은 닉슨의 재선을 축하하기 위해 케네디센터에서 콘서트가 열리는 날 밤, 같은 시간에 워싱턴 내셔널 대성당에서 '평화 콘서트'를 개최하고 하이든의 〈전시 미사Mass in Time of War〉를 지휘해서 정부가 차린 잔칫상에 재를 뿌렸다.

오직 하나님께만 영광을!

하지만 음악적 추구와 신앙적 이상을 완벽하게 조화시킨 상징적인 인물은 따로 있다. 두말할 것도 없이, 서구 음악에 주요한 진보가 이루어질 때마다 출발점으로 인정받는 요한 세바스찬 바흐다. 태어난 지 250년이 지난 뒤에 〈타임〉지의 표지를 장식한 음악가가 또 있었던가? 루이스 토머스Lewis Thomas라는 에세이스트는 행성 간의 커뮤니케이션이 가능해졌을 때 지구를 대표할 만한 작곡가로 어떤 인물을 선택하겠느냐는 질문을 받고 이렇게 대답했다. "바흐를 택해서 우주로 끊임없이 그 음악을 흘려보내겠어요. 물론 너무 좋은 면만 과장해서 보여주려는 것일 수도 있겠죠. 하지만 막 만남을 시작하는 입장에서 가장 멋진 얼굴을 보여주려는 건 얼마든지 애교로 봐줄 수 있는 게 아닐까요? 쓴소리는 나중에 하기로 하고요."

마르틴 루터가 독일어로 성경을 번역했던 바르트부르크 성 근처에서 태어난 덕에 바흐는 루터교회와 가장 가까운 작곡가가 되었다. 바흐는 물론 성자가 아니다. 어려서는 음악적 자유를 제한하려 드는 어떠한 권위와도 맞서는 문제 학생이었다. 하지만 목표가 뚜렷했다. 음악의 목적은 "하나님의 영광과 마음에 쉼을 주는 것"이어야 한다고 믿었다. 지치지 않고 완벽을 추구하는 열정과 어마어마한 성경지식[2]을 발판으로 그 뜻을 이루기 위해 노력했다. 그럼에도 불구하고 음표하나, 악절 한 마디까지 살피시는 분은 부유한 후견인이 아니라 하나님 자신임을 확신하고 악보를 그릴 때마다 대부분 'JJ'[3]라는 약어로 시작했으며 'SDG'[4]로 맺었다.

그리스도와 신부인 교회의 관계를 깊이 묵상하는 데서부터 마지막 부활을 찬양하는 내용에 이르기까지 바흐가 작곡한 295개의 칸타타[5]는 광범위한 주제를 다루고 있으며, 유명한 합창곡마다 자신 있는 고백을 담았다. "오라, 달콤한 죽음이여! 오라, 은혜로운 안식이여! 내손을 잡아 따뜻하게 이끌어다오!" 죽음을 눈앞에 두고도 마지막 칸타타를 쓰는 일에 매달렸다. 그렇게 탄생한 작품에는 특별한 표제가 붙었다. "주여, 이걸 들고 당신의 보좌 앞으로 나아갑니다."

바흐의 주요 작품들 가운데서도 〈마태수난곡The Passion According to St. Matthew〉은 독일에서 작곡된 합창곡 전체를 통틀어 단연 최고의 걸작이라는 찬사를 받는다. 하지만 정작 곡을 쓴 음악가가 생존했을 당시에는 단 한 번 공연되고는 그만이었다. 자극적인 요소가 거의 없다는 이유에서였다. 그때부터 정확하게 100년 동안 이 대곡은 빛을 보지 못했다. 1829년, 멘델스존은 스승에게서 이 소중한 악보의 복사본을 얻었다. 원본은 아무짝에도 못 쓸 종이쪼가리쯤으로 여기고 한 장 한 장 찢어서 치즈를 포장해주던 상인에게서 사들였다고 했다. 멘델스존은 〈마태수난곡〉을 다시 무대에 올렸고 바흐가 생전에 받아본 일이 없었던 큰 갈채가 쏟아졌다.

시카고 근처의 라비니아 파크에서 시카고 심포니 오케스트라와 합창단이 이 곡을 연주하는 걸 들었다. 여름 콘서트였다. 3천 명에 이르는 청중들이 공원에 모여 4시간짜리 공연을 관람했다. 청중들의 모습에 다시 한 번 놀랐다. 야회복과 액세서리로 화려하게 치장한 채 널찍한 자리에 앉아 촛불을 밝히고 저녁식사를 즐기는 이들과 꾀죄죄한 청바지 차림의 군중들이 균형을 이루고 있었다. 시카고 노스쇼어에 모여 사는 유대계 주민들도 곳곳에 흩어져 있었다. 하지만 모두가 무언가에 홀린 듯, 마태복음에 기록된 예수 그리스도의 십자가 사건을 담담히 재현해내는 이야기에 몰입했다.

공연을 마칠 때까지 합창단 전체가 다섯 차례나 입을 모아 '오 거룩하신 주님'이란 찬송의 잊히지 않는 후렴을 노래했다. 눈앞에 펼쳐지는 풍경은 칙칙하고 선혈이 낭자한 상상 속의 그날 밤 갈보리와는 상당히 동떨어진 모습이었다. 거장은 자신만의 방식으로 이야기를 엮어냈다. 이브닝가운과 턱시도를 차려입은 단원들은 십자가 사건이 인류에게 미친 깊고 깊은 영향뿐만 아니라 그 캄캄한 밤을 지배했던 고통과 공포까지 고스란히 전달했다. 거친 숨을 몰아쉬어가며 못자국과 가시관을 설명하는 부흥사들의 소름끼치는 이야기보다 훨씬 생생하고 절절하게 들렸다.

그날 공연이 어떤 파장을 일으켰는지는 모르겠다. 나는 이제껏 클래식 음악이 불씨가 되어 교회가 크게 부흥했다는 소릴 들어본 적이 없다. 하지만 적어도 크리스천인 내 중심에서는 역사를 양분한 어마어마한 사건을 표현하기 위해 위대한 음악가가 쏟아부은 노력이 충분히 빛을 보았다고 믿어 의심치 않는다. C. S. 루이스는 위대한 예술을 일컬어 '뚝뚝 떨어지는 은혜의 물방울'이라고 했다. 인간의 내면에 참다운 대상을 향한 갈망을 일깨운다는 뜻이다. 거장의 손에서 빚어진 물방울들은 하나님의 임재를 드러내는 거대한 물줄기가 된다. SDG, 오직 하나님께만 영광을!

13

헨델의
선물

어느 해의 크리스마스였다. 아내와 함께 난생처음 런던을 찾았다. 비행기가 도심의 상공을 예리하게 가르며 활강하기 시작하자 오른쪽 창문 밖으로 템스 강에서 노를 젓는 이들이 보였다. 국회의사당과 화이트홀 궁전을 비롯해 랜드마크가 될 만한 건물들이 비스듬히 비치는 아침 햇살을 받아 적갈색으로 빛나고 있었다. 왼쪽 창문 너머에는 손톱 같은 달이 나지막하게 걸렸고 샛별도 여전히 반짝였다. 런던에서는 좀처럼 보기 어려운 화창한 겨울날이었다.

그날 오후, 커피로 중무장을 하고 나서 런던의 거리를 어슬렁거렸다. 땅거미가 내릴 때까지 어떻게든 잠들지 않고 깨어 있어서 표준시간대 일곱 칸 너머로 생체시계를 맞춰놓을 작정이었다. 속으로는 여행 직전의 상황으로 돌아가 단속을 잘해놓고 왔는지 시시콜콜 살피고 또 살폈다. 자동응답기는 켜고 컴퓨터는 껐던가? 우편물을 대신 간수해달라고 이웃에게 틀림없이 부탁해두었지? 난방온도조절기는 '외출'에 맞춰두었나? 그따위 사소한 걱정거리들이 줄곧 뇌리를 떠나지 않는 바람에 여행 전부터 시작해서 벌써 서른 시간째 깊은 잠을 이루지 못하고 있었다. 머리는 슬로모션으로 돌아가고, 안약을 자주 넣는데도 두 눈은 따갑기만 했다.

그렇게 하루를 마무리하고 숙소로 들어가기 전, 몇 가지 공연 티켓을 구입할 요량으로 줄을 섰다. 바로 그때, 포스터 한 장이 눈에 들어왔다. "오늘 밤이 마지막! 국립 웨스트민스터 합창단과 국립 체임버 오케스트라가 바비칸 센터에서 〈메시아〉를 공연합니다." 표를 파는 직원은 런던에서 공연되는 〈메시아〉는 이것저것 가릴 필요 없이 모두 '최상급'이라고 장담했다. 하지만 두 가지 문제가 있었다. 콘서트까지 시간이 얼마 남지 않았고 표가 이미 매진되고 없다는 점이었다.

20분 뒤, 호텔 방에서 부부간의 치열한 협상을 끝내고 안약을 넣는다, 드레스로 갈아입는다 해가며 콘서트에 참석할 준비를 서둘렀다. 뜻밖에 찾아온 기쁨을 만끽할 기회를 속절없이 흘려보낼 수는 없었다. 아내를 어르고 구슬렸다. "여기에 온 건 하나님의 뜻이야. 런던은 헨델이 머물렀던 제2의 고향이나 다름없는 곳이지. 〈메시아〉를 여기서 썼으니까. '매진' 같은 시시한 장애물은 음악적으로 굉장한 경험을 하게 될 공간에 들어가는 길을 가로막을 수 없어." 미간에 잡힌 주름이며 잠을 못 자서 빨개진 눈동자만 봐도 내 궤변에 가까운 상황신학을 어떻게 받아들이고 있는지 짐작할 수 있었지만, 아내는 군말 없이 억지를 받아주었다.

허둥지둥 택시를 잡아타고 콘서트홀로 달려갔다. 남은 티켓을 절반 값에 넘기겠다는 박애주의 정신이 충만한 영국인 친구를 '우연히' 만났다. 내 믿음이 그 어느 때보다 찬란하게 빛나는 순간이었다. 이제 저녁 내내 바로크 음악을 마음껏 즐기는 일만 남았다고 생각하니 절로 긴장이 풀어졌다. 1층 뒷줄에 자리를 잡았다. 꼭 필요한 경우, 쪽잠을 자기에도 맞춤한 위치였다.

그날 밤, 정말 예기치 못했던 일이 벌어졌다. 헨델의 〈메시아〉라면 그동안 그야말로 수없이 들어온 곡이었다. 하지만 이번(잠이 모자라고, 온몸이 카페인을 달라고 아우성치고, 런던이라는 공간에서 벌어지는 공연)에는 무언가가 헨델의 시대로 점점 더 가까이 끌어갔다. 예전보다 훨씬 쉽게 원작의 상황 속으로 들어가 〈메시아〉를 감상할 수 있었다. 단순한 공연이 아니라 기독교 신학이 놀랍게 한눈에 들어오는 일종의 신적 현현顯現에 가까운 사건이었다. 평생 단 한 번도 가보지 못한 길을 통해 음악 이면에 깔린 작품의 정신까지 들여다볼 수 있었다.

런던, 1741년

〈메시아〉를 작곡할 무렵, 게오르그 프리드리히 헨델은 이미 손꼽히는 음악가의 자리에 오른 상태였다. 둘 다 같은 해에 독일에서 태어났지만, 바흐가 고향을 지켰던 반면 헨델은 세상을 두루 돌아다니면서 국제적인 명성을 쌓았다. 이탈리아에서는 도메니코 스카를라티 Domenico Scarlatti와 오르간과 하프시코드 실력을 겨루면서 청중들에게 큰 감동을 안겼다. 한편으로는 이탈리아 문화의 저변을 흐르는 낭만적인 정신을 흡수하고 그곳 작곡가들의 테크닉을 완벽하게 익혔다. 이어진 영국 여행에서도 환호와 갈채를 받았다. 이태 뒤, 헨델은 이주를 결심하고 다시 영국으로 건너가 귀화시민이 되었다. 얼마 지나지 않아, 후원자였던 하노버 선제후 조지가 영국의 왕 조지 1세에 등극하면서 헨델에게는 탄탄대로가 열렸다.

18세기 초의 런던은 분명코 세상에서 가장 생동감이 넘치는 도시였다. 알렉산더 포프Alexander Pope와 조나단 스위프트Jonathan Swift는 우상파괴적인 문인들과 에세이스트들을 이끌었고, 조지프 애디슨Joseph Addison과 리처드 스틸Richard Steele은 〈태틀러Tattler〉와 〈스펙테이터Spectator〉 같은 잡지를 펴내서 런던 시민들을 즐겁게 해주었으며, 아이작 뉴턴 경은 과학혁명을 주도했다. 그런 사회에 편입된 헨델은 세련되고 우월감에 젖어 있는 음악 비평가들의 온갖 트집을 감수해야 했다.

동시에 작곡가들은 '세련'이라는 말을 도저히 가져다 붙일 수 없는 청중들의 귀를 즐겁게 해주어야 했다. 관중들은 오페라가 공연되는 도중에도 카드 패를 돌리고, 농담을 주고받고, 이리저리 돌아다니고, 호두를 깨 먹고, 아무 데나 침을 뱉고, 마음에 들지 않는 가수에게 큰 소리로 휘파람을 불거나 야유를 보냈다. 출연자는 공연을 중단하고 심하게 괴롭히는 관객에게 앙갚음으로 음담패설을 퍼부었다. 이처럼 엉망진창인 환경 속에서도 헨델은 승승장구했다. 불같은 성격과 엄청난 자존심으로 무장했던 이 거인은 경쟁자 쪽의 가수들을 잇달아 끌어들여 계약을 맺은 다음, 신 나는 이탈리아 오페라 42편을 잇달아 내놓는 전략으로 청중들을 사로잡았다.

그러나 런던에 갑자기 붐을 일으켰던 이탈리아 오페라의 돌풍은 어느 순간, 홀연히 가라앉았다. 헨델의 회사는 곧 파산지경에 빠졌고 새로운 장르의 음악이 절실해졌다. 비슷한 시기(1737년)에 뇌졸중까지 덮쳤다. 고통스럽기는 했지만, 어느 전기 작가가 지적한 대로 그 아픔은 신앙적인 주제에 눈을 돌리는 계기가 되었다. 오른팔이 일시적으로 마비된 탓에 공연은 생각조차 할 수 없었다. 정신적인 이해력은 물론 시력에도 문제가 생겼다. 헨델은 치료를 위해 독일의 온천을 찾았다. 곡절 끝에 건강이 조금 돌아오자 난생처음으로 기초적인 신앙을 음악적으로 표현해내는 진지한 작업 착수했다. 때마침 셰익스피어의 희곡과 성경, 《공동기도서》의 본문 따위를 버무려 오페라 대본을 쓰는 부유한 괴짜 찰스 제넨스Charles Jennens와 친해져서 힘을 모아 성경적인 오라토리오(영어를 사용하는 신앙적인 오페라쯤으로 볼 수 있다)라는 새로운 형태의 예술작품을 쓰기 시작했다.

런던의 주교는 신성한 성경말씀을 연극처럼 만들어서 내놓는다는 발상 자체에 불신 어린 눈길을 보내면서 좀처럼 인정하려 들지 않았다. 하지만 런던 시민들은 〈사울〉, 〈벨사살〉, 〈에스더〉, 〈드보라〉, 〈솔로몬〉, 〈이집트의 이스라엘〉, 〈입다〉, 〈삼손〉을 비롯해 거의 20편에 육박하는 헨델의 오라토리오 공연을 보러 몰려들었다. 천상 '무대 체질'이었던 헨델은 새 작품이 공개될 때마다 오르간 솔리스트로 무대에 오르곤 했다.

풍요로운 시간을 보내던 어느 날, 제넨스가 예수님의 삶을 뼈대로 한 원고 한 편을 건넸다. 헨델이 작곡했던 다른 오라토리오들과는 비교할 수 없을 만큼 추상적이고 개념적이며 무대 위의 움직임이 많지 않은 게 특색이었다. 독일이 자랑하는 합창곡들과 달리, 선지서와 시편에서 인용한 말씀에다 복음서에서 가져온 구절들을 이따금 섞어가며 그리스도의 삶을 직설적으로 전하는 작품이었다. 대본을 보고 깊이 감동한 작곡가는 즉시 작업에 들어갔다. 곡 쓰는 속도가 느리기로 유명한 헨델이었지만 이번에는 달랐다. 고작 22일 만에 〈메시아〉라는 놀라운 작품을 완성했다. 지금까지도 전해지는 원본 악보에는 조그만 얼룩에서 잉크 자국, 거침없는 손놀림을 고스란히 드러내는 성마른 교정 흔적 따위가 고스란히 남아 있다.

헨델의 여러 오라토리오들 가운데 유독 〈메시아〉만 런던에서 데뷔 무대를 갖지 못했다. 1742년 4월, 아일랜드 더블린에서 26명의 성악가와 몇몇 연주자들이 참여한 가운데 작곡자가 직접 지휘하는 첫 공연이 열렸다. "여러 감옥에 갇힌 재소자들의 석방을 촉구하고 스티븐 스트리트의 머서스 병원과 인스키의 자선병원을 돕기 위한" 행사 형식을 갖췄다. 격정의 시대는 〈메시아〉의 주제와 잘 들어맞았다. '자선'을 내세운 전략도 세속적인 등장인물들이 신성한 말씀을 노래하는 것에 신경질적인 반응을 보이는 청중들을 가라앉히는 데 효과가 있었다.

더블린의 성공적인 데뷔와 대조적으로 이듬해 런던 무대에 올린 〈메시아〉는 상대적으로 냉담한 반응을 받았다. 1745년에 전반적으로 조금 손을 봐서 다시 선을 보였지만 시큰둥한 반응은 달라지지 않았다. 그러나 4년 뒤, 코벤트 가든에서는 반응이 썩 좋아서 매년 재공연을 하기에 이르렀다. 완전히 앞을 보지 못하게 된 74세의 헨델은 아끼는 자선단체(파운들링 병원)를 돕기 위해 다시 한 번 지휘봉을 잡고 〈메시아〉 공연을 이끌었다. 그걸 마지막으로 이 위대한 작곡가는 대중 앞에서 완전히 사라졌다. 헨델이 숨을 거두자 3천 명이 넘는 조문객이 장례식에 참석했으며, 시신은 영국의 내로라하는 인사들과 더불어 웨스트민스터 사원에 묻혔다.

지난 250년 동안, 〈메시아〉가 상연되지 않고 지나간 해는 없었다. 헨델의 수많은 작품을 통틀어 가장 널리 알려지고 사랑받는 작품이며, 의심할 여지없이 역사상 제일 자주 공연되는 성가극이다.

베들레헴

바비칸 센터의 푹신한 의자에 깊이 기대 앉아 귀에 익숙한 〈메시아〉 제1부를 듣고 있자니, 이 오라토리오가 대강절에 잘 어울리는 까닭을 어렵지 않게 알 수 있었다. 헨델은 혼란스럽고 폭력적인 세상에 평화와 위안을 가져올 '오실 왕'에 관한 이사야서의 신 나고 즐거운 예언들을 줄지어 소개하는 데서 시작한다. "내 백성을 위로하라"는 테너 솔로로 문을 열어서 '주의 영광'이 나타나게 될 그날을 찬양하는 기쁨에 겨운 합창으로 점점 폭을 넓혀간다.

고작 몇 시간 동안 구경을 다녔을 뿐인데도 대영제국이 누렸던 영광의 한 자락을 볼 수 있었다. 약속의 말씀을 처음 듣는 이스라엘 백성들의 가슴에 바로 그런 부와 권력의 이미지들이 넘쳐흘렀겠구나 싶었다. 관광을 하면서 왕관에 박힌 보석과 금으로 된 통치자의 홀, 그리고 금박을 입힌 런던 시장의 마차 따위를 둘러보았다. 날마다 벌어지는 버킹엄 궁전의 근위병 교대의식에 그토록 공을 들이는 걸 보면, 요즘 런던 시민들 역시 영광을 그리워하고 숭배하는 게 분명했다. 가진 걸 다 빼앗기고 나라도 잃어버린 채 떠돌아야 하는 포로 신세였던 이스라엘 백성들은 이사야 선지자의 예언을 들으면서 궁전과 성전이 환하게 빛나고 "예루살렘에는 은과 금이 돌처럼 흔하던" 솔로몬 시대를 떠올리며 뼈아픈 향수에 젖었을 것이다.

하지만 나는 민주주의와 포퓰리즘에 뿌리를 둔 나라에서 태어났으며, 대다수 미국인들은 '영광'이라는 말을 들을 때마다 애증이 엇갈린다. 그처럼 감정이 변덕을 부리는 데는 그럴 만한 이유가 있다. 영광과 국가적 번영에는 반드시 대가가 따르게 마련이다. 히브리인들과 영국인들은 여러 왕과 왕비들을 겪으면서 고통스럽게 그 사실을 깨달았다. 국가의 위신을 드높이고 영광을 얻어낸 통치자들은 백성들을 억압하고 거머리처럼 시민들의 재산을 착취했다. 런던 시장이 타는 마차에 금박을 입히고 솔로몬 왕이 살 궁전을 짓느라 힘없는 백성들은 얼마나 많은 세금을 바쳐야 했던가?

강력한 통치자는 공포 분위기를 빨아먹고 번창하는 성향이 있으므로, 선지자들에게는 오랫동안 기다려왔던 메시아가 오신다는 약속마저도 한편으로 두려움을 품을 만한 일이었다. 생동감이 넘치는 도입부가 지나자 〈메시아〉의 전반적인 톤은 마치 통치권의 어두운 측면을 정확하게 꿰뚫어보기라도 하듯 놀라우리만치 침울한, 더 나아가 불길하기까지 한 쪽으로 급격히 기운다. 베이스는 하늘과 땅, 바다와 사막을 뒤흔드실 만군의 주를 경외하라고 경고한다.

이스라엘 백성들은 하나님을 향해 한없이 깊은 두려움을 가지고 있었으므로 주님의 이름을 부르거나 적을 엄두조차 내지 못했다. 성경에 예언된 메시아가 불의한 폭군이리라고 짐작해서가 아니라 여호와의 정의를 드러내시는 분임을 내다보고 겁에 질렸다. 콘트랄토는 놀라서 부르짖는다. "그가 이르는 날에 누가 견뎌내랴? 그는 연단하는 불과 같을 것이며…" 만군의 하나님이 인간의 옷을 입고 타락한 세상을 찾아오신다면 누구라서 살아남을 수 있겠는가? 지구는 과연 생존할 수 있겠는가?

소망을 전하는 기쁜 소식은 잠시 림보에 걸려 있고 하나님이 공의로 벌하실지 모른다는 두려움의 구름이 에워싸 잘 보이지 않는다. 오랜 세월, 시내 산에 임하셨던 하나님의 두려운 이미지를 품고 자란 유대인들은 장차 오실 메시아를 소망을 품고 기다리면서도 내심 걱정을 떨쳐버리지 못했다.

하지만 헨델의 〈메시아〉는 곧 긴장에서 벗어난다. '강한 권능을 가졌지만 동시에 위로와 안식을 주는 통치자'라는, 모순을 극적으로 해결하는 따뜻하고 낯익은 말씀이 나타난다. "보아라, 동정녀가 잉태하여 아들을 낳을 것이니, 그의 이름을 임마누엘이라고 할 것이다. … 하나님이 우리와 함께 계시다." 세상에 오신 하나님은 분노의 회오리바람으로나 집어삼키는 불로 나타나지 않으셨다. 오히려 인간이 상상할 수 있는 가장 작은 모습, 보잘것없는 처녀 아이의 배 속에 세포가 하나씩 쌓이고 자라 난자가 되고 태아가 되는 과정을 밟아 오셨다. 하나님은 예수님을 통해 인간이 두려워하지 않을 마지막 접근방식을 선택하셨다. 엄마 품에 안겨 젖을 빠는 갓난아이를 누가 무서워하겠는가?

"하나님을 보라!" 코러스가 화들짝 놀란 듯 합류한다. 성육신의 기적을 보라! 이처럼 충격적인 감정에 사로잡힌 채 크리스마스를 축하하고 있는 런던 시민이 과연 몇이나 될지 모르겠다. 상점들은 디킨스의 소설에 나오는 성탄절의 모습들로 안팎을 장식한다. 광장 곳곳에 구유가 놓인다. 그렇다. 마리아와 아기 예수는 누구에게나 익숙하다. 그렇지만 "무한을 당신의 사랑스런 자궁 속에 은거케 하셨습니다"라는 시구(존 던의 시 '성수태고지'의 마지막 행 – 옮긴이)의 어마어마한 의미를 제대로 헤아리는 이가 몇이나 되겠는가? 만물을 지으신 분이 깃든 아기의 작은 몸뚱이에 담긴 참뜻을 알아보는 이가 얼마나 되겠는가?

런던 시민이었던 G. K. 체스터턴에게는 숨이 막히도록 경이로운 사건이었다. "해와 별을 만드신 손은 너무도 작아서 소의 커다란 머리에도 닿지 않았다." 마르틴 루터도 마찬가지였다.

우주로도 담을 수 없는 분이
저기, 마리아의 무릎에 누워 계신다.

〈메시아〉는 마치 청중들에게 그 신비로움을 깊이 새겨볼 기회를 주려는 듯, 오케스트라의 막간 연주에 접어든다. 그러곤 선지자의 약속을 딛고 초원 끝자락에 붙은 마을 베들레헴으로 도약해서 그리스도의 탄생을 선포하기 시작한다. 천사들은 떨고 있는 목자들에게 두려움의 지배는 끝났다고 통보한다. "두려워하지 말라!" 그 밤, 하나님은 인류사에 유례가 없는 역사를 세상에 일으키셨다. 전능하신 창조주가 인간 가운데 하나가 되신 것이다. "지극히 높으신 분께 영광!" 헨델의 코러스는 천사들의 찬송에 화답해 노래한다.

〈메시아〉 제1부는 '영광'이라는 해묵은 단어로 돌아가지만 그 과정에서 새로운 의미를 부여한다. 메시아는 진정한 왕이지만 금 마차나 보석으로 장식된 왕관을 좋아하는 임금이 아니다. 솔리스트는 그분이야말로 앞을 보지 못하는 이들의 눈을 열어주고, 말 못하는 이의 묶인 혀를 풀어주며, "목자같이 그의 양 떼를 먹이시며, 어린 양들을 팔로 모으시는" 왕이라고 설명한다.

그리하여 제1부는 부드럽고 따뜻해서 자기모순처럼 보이기까지 하는 초대로 마무리된다. "무거운 짐을 진 사람은 모두 내게로 오너라. 내가 너희를 쉬게 하겠다. … 내 멍에는 편하고, 내 짐은 가볍다."

메시아는 왕으로서 세상을 통치하시지만, 사랑으로 다스리신다. 이스라엘 백성들은 "주님이 오시는 날, 누가 견뎌낼 수 있을까?"라고 물었다. 누구나 그럴 수 있다. 그분께 나가면 누구나 환영해주시기 때문이다.

갈보리

중간 휴식시간에 옆자리에 앉은 이와 미국의 정치적 상황에 관해 의견을 나누었고, 커피를 한 잔 더 마시러 나가서도 다른 콘서트 관객들과 자연스럽게 어울렸다. 그러나 로비에서 만난 이들과 의례적인 인사를 주고받는 사이에도 제1부의 드라마가 마음에 살아서 꿈틀거렸다. 런던은 세상 어느 곳보다 공연장을 소중하게 여긴다. 무대에서는 이들은 단순히 노래만 하는 게 아니라 메시아의 말씀으로 꾸민 드라마를 온몸으로 연기하고 있다. 문득, 잘 차려입고 점잖게 자리에 앉아서 지축이 흔들릴 만큼 놀라운 이야기를 듣는다는 게 어딘가 모르게 어색하다는 생각이 들었다. 부흥집회장에서처럼 펄쩍펄쩍 뛰거나 손뼉이라도 쳐야 하는 게 아닐까?

그렇지만 다들 차분하고 조용하기만 하다. 제2부를 감상할 채비를 갖추고 다시 자리에 앉는다. 음악에 관해 얼마나 잘 아느냐 혹은 무지하냐를 떠나서, 시작 부분의 소리에 미묘한 변화가 생겼다는 점을 누구라도 감지할 수 있다. 헨델은 오케스트라의 난해한 코드를 단조로 설정해서 분위기를 어둡게 몰아갈 의도를 은연중에 노출한다. 합창단은 더할 나위 없이 중요한 도입부의 말씀을 통해 그 뜻을 명확하게 표명한다. "보라, 하나님의 어린 양이로다!" 제2부는 동정녀에게 나신 메시아를 향해 세상이 보이는 반응을 그려간다. 말로 다 할 수 없을 만큼 비극적인 이야기가 펼쳐진다.

대본을 쓴 찰스 제넌스는 주로 이사야서 52-53장 말씀에 의지한다. 예수님이 태어나기 수백 년 전에 쓰인 글이지만 설명이 놀랍도록 생생하다. 갑자기 음악이 뚝 끊어진다. 모든 소리가 드라마틱하게 끊어진 상태에서 콘트랄토는 무반주로 충격적인 뉴스를 전한다. "그는-사람들에게-멸시를-당하고-버림을-받으셨다!" 역사적 사실을 재현해내는 게 말할 수 없이 고통스럽다는 듯, 한 마디 한 마디를 똑똑 끊어서 발음한다. 바이올린들은 청중들의 뇌리에 새기기라도 하려는지 같은 악구를 되풀이해 연주한다.

역사는 갈보리에서 중단됐다. 오랫동안 기다려왔던 이스라엘의 구원자를 감돌았던 소망은 그 운명적인 밤에 캄캄한 어둠속으로 무너져 내렸다. 두 강도 사이에 허수아비처럼 매달린 메시아는 신랄한 조롱과 한없는 동정을 동시에 불러일으켰다. 테너는 노래한다. "누구나 나를 빗대어서 조롱하며…." 그러곤 헨델의 오라토리오를 통틀어 가장 통렬한 한 마디를 덧붙인다. "이러한 슬픔이, 어디에 또 있단 말인가?" 음악의 흐름은 메시아에게 아무 곳도 기댈 데가 없으며 하늘 아버지조차 돌아보지 않으심을 우아하게 포착해낸다. "하나님이 그를 구하여주시겠지. … 저들의 비웃음이 주님의 마음을 상하게 하네."

하지만 아직 끝은 아니다. 몇 소절 뒤에, 극도의 절망감 속에서 절규하던 테너는 〈메시아〉 제2부에 들어서 처음으로 어렴풋한 소망의 빛을 가리켜 보여준다. "주는 그 영혼을 음부에 버리지 않으셨네." 말이 끝나기 무섭게 코러스가 기뻐 소리친다. "문들아, 너희 머리를 들어라!" 갈보리의 패배는 결코 좌절이 아니었다. 허수아비처럼 걸렸던 주검은 더 이상 존재하지 않는다. 예수님은 영광의 왕이시다!

헨델은 성자의 죽음이 어떻게 온 세상을 구원하게 되는지 추상적으로 설명하는 일 따위는 신학자들의 몫으로 돌리고, 제2부의 나머지 부분을 활용해서 패배처럼 보이는 상황을 뒤집고 탈취해낸 승리를 만끽하고 축하하는 데 집중한다. 소프라노는 소리 높여 선포하고 코러스가 받아서 되풀이한다. "그 소리 온 누리에 퍼졌네!" 열방이 격노하며 서로 모의해서 평화와 공의에 맞서려 하지만 "하늘에 계신 분이 비웃으신다." 주고받는 말은 다분히 의도적이다. 조롱을 당하던 이가 마지막에 웃는 승자가 된다.

"할렐루야!" 마침내 코러스가 힘차게 노래하기 시작한다. 거기부터 음악은 〈메시아〉를 통틀어 가장 유명한 대목이자 여태껏 작곡된 악절 가운데 가장 환희가 넘치는 대목으로 치닫는다. 헨델은 "눈앞에 하늘나라가 펼쳐지고 거기에 계신 하나님이 보인다고 상상하면서" 할렐루야 코러스를 썼노라고 고백했다. "왕의 왕, 주의 주 … 주 다스리시네." 작곡가는 눈부시게 빛나는 푸가풍의 느낌을 살려 악구 하나하나를 구성했다. 런던 초연 당시, 할렐루야 코러스를 들은 조지 1세는 군주의 지위에 있었음에도 불구하고 감격에 겨운 나머지 자리에서 벌떡 일어났고, 그때부터 청중들도 똑같은 방식으로 경의를 표하게 되었다.

〈메시아〉 제1부는 역설적인 초청 찬송("그에게 오라")과 함께 막을 내린다. 제2부는 주님의 멍에는 편하고 그 짐은 가볍다는 역설을 설명한다. 그건 고통을 떠넘겼기에 가능한 일이다. 십자가에서 인류의 고통과 슬픔은 하나님의 고통과 슬픔이 되었다. 마땅히 우리가 받아야 할 형벌을 스스로 짊어지신 덕분이다. 〈메시아〉의 코러스는 그 진리를 정확하게 전달한다. "그는 실로 우리가 받아야 할 고통을 대신 받고, 우리가 겪어야 할 슬픔을 대신 겪었다. … 그가 매를 맞음으로써 우리의 병이 나았다."

더 나아가 인류의 마지막 적인 죽음 그 자체도 최후를 맞았다. 다음에 벌어진 일, 곧 부활은 온전한 찬양을 드려야 마땅한, 할렐루야 코러스에 합당한 최대 최고의 기적이었다.

영원

　무신론자들 가운데는 더러 국왕 조지 1세가 일어난 것이 경의를 표하기 위해서가 아니라 할렐루야 코러스와 함께 헨델의 〈메시아〉가 막을 내리는 줄 착각한 탓이었다고 주장하는 이들이 있다. 요즘 청중들도 똑같은 실수를 저지르는 판이니, 누구라서 그걸 손가락질할 수 있겠는가? 공연이 시작되고 두 시간쯤 흐르면 코러스의 분위기가 점점 고조되면서 음악은 정점에 이른다. 그만하면 됐지 무엇이 더 필요하겠는가?

　그날 밤, 바비칸 센터 공연을 관람하기 전까지는 단 한 번도 그런 문제를 생각해본 적이 없었다. 하지만 남아 있는 대본 몇 단락을 훑어보니 잠이 모자라 여전히 쓰린 눈에도 〈메시아〉 제1부와 제2부에 무엇이 빠져 있는지 금방 알 수 있었다. 예수님의 삶을 그려내는 이야기들뿐, 그 바닥에 깔린 의미를 전하는 설명이 부족했다. 제3부는 내러티브에서 벗어나 로마서, 고린도전서, 요한계시록의 말씀들을 인용해가며 해석에 필요한 필수도구들을 제시한다.

　전날, 아내와 함께 비행기를 타고 영국으로 오면서 항공노선을 따라 북극 상공을 지났다. 오밤중에도 북극권에 태양의 기운이 남아 있는 계절이어서 10킬로미터 아래로 만년설이 훤하게 내려다보였다. 빙원 아래 바닷속에서는 무슨 일이 벌어지고 있는지 잘 안다. 단번에 1억 명 정도는 너끈히 죽일 능력을 갖춘 미국과 러시아의 핵잠수함 여러 대가 부지런히 돌아다닐 것이다. 런던에 내리자 달리던 열차가 폭발해서 출근길에 나섰던 시민 수십 명이 숨졌다는 뉴스가 숨 가쁘

게 쏟아져 나오고 있었다. 신문들은 처참한 현장사진으로 도배가 되어 있었다. 채 한 주가 가기도 전에, 테러리스트들은 또다시 폭탄테러를 감행했다. 이게 창조 당시 하나님이 의도하셨던 세계인가? 예수님이 성육신하실 때 염두에 두셨던 세상인가?

헨델의 〈메시아〉가 할렐루야 코러스로 마무리될 수 없는 까닭이 여기에 있다. 메시아는 영광 중에 세상에 오셨고(제1부) 죽어서 무덤에 묻히셨다가 다시 살아나셨다(제2부). 그렇다면 어째서 세상은 아직도 이처럼 참담한 상태에 머물러 있는가? 제3부는 그 물음에 답한다. 베들레헴과 갈보리를 뛰어넘는 메시아의 또 다른 이미지가 필요하다. 바로 우주와 역사를 다스리는 주님으로서의 메시아다. 성육신은 역사의 끝이 아니라 시작에 지나지 않는다. 창조주가 처음 의도하셨던 대로 피조물들이 회복되기까지 아직 많은 일들이 남아 있다.

지휘자의 멋진 손놀림과 함께, 절망을 부르는 암울한 상황에서도 끈질기게 믿음을 지켰던 욥의 이야기를 인용하면서 〈메시아〉 제3부가 시작된다. 소프라노는 노래한다. "내 구원자가 살아 계신다. 그가 땅 위에 우뚝 서실 날이 반드시 오고야 말 것이다." 인간적인 비극에 짓눌린 데다 전능하신 하나님을 바라볼 증거마저 부족한 상태에서 욥은 신앙의 끈을 놓지 않았다. 헨델은 우리 역시 그러해야 한다는 메시지를 은근히 내비친다.

〈메시아〉는 이처럼 도전적인 오프닝에서 그리스도의 죽음에 대한 바울의 신학적 해석으로 넘어갔다가("한 사람으로 말미암아 죽음이 들어왔으니") 곧바로 마지막 부활에 대한 고결한 말씀으로 이어진다("나팔 소리가 나면, 죽은 사람은 썩어 없어지지 않을 몸으로 살아나고"). 그리스도의 죽음과 육신의 부활은 언젠가 악이 최종적으로 패퇴할 날이 온다는 사실을 가리키며 그분 안에 있는 이들에게 반드시 일어날 일들을 앞당겨 보여준다.

성금요일의 비극이 부활절 아침의 승리로 끝났던 것과 마찬가지로 모든 전쟁과, 모든 폭력과, 모든 불의와, 모든 슬픔 또한 언젠가는 그렇게 마감되게 되어 있다. 그때가 되어야 비로소 크리스천은 말할 수 있다. "사망아 너의 승리가 어디 있느냐 사망아 네가 쏘는 것이 어디 있느냐?" 소프라노는 이러한 관념을 토대로 로마서 8장을 인용해서 논리적인 결론을 내린다. "만일 하나님이 우리를 위하시면 누가 우리를 대적하리요?" 마지막 원수가 패해서 멸망했음을 믿는다면, 진심으로 신뢰한다면 두려워할 게 하나도 없다. 마침내 죽음을 짓밟고 승리를 노래할 것이다.

헨델의 명품 오라토리오는 시간 속에 얼어붙어 있는 한 장면으로 마무리된다. 제넨스는 예수님을 해처럼 빛나는 얼굴과 불꽃같은 눈을 가지신 분으로 묘사하는 요한계시록 2장 대신, 생생한 이미지가 계시록 가운데서도 가장 선명한 4-5장을 골라서 그리스도의 영원하심을 입증한다. 본문은 역사의 완성을 예고한다.

24명의 당당한 통치자(장로)들이 힘과 지혜, 권세를 나타내는(피조물 가운데 으뜸인) 네 생물들과 더불어 한자리에 모인다. 이들은 번갯불이 번쩍이고 무지개가 둘러쳐진 보좌 앞에 경건하게 무릎을 꿇는다. 한 천사가 봉인을 떼고 역사의 두루마리를 펼치기에 합당한 인물이 누구인지 묻는다. 지은이는 그게 얼마나 중요한 순간인지 잘 파악하고 있다. "이 두루마리를 펴거나 볼 자격이 있는 이가 하나도 보이지 않으므로, 나는 슬피 울었습니다."

엄청난 사명을 감당할 능력이 없는 이들 곁에 또 다른 생물이 빛나는 보좌를 바라보고 서 있다. 겉보기에는 대단치 않을지라도 역사의 유일한 소망이 그 손에 있다. "어린양이 하나 서 있는 것을 보았는데, 그 어린양은 죽임을 당한 것과 같았습니다." 어린양! 음매음매 울기나 할 줄 아는 무기력한 양! 언젠가는 도살될 양! 그러나 계시록의 요한과 〈메시아〉의 헨델은 하나같이 온 우주의 역사를 이 신비스러운 이미지 하나로 압축하고 있다. 갓난아기가 된 하나님, 어린양이 된 하나님, 제물이 된 하나님…. 인류가 맞아야 할 채찍을 대신 맞으시고, 인간에게 합당한 죽음을 죽으신 이 하나님만이 봉인을 뗄 자격을 가지셨다. 바로 이 지점에서 헨델은 '죽임당하신 존귀하신 어린양'에 이어 감격에 어쩔 줄 모르는 '아멘!'을 쏟아낸다.

웨스트민스터 합창단이 노래하는 '아멘!'이 콘서트홀을 가득 채워나가는 걸 들으며 주위를 돌아보았다. 궁금했다. '런던 시민들 가운데 과연 몇 퍼센트나 이 곡들의 참뜻을 알고 있을까? 그걸 믿는 이는 얼마나 될까?' 〈메시아〉의 제1부와 제2부에는 흔쾌히 동의할지 모른다. 한때 기독교 국가였으니 예수님이 세상에 오셨다가 십자가에 못 박히셨다는 역사적 사실을 대놓고 부정하는 이는 많지 않을 것이다. 하지만 제3부가 발목을 잡는다. 현대인들은 벽돌과 나무로 지은 강당에 앉아 오라토리오를 듣는다. 어린양의 이미지가 제거된 물질문화의 지배를 받는 시대에 살고 있다. 하지만 헨델은 문화와 문명의 실체를 꿰뚫는다. 음악당도, 문화도, 문명도 모두 섰다가 무너지게 마련이다. 인류의 손으로 빚어낸 게 영원할 수 없다는 건 역사적으로 이미 증명된 사실이다. 역사보다 더 크고 위대한, 역사를 초월하는 무언가가 절실하다. 세상을 떠받치는 주춧돌 앞에서 도살당한 어린 양이 필요하다.

솔직히 고백하자면, 나도 눈앞에 보이는 세상을 뛰어넘는 보이지 않는 세계를 의식하는 믿음을 갖기가 쉽지는 않다. 대다수 현대인들이 그러하듯, 나 역시 죽음이 삶의 끝이고 인류의 멸망이나 태양의 소실로 인류사가 종식되는 게 아닌지 의심하고 회의한다. 하지만 적어도 그날 밤만큼은 단 한 줌의 의심도 없었다. 시차에서 온 피로감 때문에 몽롱한 상태였지만, 그 시간 내내 헨델의 음악이 엮어내는 광대한 태피스트리는 일상세계의 그 무엇보다 사실적이었다. 구원의 사명을 띠고 오셨으며, 그 소명을 위해 목숨을 버리셨고, 그 죽음으로 세상을 구원하신 메시아가 중심에 계셨다. 덕분에 주님이(아니, 우리가) 영원히 다스리게 될 것이라는 믿음으로 새로이 무장하고 돌아설 수 있었다.

음악회에 가기로 한 건 정말 좋은 결정이었다.

복음에 반응하는 새로운 루트를
개척해주길 바라며

세계의 크리스천 인구 가운데 이른바 선진 서방국가에서 예수님을 따르는 이들의 비율은 30퍼센트 정도가 고작이다. 앞에서도 언급했지만, 여러 나라들을 돌아다니며 허니문과 원숙한 결혼생활에서 이혼 지경에 이르기까지 결혼의 여러 단계를 떠올리게 하는 상태에 있는 교회들을 보았다. 어떤 나라에서는 대단한 영향을 미치는 신앙이 다른 곳에서는 점점 사라져가는 까닭은 무엇일까? 신약성경에 나오는 지역들만 하더라도 지금은 대부분 이슬람교의 세력권에 있어서, 바울이 입에 올렸던 교회의 흔적을 찾고 싶으면 무슬림 고고학자들을 찾아다녀야 할 판이다.

어째서 기독교 세계의 중심이었던 유럽에서 신앙인의 숫자가 나날이 줄어드는 것일까? 한국 교회는 성장하는 반면, 일본 교회는 그렇지 못한 이유는 어디에 있을까? 여행을 다니면서 하나님의 역사가 중동에서 유럽으로, 북미를 거쳐 다시 제3세계를 향해 지리적으로 '이동해가는' 희한한 현상을 해석할 수 있는 실마리를 보았다. 결론은 간단하다. 하나님은 그분이 원하는 데로 옮겨 가신다. 연예오락 프로그램을 송출하는 위성텔레비전 채널이 500개를 헤아리는 미국 같은 나라에서 사는 처지로서는 겁나는 일이다. 일반적으로 살림살이가 넉넉해지면 믿음은 말라붙는다. 신사적이신 하나님은 사랑을 강요하지 않으신다. 간절히 기다리고 소망하는 이들에게로 가주실 따름이다.

세계 어느 곳을 가든 한국 선교사들을 만난다. 그만큼 헌신적이고 희생적으로 일하는 이들이 또 있을까 싶은 적도 많았다. 지금도 수많은 한국의 크리스천들이 복음의 횃불을 높이 들고 하나님의 긍휼과 은혜를 전하러 열악한 지역들을 찾아간다. 아울러 서구의 전통이 남긴 유산을 과감히 받아들였다. 한국인들이 음악과 글뿐만 아니라 다양한 예술영역에서 신앙을 아름답게 표현할 방도를 찾아내길 바라고 또 기도한다. 전반적으로 서방세계는 위대한 음악과 미술작품에 영감을 불어넣어주었던 기독교 신앙의 뿌리를 잘라버렸다. 한국의 크리스천들이 말과 글뿐만 아니라 오래도록 사라지지 않는 예술분야에서도 복음에 반응하는 새로운 루트를 탐색하고 개척해주면 좋겠다.

야생마를 길들이는
조련사의 심정으로

번역할 책을 받아들면 어김없이 길들일 말을 대하는 조련사의 심정이 된다. 천성이 유순해서 끌고 미는 대로 따라올 법한 인상이면 긴장이 풀리지만, 척 보기에도 성깔 있게 생겼으면 밀고 당기며 승강이를 벌일 생각에 절로 심란해진다.

필립 얀시의 글은 단연 후자다. 말로 치자면 태어나서 단 한 번도 안장을 얹어본 적이 없는 야생마에 가깝다. 주제, 통찰, 문장 구조, 어휘 어느 것 하나 만만한 구석이 없다. 그동안 이 작가의 책을 네 권쯤(한 종을 제외하곤 모두 크리스천의 영성을 가꿔가는 데 힘을 보태줄 영혼의 스승들에 관한 글이었다) 번역했는데, 번번이 '다시는'을 곱씹으며 머리칼을 잡아 뜯곤 했다. 말썽을 피울 의사가 전혀 없다는 듯 천연덕스러운 표정으로 발목을 잡는 게 더 얄밉다. 쉼표와 하이픈, 접속사를 번갈아 써가면서 여섯 줄 넘게 늘어지는 문장도 없고 애매하거나 불투명한 표현도 없다. 하지만 매끄럽고 세련된 어법과 말투에 속아 냉큼 올라탔다가는 땅바닥에 나뒹굴기 십상이다. 깨진 코를 붙들고 씩씩거려봐야 말짱 뒷북, 이미 번역계약서에 사인을 하고 난 뒤라 퇴로가 끊긴 지 오래다.

'된장'으로 대치할 수 없는 '버터'의 향기는 어쩔 수 없다 치자. 처음 봅는 전문 용어나 합성어들이 줄지어 상견례를 하자고 덤벼드는 것도 그러려니 할 수 있다. 하지만 필자 특유의 글쓰기 패턴에 이르면 물색없이 계약서에 서명한 '손모가지' 쪽으로 자꾸 눈길이 가기 시작한다. 담박한 필치로 논리를 전개해가면서도 틈틈이 뒤틀고 꼬집는 문장을 박아 넣는 바람에 속내를 가늠하기 어렵다. 우스갯소리 하나에도 이른바 '품격'이 있어서 한참 전후 문장을 오가야 뜻이 잡힌다. 그런 문절 몇 군데를 옮기고 나면 울화가 쌓여 기자회견이라도 열어서 "얀시의 유머는 누구를 위한 유머란 말입니까?"라고 부르짖고 싶어진다.

진지하고 묵직한 주제들도 부담스럽다. 저널리스트 출신답게 어떤 이슈든 작심하고 덤벼드는 통에 잠시도 한눈을 팔 수가 없다. 누구나 그러려니 하는 이슈들마저도 그냥 넘어가지 않는다. "과연 그러한가?"라는 물음을 입에 달고 살다가 조금이라도 틀어졌거나, 허술하거나, 위선적인 구석이 보이면 "그건 아니잖아?"라며 날선 칼을 들이댄다.

그럼에도 불구하고 편집부에 전화를 걸어 행패를 부리거나 번역을 작파하고 "배 째라!"를 외칠 수 없는 건 과정이 고된 만큼 얻는 게 많기 때문이다. 특히 깊은 고민과 풍부한 경험, 방대한 독서량에서 우러난 통찰을 대하며 얻는 기쁨은 그간의 수고를 말끔히 잊게 만든다. 이 책 역시 철저하게 '얀시 공식'을 따른다. 고통, 윤리, 도덕, 오늘날의 첨단 과학, 복음주의, 구호 활동, 예술 따위의 거대하고 사변적인 주제들을 다루면서도 한 점 흐트러짐 없이 일관된 논리를 지켜간다. 하나님이 애초에 그리셨던 밑그림을 더듬어보고 거기에 오늘의 현실을 비교하며 어떻게 그 간극을 좁혀갈지 이야기하는 틀에서 벗어나지 않는다.

지은이의 단골 주제인 '고통' 문제에 접근하는 태도만 살펴봐도 그 성향을 확연히 파악할 수 있다. 이러구러 설명하거나 다짜고짜 설득하려 들지 않고 스스로 품었던(또는 품고 있는) 회의를 고백하면서 "하나님은 공평하신가? 하나님은 고통을 돌아보시는가?"라는 질문과 대답에 상당한 분량을 할애한다. "아멘"을 무슨 주문쯤으로 여기고 믿어지지 않아도 믿음으로 믿는 척하는 데 익숙한 불량 크리스천들에게는 대놓고 그런 의문을 표현한다는 사실 자체가 위안이고 카타르시스다.

그렇다고 잔뜩 불신만 키워놓고 슬그머니 꼬리를 감추는 무책임한 행태를 보이는 것도 아니다. 독자들을 이끌고 역사를 주름잡았던 수많은 철학자와 사상가, 신학자들의 해석을 두루 섭렵한다. 동서양을 오가고 시대를 종횡무진 뛰어넘는다. 유대인 랍비의 해석과 소설가 프레드릭 뷰크너의 접근을 나란히 비교하고, C. S. 루이스의 회의와 도로시 세이어즈의 판단을 대조하며, 바흐와 멘델스존의 차이를 부각시킨다. 역자로서는 곤란한 노릇이다. '무지몽매'의 낙인을 피하자면 인용문이 나올 때마다 원전을 뒤져가며 앞뒤 관계를 확인할 수밖에 없다. 헨델의 〈메시아〉를 한 대목 한 대목 짚어가며 거기 담긴 의도와 의미를 치밀하게 소개하는 부분을 제대로 옮기자면 저자 특유의 질문, "정말 그러한가?"를 되씹으며 그 장엄하고도 풍성하며 또한 졸음을 부르는 음악을 수십 번씩 들을 수밖에 없다. 그렇게 한참을 돌아다닌 뒤에야 비로소 읽는 이들을 성경으로 안내한다. 글을 읽는 이들로서는 무릎을 치며 쾌재를 부를 일이다.

민감한 사안들을 다루지만 얀시의 손가락은 현실에 매몰된 현대인이나 교리의 한계에 갇힌 크리스천을 비난하는 데 사용되는 법이 없다. 같은 처지에서 동일한 고민을 품고 살았던, 그리스도를 주인으로 삼은 뒤에도 여전히 불투명한 결론을 붙들고 씨름하는 동료 인간의 입장에서 상황을 파악하고 어렴풋이 보이는 목적지 방향을 가리켜 보이는 데 쓰일 따름이다. 복음주의가 맞닥뜨린 현실과 미래를 다루지만 어느 한쪽을 일방적으로 옹호하거나 비판하는 대신 저마다의 허실을 파헤친 뒤에, 복음을 기반으로 하나님나라를 세워가는 고전적이면서도 시대적인 요구에 부응해야 한다는 제3의 대안을 제시하는 식이다.

멋진 글을 한없이 처지는 실력으로 옮기자니 진도가 더딜 수밖에 없다. '저술'도 아니고 '번역'으로 먹고사는 주제에 늦기까지 하느냐고 생각할 수 있겠지만, 무능하면서도 잘해보려는 의지에 불타면 별수 없다. 영어가 달리는 건 기본이고 국어 실력까지 위태롭다. 앞서 얀시의 글을 매끄럽게 풀어냈던 다른 역자들이 원망스럽다. 독자들의 눈높이를 올려놓는 바람에 '대충'이 설 자리가 없다. 시샘은 한탄을 거처 망상으로 발전한다. 거대한 수용소를 짓고 속 썩이는(탁월해서) 작가들은 물론이고 그 옮긴이들까지 죄다 가둬버릴 수 있으면 얼마나 좋을까? 번역할 때마다 애를 먹이는 전치사 일체와 get, put, bring, take에 연결되는 숙어를 하루에 스무 개씩 골라서 가스실로 보내면 안성맞춤일 텐데. 실력이 바닥을 치니 가당찮은 공상만 꼬리를 문다.

1장

1. *Where is God When It Hurts?* (《내가 고통당할 때 하나님은 어디 계십니까?》, 생명의말씀사 역간).

3장

1. zek, '죄수'를 뜻하는 러시아어.
2. *The Survivor*, p. 162. (《생존자》, 서해문집 역간).
3. *Gulag III*, p. 267.
4. 생존자들의 다양한 설명을 토대로 필요에 맞춰 일반화했음을 알려둔다. 두말할 것도 없이 수용소 내부에는 죄수들 사이에 상스러운 폭력과 비인간적인 처사, 모함과 잔인한 행위들이 존재했다. 더러는 맹목적인 순응을 보이기도 했다. 얼마든지 예상할 수 있는 일이다. 하지만 놀라운 점은 그런 반응을 유도하도록 설계된 환경에서 뜻밖에도 더 고결한 인간성의 표징들이 나타났다는 사실이다.

5. *Night*, pp.75-76. (《나이트》, 예담 역간).

6. *Gulag II*, p. 615.

7. *Gulag III*, p. 104.

8. *Night*, pp.107-108.

9. *One Day in the Life of Ivan Dinisovich*, p.158. (《이반 데니소비치의 하루》, 민음사 역간).

10. *Gulag III*, pp. 258-259.

11. *Gulag III*, pp. 417, 420.

12. *The Survivor*, pp. 92-93.

4장

1. 하트의 생활 주변에는 역설적인 요소가 많았다. '골칫거리의 골짜기'쯤으로 해석할 수 있는 'Troublesome Gulch'라는 동네에 살았으며, 도나와 어울려 흥청거리던 배의 이름은 '멍청한 짓'을 의미하는 'Monkey Business'호였다.

2. 지역에 따라서는 낙태수술의 90퍼센트가 여성 태아를 대상으로 이루어진다고 한다.

3. 실제로 미국성정보및교육협의회Sexuality Information and Education Council of the United States는 '근친상간에 대한 윤리적이고 종교적인 입장들'이 그 문제를 과학적으로 조사하고 새로운 연구를 추진하는 데 지장을 주었다고 탄식하는 내용을 담은, 지극히 회의론적인 문서를 배포했다.

7장

1. 엘리엇은 환경문제에 관해 선견지명에 가까우리만치 비범한 관심을 보였다. 특히 토양침식과 무차별적 자연개발을 염려했다. "우리가 이룬 물질적인 진보 가운데 상당부분은 다음 세대가 치러야 할 값비싼 대가를 전제로 한 발전이다. … 자연에 대한 그릇된 마음가짐은 하나님에 대한 잘못된 태도이며 … 그 결과는 파멸일 수밖에 없다."

2. 특별한 이름 없이 그냥 '클럽The Club'이라고 불렸다.

3. 〈바위The Rock〉.

8장

1. 부정적으로 보는 이들은 사실상 외화를 끌어들이고 있는 구호단체들 때문에 소말리아 정부가 난민문제 해결에 적극성을 보이지 않는다고 믿는다.

9장

1. 흑인 70퍼센트, 혼혈인Coloured(남아프리카공화국에서 부모의 인종이 서로 다른 이들을 가리키는 용어-옮긴이) 10퍼센트, 인도인 10퍼센트, 백인 10퍼센트.

2. 18세기를 주름잡았던 부흥운동가 조지 횟필드는 노예제를 지지하는 운동을 활발하게 펼쳤으며, 그보다 얼마 뒤에는 미국 남침례회가 선교사들에게 노예를 소유할 권한을 주어야 한다는 주장을 내놓았다.

3. 훗날 재개정되었으며 지금은 대단히 불온한 성향의 정책이었다는 평가를 받고 있다.

4. 예를 들어, 윌리엄 휴잇William Hewitt의 글, 〈브라질의 기초적인 크리스천 공동체와 사회변화Base Christian Communities and Social Change in Brazil〉를 보라.

10장

1. 파시스트 병사가 〈게르니카〉를 가리키며, 힐난하듯 피카소에게 물었다. "당신이 그렸소?" 화가는 대꾸했다. "천만에. 그림을 그린 건 댁이오!"

2. 영국 독자들과 아마존닷컴www.amazon.com의 구매자들은 하나같이 톨킨의《반지의 제왕》을 지난 1천 년을 통틀어 가장 훌륭한 책으로 꼽았다.

12장

1. 대단히 유쾌하고 신선한 곡이지만 들어볼 기회가 거의 없다.

2. 바흐는 기독교 도서관에 버금가리만치 방대한 장서들을 소유하고 있었다.

3. *Jesu Juva*의 약자. "예수님, 도와주세요"라는 의미.

4. *Soli Deo Gloria*의 약자. "오직 하나님께만 영광을!"이란 뜻.

5. 지금은 약 3분의 2 정도만 남아서 전해지고 있다.

PHILIP
YANCEY

—

Challenges to Faith,
Christian Responses and
The Sounds of Faith